# 日英対照
# 動詞の意味と構文

影山太郎 編

大修館書店

# はしがき

　近年，動詞の意味と用法の研究が著しい発展をとげている。動詞というのは文を作るときの中心になる要素であり，どのような文法理論でも重要な働きを担っている。しかしそのような重要性にもかかわらず，この方面の研究はあまり一般に紹介されることがない。生成文法や認知言語学の理論的な入門書はたくさん出版されているが，動詞研究の入門書というものはない。本書は，英語を中心に，日本語とも比較しながら動詞（および形容詞）の意味と構文に関する最近の研究をまとめたもので，英語学，言語学，日本語学の学部生から大学院生に照準を定めている。執筆にあたっては，次の諸点に留意した。

- ・初めての人にも分かりやすく。
- ・現在の研究を見渡し，問題点を整理する。
- ・理論言語学を知らなくても理解できるように。
- ・日本語の観点から間違いやすい英語に注意をはらう。

実際に大学3年生の演習で使ってみたところ，1つの章を3～4人のグループに担当させて，内容を発表させるという方法が効果的だった。

　本書の土台となったのは，関西学院大学，大阪大学，神戸大学の教員と大学院生を主たるメンバーとして1994年に始めた関西レキシコンプロジェクト（KLP）という研究会である。言うまでもなくこの名称は，1980年代から1990年代に行なわれていた"MIT Lexicon Project"にあやかってつけたものであるが，直接的には，そのころ出版されたばかりのBeth Levinの *English Verb Classes and Alternations* (1993)に刺激されて，単なる「勉強会」ではなく，何か独自の研究成果を目指すプロジェクトにしようという意図を込めて始めた。途中，阪神大震災のために中断したこともあったが，現在まで引き続き行なわれてきた。その間，やむを得ぬ事情で足が遠のいていった人もあったが，その穴は新しく加わった強力メンバーで埋められた。当初は大学院の修士1年生であった人たちが現在では博士号を取得したり大学教員に就職したりしている姿を見ると，感慨も深い。

執筆に際しては，担当者が原稿を準備し例会で検討するという形で進めてきたが，最終的には編者が全体にわたって手を加え，分かりやすさとスタイルの統一を図った。原稿の分担は次のとおりである。

　　　序　　　動詞研究の現在（影山太郎）
　　第1章　　自動詞と他動詞の交替（影山太郎）
　　第2章　　移動と経路の表現（上野誠司・影山太郎）
　　第3章　　心理動詞と心理形容詞（板東美智子・松村宏美）
　　第4章　　壁塗り構文（岸本秀樹）
　　第5章　　二重目的語構文（岸本秀樹）
　　第6章　　結果構文（影山太郎）
　　第7章　　中間構文（松瀬育子・今泉志奈子）
　　第8章　　難易構文（三木　望）
　　第9章　　名詞＋動詞型の複合語（杉岡洋子・小林英樹）
　　第10章　　複雑述語の形成（由本陽子）

　最初に大修館書店の米山順一氏から本書の出版を勧めていただいてからまる3年が経つ。長い間辛抱していただいた同氏に心から感謝を表わしたい。

　2001年1月

Kansai Lexicon Project 代表

影 山 太 郎

# 目 次

はしがき………iii

序　動詞研究の現在………3
　　1　動詞研究の意義／3
　　2　動詞の意味構造／4
　　3　本書の構成／9

## 第Ⅰ部　動詞の意味を探る

第1章　自動詞と他動詞の交替………12
　　1　なぜ？／12
　　2　自動詞と他動詞の交替とは／13
　　3　代表的な動詞／16
　　4　問題点と分析／18
　　　　4.1　能格動詞の基本は自動詞か他動詞か／18
　　　　4.2　自動詞用法における「動作主」／22
　　　　4.3　他動詞から自動詞へ／28
　　　　4.4　自動詞から他動詞へ／34
　　　　4.5　行為の使役化／36
　　5　まとめ／38
　　6　さらに理解を深めるために／38

第2章　移動と経路の表現………40
　　1　なぜ？／40
　　2　移動表現とは／41
　　　　2.1　移動に伴う空間表現／42
　　　　2.2　移動動詞／46
　　3　代表的な動詞／48
　　4　問題点と分析／49

4.1　移動動詞の多様性／49
　　　4.2　中間経路を表わす「直接目的語」／55
　　　4.3　着点・起点と有界性／59
　　　4.4　移動表現の抽象化／65
　　5　まとめ／67
　　6　さらに理解を深めるために／67
　第3章　心理動詞と心理形容詞………69
　　1　なぜ？／69
　　2　心理動詞とは／70
　　　2.1　経験者主語タイプ／71
　　　2.2　経験者目的語タイプ／72
　　　　2.2.1　原因主語／72
　　　　2.2.2　動作主主語／74
　　3　代表的な心理動詞／76
　　4　問題点と分析／77
　　　4.1　surpriseと「驚く」／77
　　　4.2　心理動詞の意味構造／80
　　　4.3　前置詞/助詞の選択／84
　　　4.4　心理形容詞と心理名詞／87
　　　4.5　心理動詞の統語構造／93
　　5　まとめ／96
　　6　さらに理解を深めるために／96

## 第II部　構文交替のメカニズムを探る

　第4章　壁塗り構文………100
　　1　なぜ？／100
　　2　壁塗り構文とは／101
　　3　代表的な動詞／105
　　4　問題点と分析／106
　　　4.1　全体的解釈と部分的解釈／106
　　　4.2　壁塗り交替の意味構造／109
　　　4.3　名詞句の意味的制限／113

4.4　二次述語・複合動詞／116
　　　4.5　派生名詞／119
　　　4.6　省略可能性と形容詞的受身／121
　　　4.7　自他交替／124
　5　まとめ／126
　6　さらに理解を深めるために／126
第5章　二重目的語構文………127
　1　なぜ？／127
　2　二重目的語構文とは／128
　3　代表的な動詞／130
　4　問題点と分析／131
　　　4.1　与格交替の意味的制約／131
　　　4.2　形態的・音韻的制約／139
　　　4.3　談話情報の制約／141
　　　4.4　統語的な制約／142
　　　　　4.4.1　受身の問題／142
　　　　　4.4.2　移動の可能性／147
　　　　　4.4.3　二次述語／149
　　　　　4.4.4　項の省略／149
　　　　　4.4.5　間接目的語と直接目的語の階層構造／151
　5　まとめ／152
　6　さらに理解を深めるために／153
第6章　結果構文………154
　1　なぜ？／154
　2　結果構文とは／155
　3　代表的な動詞／157
　4　問題点と分析／158
　　　4.1　「内項」の制約／159
　　　4.2　2種類の結果構文／163
　　　4.3　本来的な結果構文／164
　　　4.4　派生的な結果構文／168
　　　4.5　状態変化と位置変化／178

  5 まとめ／180
  6 さらに理解を深めるために／181

## 第Ⅲ部　主語の特性を探る

 第7章　中間構文………184
  1 なぜ？／184
  2 中間構文とは／185
  3 代表的な動詞／187
  4 問題点と分析／188
   4.1 動作主の存在／189
   4.2 主語の性質／192
   4.3 総称性／195
   4.4 動詞の意味範囲／199
   4.5 副詞要素／203
   4.6 中間構文に類似した構文／204
    4.6.1 再帰中間構文／204
    4.6.2 擬似中間構文／206
   4.7 日本語の中間構文／207
  5 まとめ／210
  6 さらに理解を深めるために／210

 第8章　難易構文………212
  1 なぜ？／212
  2 難易構文とは／213
  3 代表的な難易形容詞／216
  4 問題点と分析／217
   4.1 補文動詞の意味的性質／217
   4.2 for 名詞句／224
   4.3 主語の特徴づけ／228
   4.4 日本語の難易構文／234
  5 まとめ／238
  6 さらに理解を深めるために／239

## 第IV部　動詞の造語力を探る

### 第9章　名詞＋動詞の複合語………242
1　なぜ？／242
2　複合語とは／243
3　動詞由来複合語の主な用法／245
4　問題点と分析／246
   4.1　複合語内部の意味関係／247
   4.2　複合語のアスペクト／256
   4.3　受身を含む複合語／258
   4.4　動詞として働く複合語／263
   4.5　名詞転換動詞／265
5　まとめ／267
6　さらに理解を深めるために／268

### 第10章　複雑述語の形成………269
1　なぜ？／269
2　複雑述語とは／270
3　複雑述語を作る語形成の例／272
4　問題点と分析／275
   4.1　複雑述語の構文的性質／275
   4.2　接辞による意味構造の変更／281
   4.3　英語接辞の意味機能と日本語動詞複合における意味合成／292
5　まとめ／295
6　さらに理解を深めるために／296

参照文献………297

索　引………312

日英対照
動詞の意味と構文

# 序　動詞研究の現在

## 1　動詞研究の意義

　動詞は文を作るときの要(かなめ)となる重要な要素であり，近年，欧米では，英語動詞の意味的性質の解明が目覚ましい勢いで進んでいる。動詞の意味と言っても，一般的な辞書で行なわれているように動詞1つ1つの意味を個別に記述するのではなく，多数の動詞を意味グループに分け，それらが使われる構文との関係において，動詞を含む文全体の意味を総合的にとらえようとするものである。この方面の研究は，理論的なアプローチとしては生成文法の**語彙意味論**（lexical semantics）と認知言語学の意味論に大別されるが，それらの研究で真に重要なのは，理論の形式化ではなく，そこから発見されたさまざまな言語現象と，その本質の解明である。動詞の意味を解明することは，外界認識の仕方や，ものを考える際の発想の仕方といった人間の基本的な仕組みに関わっていて，言語と人間の他の認知システムとの関係を理解する上で重要な意義を持っている。

　従来の文法では，動詞の形態だけを見て，例えば英語の break はそのままの形で自動詞にも他動詞にも使えるが，日本語では「破る」と「破れる」のように語尾（活用）によって自他が区別されるといった記述に終始していた。しかしそれだけでは，自動詞と他動詞の微妙な用法の違いが説明できない。「紙」なら「紙を破る」とも「紙が破れる」とも言えるのに，「世界記録」は，「彼は世界記録を破った」という他動詞しか成り立たない。なぜ，自動詞で「*世界記録が破れた」と言えないのだろうか。あるいは，「塗る」という動詞は，「ペンキで壁を塗る」とも「壁にペンキを塗る」とも言えるが，この2つの構文では意味が同じなのか，違うのか。英語教育の現場では，spray という動詞が He sprayed paint on the wall. と He sprayed the wall with paint. の2通りの使い方があることは教えても，その2つで意味の違いがどうなのかという，本当に重要なことは教えていない。

このような動詞構文と意味の関係が，近年，ようやく理論的に解明されるようになってきた。そういった重要な研究成果や新しい知見は，専門的な研究者ばかりでなく，広く一般に享受されるべきである。しかしながら，この方面の研究を鳥瞰し，その研究成果を一般向けに紹介するような解説書は，これまで日本でも海外でも出版されていない。そのため，せっかくの成果が一般に利用されないばかりか，若い学生がこの領域に入ろうとするのを阻害することにもなる。具体的に言えば，言語学・英語学・日本語学を専攻する大学生や大学院生が，授業のリポートや，卒業論文，修士論文を書こうとする際に，現状では，英文で書かれた専門の研究論文に直接あたらなければならず，非常にハードルが高い。また，欧米の研究に触発されて，日本語の詳細な研究も相当蓄積されてきているが，それらも，まだ専門家にしか通じないところにあるものが多い。

　本書は，これまでの理論的研究の成果を総合し，平易な言葉づかいで整理することによって，専門家と一般読者の橋渡しとなることを意図している。したがって，英語学・日本語学を目指す学生を導くだけでなく，英語教育などの現場でも役立つはずである。さらに，この方面の成果は，心理学で行なわれている語の認識や獲得の研究，工学系の機械翻訳や辞書の作成，さらには失語症などに関係する脳生理学などの方面にも有用であると思われる。

## ❷　動詞の意味構造

　単語の意味が分からなければ辞書を引くが，その単語が使われる構文的用法まで載せている辞書はまだ少ない。従来の考え方では，辞書は意味を記述するものであり，文型や構文は「文法」の問題として別扱いされる。しかしながら，特に動詞の場合，意味と構文とは密接に関係している。「割る/つぶす/育てる」と「たたく/突く/蹴る」とを比べてみよう。どちらのグループも，「誰かが何かを～」という構文で使われるから他動詞には違いない。しかし，前のグループは「割る－割れる/つぶす－つぶれる/育てる－育つ」というように，それぞれに対応する自動詞を持っているが，あとのグループは他動詞だけで，「たたく/突く/蹴る」に対応する自動詞は存在しない。これは決して偶然ではない。前のグループの動詞は，

「スイカを割る/塀をつぶす/草花を育てる」のように，対象物がある状態から別の状態へと変化することを意味している。このような変化動詞は，他動詞と自動詞が対応することが多い。他方，「相手をたたく/突く/蹴る」と言っても，必ずしも相手の状態が変わるとは限らない。このような接触や打撃を表わす動詞は，対応する自動詞を欠いている。

変化動詞と接触・打撃動詞の違いは構文にも反映される。英語では，打撃動詞は前置詞 at（場合によって on）を伴った動能構文(conative construction)で使うことができるが，変化動詞はこの構文に適合しない。

(1) 動能構文
    a. 打撃動詞
        He kicked at the dog.
        Someone pounded at/on the door.
    b. 変化動詞
        *He broke at the window.
        *She grew at the tomatoes.

また，日本語では，変化他動詞は(2)の「～が…てある」構文に使えるが，接触・打撃の他動詞は使えない。

(2) 「～が…てある」構文
    a. 変化の他動詞
        スイカが切ってある。
        スープが温めてある。
    b. 接触・打撃の他動詞
        *スイカがたたいてある。
        *壁が蹴ってある。

このように，英語でも日本語でも，状態変化や接触・打撃といった基本的な意味の領域ごとに動詞がグループを形成していて，その基本的な意味によって，それぞれの動詞の文型すなわち構文的な使われ方が決まってくる。このように考えると，従来は統語論の問題として扱われてきた「構文」が，実は動詞の意味論の問題に所属することが分かる。

では，動詞の意味というのは，どのようなものだろうか。意味構造の仕組みについては，さまざまな理論があるが，本書では専門的な形式化をできるだけ避け，平易な日常語で説明していく。最低限，必要な考え方だけ

をここで紹介しておくと，人間の日常の営みを**行為の連鎖**(action chain)としてとらえる考え方である。例えば，「父が包丁でスイカを真っ二つに切る」という状況を思い浮かべてみよう。父は，まず，スイカをまな板に載せ，包丁を手にしてスイカにあてる。包丁に力を加えると，スイカに切れ目ができてきて，最終的には2つに分かれる。

そうすると，「父が包丁でスイカを真っ二つに切る」という文の意味は次のように分解できる。

(3) 行為連鎖による意味構造

| 〈行為〉 | → | 〈変化〉 | → | 〈結果状態〉 |
|---|---|---|---|---|
| 父が包丁の刃をスイカにあてて力を加える | | スイカに切れ目ができてくる | | スイカが真っ二つの状態になる |

ここでは「切る」という動作を〈行為〉→〈変化〉→〈結果状態〉という連鎖でとらえている。つまり，「切る」という1つの単語の中には，少なくとも3つの要素（行為，変化，結果状態）が含まれていることになる。このように考えるのは，単に，「切る」という動詞の意味を分かりやすく表わすためだけではない。1つの利点は，先に触れたような他動詞と自動詞の交替や，「…てある」構文などの現象が統一的に説明できることである。(3)の意味構造は対象物（スイカ）の状態が変わることを述べているから，「切る」は変化動詞である。したがって，それに対応する自動詞「切れる」があることが予測でき，また，「スイカが（真っ二つに）切ってある」という構文ができることも正しく予測される（ただし，第1章で説明するように，英語のcutは他動詞だけで自動詞にならない）。

上のような意味構造が持つもう1つの利点は，副詞の修飾の仕方が明瞭になることである。「父が包丁でスイカを真っ二つに切る」という例文には，「包丁で」と「真っ二つに」という2つの副詞が含まれている。従来の文法なら，「副詞は動詞や文を修飾する」というだけで終わっていたが，意味構造を見れば，この2つの副詞が修飾する部分が異なることが一目瞭然に分かる。つまり，「包丁で」という道具を表わす副詞は，意味構造の左端にある〈行為〉の部分にかかり，他方，「真っ二つに」という，スイカが切れたあとの状態を表わす副詞は意味構造の右端にある〈結果状態〉の部分を指している。

(4)
　　　　　　〈行為〉　　→　〈変化〉　→　〈結果状態〉
　　　　　　　　↑　　　　　　　　　　　　　↑
　　　　　「包丁で（切る）」　　　　　「真っ二つに（切る）」

　「切る」と比べると，先ほどの「たたく」や「突く」といった接触・打撃の他動詞は，相手の状態変化を意味しないから，意味構造の中で〈行為〉しか持たず，〈変化〉→〈結果状態〉の部分を欠いていると見なされる。その結果，この種の動詞は，〈行為〉の仕方を表わす「包丁で」などの副詞とはいっしょに使えるが，〈結果状態〉を表わす「真っ二つに」とはいっしょに使えないということになる。

(5)　　　　　〈行為〉------------------------------(結果状態がない)
　　　　　　　　↑　　　　　　　　　　　　　↑
　　　　　「包丁でたたく」　　　　　　「*真っ二つにたたく」

　このように，(3)の簡単な意味構造を想定するだけでも，動詞の構文的用法が意味と連動していることが分かる。具体的な例は，第1章以降で見ていくことにするが，ここでは，(3)の構造が動詞の意味範囲を表わすということだけを確認しておこう（分かりやすいように，日本語の動詞で説明するが，英語に置き換えても同じことである）。

　まず，先ほどの「切る」のほか，「殺す，壊す，築く，温める，冷やす，縮める，延ばす」などの状態変化の他動詞，あるいは，「置く，入れる，注ぐ，掛ける」などの位置変化の他動詞は，〈行為〉から〈変化〉，そして〈結果状態または結果位置〉まですべての意味範囲をカバーしている。

　しかし，すべての動詞が行為から結果までの全範囲をカバーするわけではない。連鎖の一部だけを切り取って表現するものもある。もっぱら〈行為〉の部分だけを表わす動詞には，先ほどの「たたく，突く，蹴る」のほか，「押す，ぶつ，こする，もむ，なでる」といった物理的な働きかけを表わす他動詞がある。「誉める，叱る，（～を）笑う」といった発声による精神的な働きかけもここに含めてよいだろう。以上は他動詞であるが，自動詞の場合は，「働く，遊ぶ，さわぐ，暴れる」といった例が該当する。これらの自動詞は，**非能格動詞**（unergative verb）という特殊な名前で呼ばれる。これらは，基本的に，行為者が意図的に行なったり中止したりすることができる行為や活動を表わす。主語の力が続くかぎり継続することが可能であるから，アスペクト的に言えば〈継続相〉である。「たたく，押

す」などの他動詞も継続活動という点で共通する。

意味構造において〈行為〉の対極にあるのは〈状態〉である。〈状態〉は特別に変更がないかぎり持続する静止状態または静止位置を表わす。具体的な動詞にあてはめれば、日本語なら「いる、ある」、英語なら be, belong (to), have, differ, resemble, live, contain などである。

次に、〈変化〉を表わす動詞であるが、変化には抽象的な状態の変化と、物理的な位置の変化（すなわち移動）とがある。物理的な移動は「流れる、ころがる、進む、さまよう」などであり、移動動詞（→第2章）と呼ばれる。抽象的な状態変化は「縮む、育つ、弱る、死亡する」などである。通常、変化は何らかの結果を伴うから、〈変化〉は〈状態〉と連動することが多い。〈変化〉だけ、あるいは〈状態〉だけ、あるいは、〈変化〉→〈状態〉を表わす自動詞——要するに、〈行為〉を含まない動詞——は**非対格動詞**（unaccusative verb）という名前で呼ばれる。

以上のように、それぞれの動詞が表わす意味の範囲によって、(6)のような動詞の意味グループが形成される。

(6) 動詞の意味範囲

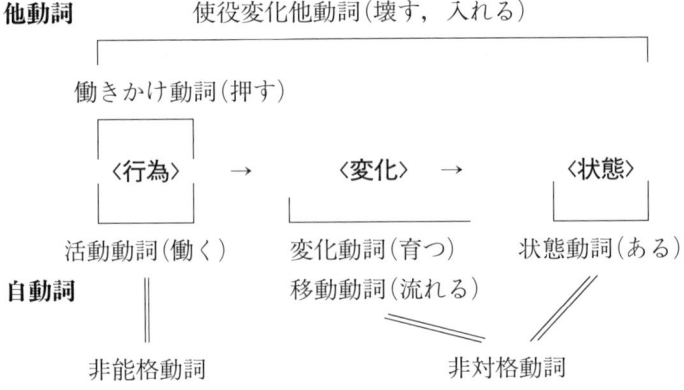

この意味構造において、〈行為〉の主体を**外項**、〈変化〉または〈状態〉の主体を**内項**と言う（詳しくは162ページ）。

以下では、このような意味構造をもとにして、いろいろな現象が起こることを見ていく。

## 3 本書の構成

本文は全部で10章に分かれ，各章は次のように構成されている。

> ◆ **基本構文**（各章の基本的な文型の紹介）
> 1 なぜ（問題の提起）
> 2 ○○とは？（各章で取り扱われる事柄の定義）
> 3 代表的な例
> 4 問題点と分析（主要な問題点と解決の仕方）
> 5 まとめ
> 6 さらに理解を深めるために（次に読んでほしい基本文献）

10の章は，便宜上，大きく4つのグループにまとめている。

まず，第Ⅰ部「動詞の意味を探る」では，break（「破る，破れる」）のような自動詞と他動詞の対応（第1章），walk to the station のような移動の動詞と場所の表現（第2章），surprise, surprised, surprising のような心理動詞と心理形容詞（第3章）を取り上げ，個々の動詞の意味構造を考察する。

第Ⅱ部「構文交替のメカニズムを探る」では，「壁にペンキを塗る」と「ペンキで壁を塗る」のような壁塗り交替（第4章），I gave a book to John. と I gave John a book. のような二重目的語の交替（第5章），そして，「スイカを真っ二つに切った」や The baby cried herself to sleep.（赤ん坊は泣き疲れて眠った）のような結果構文（第6章）を取り上げ，意味構造の組み替えによってこれらの構文ができることを見る。

次の第Ⅲ部「主語の特性を探る」は，This book sells well.（この本はよく売れる）のような中間構文（第7章）と This book is easy to read.（この本は読みやすい）のような難易構文（第8章）を扱い，動詞の意味だけでなく，主語になる名詞の特性が重要な意義を持つことを述べる。

以上が主に動詞の単純形を扱うのに対して，最後の第Ⅳ部「動詞の造語力を探る」では，bike-riding（自転車こぎ）のような名詞＋動詞型の複合語（第9章）と，overeat（食べすぎる）のような接辞による派生語（第10章）の意味と用法を整理する。従来の動詞研究がもっぱら単純語だ

けに限られてきたのに対して，このような「複雑述語」に光をあてることで，新しい研究の展望が開かれることを期待したい。

(影山太郎)

# 第 I 部
# 動詞の意味を探る

第 I 部では，代表的な動詞グループを取り上げ，それらの意味と構文的用法をまとめる。第 1 章「自動詞と他動詞」は，break や open などに見られる自動詞と他動詞の用法を中心に，語彙的な使役交替がどのような意味的メカニズムで行なわれるのかを明らかにする。第 2 章「移動と経路の表現」では，移動を表わす種々の動詞とそれらに伴う場所表現（前置詞，格助詞）の意味と用法を整理する。第 3 章「心理動詞と心理形容詞」では，surprise や please のような心理状態を表わす動詞を取り上げ，それらに関連する心理形容詞と心理名詞も射程に入れて，意味的特徴を説明する。いずれも，必要に応じて英語と日本語を対比し，両言語の独自性と共通性を示す。

# 第1章　自動詞と他動詞の交替

◆基本構文
(A) 1. John *broke* my computer.
    （ジョンが私のコンピュータを壊した）
    2. My computer *broke*. （私のコンピュータが壊れた）
(B) 1. The police *found* the kidnapped girl.
    （警察は誘拐された少女を見つけた）
    2.*The kidnapped girl *found*. （誘拐された少女が見つかった）
(C) 1. He *pushed* the door. （彼はドアを押した）
    2.*The door *pushed*. （ドアは　？　）

【キーワード】自動詞，他動詞，状態変化，使役化，反使役化，脱使役化

## 1 なぜ？

　日本語では「壊す－壊れる」「沈む－沈める」のように接尾辞（活用形）の違いによって自動詞と他動詞（「自他」）の区別がつけられるが，英語では break, sink, open のように同じ動詞が自動詞にも他動詞にも使われる。どのような仕組みで自動詞と他動詞の区別がつけられるのだろうか。

　基本構文(A)では，英語の break が日本語の「壊す」と「壊れる」とうまく対応している。しかし(B)では，日本語で他動詞「見つける」と自動詞「見つかる」がペアになるのに対して，英語の find は他動詞しか成り立たない。(B2)の意味を英語で表現するには，The kidnapped girl was found (by the police). という受身形が必要になる。英語と日本語で，なぜこのような違いがあるのだろう。また，(C)では英語の push も日本語の「押す」も他動詞しかなく，自動詞にならないのはなぜだろうか。

　さらに興味深いことに，普通は自他が対応する動詞であっても，主語や

目的語によってはそのような対応が成り立たないことがある。
> (1) a. 子供が障子を破った。/障子が破れた。
> b. 少年は校則を破った。/*校則が破れた。
> The boy broke the school regulation. /*The school regulation broke.

障子の紙は「破る」ことも「破れる」こともできるのに，校則の場合は他動詞（または受身形）しか使えない。自動詞を用いて，「*校則が破れた」/*The school regulation broke. と表現できないのはなぜだろうか。

## 2 自動詞と他動詞の交替とは

1つの同じ動詞（語幹）が自動詞にも他動詞にも使われることを**自他交替** (transitivity alternation) という。自他交替について英語と日本語が著しく異なるのは，動詞の形である。日本語では「焼く yak-」と「焼ける yak-e-」のように共通の語幹 (stem) に何らかの接尾辞（活用形）をつけて自他を区別するのが一般的で，このように自他がペアになる動詞を有対動詞という。これに対して，ペアを成さずに，同じ形態のままで自他両方の働きをする動詞もあるが，数は少ない（なお，本章では和語の動詞のみを扱い，「決定する」のような漢語動詞は除外しておく）。

> (2) 扉{が/を}開く　　間違い{が/を}生じる　　速度{が/を}増す
> 　　泥{が/を}はねる

一方，英語では自他を区別する特別な接辞がないため，1つの動詞が同じ形のままで自動詞にも他動詞にも使えるのが普通である。例えば，「焼く，焼ける」はどちらも burn で表わされる。英語にも，lie と lay, rise と raise, fall と fell, sit と set のように母音変化で自他を区別する方法が見られるが，これは古英語 (Old English) の名残である。

このように動詞の形はさまざまであるから，自他の区別は動詞の形態よりむしろ，文中での使われ方によって決められる。伝統的な考え方では，直接目的語（日本語ではヲ格目的語）をとるものが他動詞，とらないものが自動詞とされる。しかし自他の性質は，1つ1つの動詞について固定されているのではなく，かなり柔軟性がある。例えば，sleep はふつう，自動詞と見なされ，最も一般的には(3a)のように用いられる。

(3) a. 自動詞用法: The baby slept peacefully.
　　 b. 使役他動詞用法: For decades mothers had been told the best position was to sleep the baby on its front.
　　　　　　　　　　　　　　　　　　　　　(*Bank of English*)
　　　（赤ん坊は，うつ伏せに寝かせるのが一番よいと言われていた）
　　 c. 結果構文: He slept the day away.（彼は1日を寝て過ごした）
　　 d. 同族目的語構文: He slept a sound sleep.（彼は熟睡した）

しかし同じ sleep が，(3b-d) では目的語をとって他動詞として使われている。しかも，(b)(c)(d) はそれぞれ意味が異なる。

まず，(3b) の他動詞用法に注目してみよう。これは「寝かせる」という意味であるから，自動詞の sleep と次のように対応している。

(4) a. 自動詞用法: **The baby** sleeps.
　　　　〈主語が V する〉
　　 b. 他動詞用法: Mother sleeps **the baby** on its front.
　　　　〈目的語が V するように主語がしむける〉

自他の違いはあっても，(4a) と (4b) は，赤ん坊が眠るということで共通している。このように他動詞と自動詞が同じ形態（語幹）を共有し，自動詞用法の主語が他動詞用法の目的語と同じ意味を担うことを **使役交替** (causative alternation) という。なお，sleep のような行為動詞が使役的に使われるのは実はまれで，特殊な制限が加わる（→4.5節）。

使役という概念は make や let などの動詞を使って表わすこともできる。

(5) a. Ken washed the dishes.（ケンが皿を洗った）
　　 b. Naomi made Ken wash the dishes.（ケンに皿を洗わせた）

(5) では，(a) の主語 (Ken) が (b) では目的語になっているから，(4a)(4b) の関係と同じである。違いは，(5b) は make という動詞を用いた **統語的使役** (syntactic causative) であるのに対して，(4b) は sleep 1語だけで使役関係を表わしている点である。日本語でも「〜させる」を用いると統語的使役になる。意味関係は同じでも，1つの動詞を他動詞的に用いるか，make などの使役動詞で表現するかでは，大きな違いがある。本章で

扱うのは1つの動詞で使役を表わす**語彙的使役**(lexical causative)である。

　sleepの場合は，自動詞が基本であることは意味から容易に納得できるが，元が自動詞なのか他動詞なのかが即座に判別できないことも多い。典型的な例は，(A)に挙げたbreakのような動詞である。The boy broke the vase. とThe vase broke. を比べてみよう。

　自動詞の主語が他動詞の目的語に対応するという点で，The boy broke the vase. とThe vase broke. の関係は，(4a, b)のsleepと似ているから，これも使役交替にあてはめることができる。しかしながら，The baby slept. なら，赤ん坊は自分で眠るから自動詞が基本的と考えられるが，The vase broke. の場合は，物理的に花瓶が自分で壊れるというのは現実的でない。物理的に言えば，The vase broke. という事態が発生するためには，それを引き起こす何らかの外的な原因や行為があるはずである。もしそうなら，breakの自他交替では，他動詞用法のほうが基本的ではないかと推測できる。

(6) 　a. 　他動詞: The boy broke **the vase**.

　　　b. 　自動詞: **The vase** broke.

　(6)のbreakと同じ自他交替を示す英語動詞は，open, shut, shatter, drop, slideなど多数あり，**能格動詞**(ergative verbs)と呼ばれる。

　先ほど，sleepの使役交替をmakeなどの統語的使役になぞらえたが，breakの自他交替を(6)のように他動詞から自動詞への変換と考えれば，統語構造における能動文と受動文の関係にたとえることができる。

(7) 　a. 　能動文: They speak **Spanish** in Mexico.

　　　b. 　受身文: **Spanish** is spoken in Mexico.

もちろん，能格動詞の自他交替は統語的な能動・受動の関係と全く同じではない。例えばfindやpushは，The girl was found. / The door was pushed. のように受身形にはなるが，自動詞としては使えない。

　以上では，自動詞の主語と他動詞の目的語が同じ意味を表わす場合を使役交替として規定した。逆に言えば，そのような意味関係が成り立たない場合は，使役交替でないことになる。(3c, d)をもう一度見てみよう。

(3) c. 結果構文：He slept the day away.
　　d. 同族目的語構文：He slept a sound sleep.

(3c)と(3d)に対応する自動詞文は，*The day slept away. や *A sound sleep slept. ではないから，この用法は使役交替にあてはまらない。

同じように，次のような対応も使役交替から除外される。

(8) 目的語の省略や前置詞の有無による自他交替
　　a. Do I have to change (my clothes) for the party?
　　　（服を着替える）
　　b. The hunter shot (at) the fox.（ハンターはキツネを撃った）

(9) 移動動詞に伴う経路目的語の有無（→第2章）
　　The brass band paraded (the street).
　　（吹奏楽団が（大通りを）行進した）

これらの例では，自動詞文と他動詞文の主語は一定していて，目的語の有無が異なるだけである。

次の交替は一見，使役交替と似ている。

(10) a. You can wash these shirts in cold water.
　　 b. These shirts wash in cold water.
　　　（このシャツは水洗いできる）

(10b)は「中間構文」と呼ばれる特別な表現であるので，使役交替には含めず，第7章で詳しく説明することにする。

## 3 代表的な動詞

使役交替に関わる代表的な動詞の例を挙げておこう。

【使役交替に関わる英語動詞】
　　break, open, close, shut, shatter, split, chill, melt, explode, burn, increase, decrease, collapse, freeze, dim, darken, redden, wake, drop, sink, float, slide, glide, roll, boil, spill, spin

【使役交替に関わる日本語動詞】
　　壊す/壊れる，砕く/砕ける，詰める/詰まる，暖まる/暖める，冷える/冷やす，切る/切れる，（秘密が）ばれる/ばらす，上がる/上げる，転がる/転がす，回る/回す，起きる/起こす，（姿が）現われる/（姿

を）現わす，抜く/抜ける，乾く/乾かす

これらを意味で分類すると，① break, shut, freeze, darken「壊す/壊れる，冷える/冷やす，乾く/乾かす」のように対象物が元の状態から何らかの別の状態に変わるという**状態変化**(change of state)を表わす場合と，② sink, slide, drop, roll「沈む/沈める，落ちる/落とす，転がる/転がす」のように対象物がある場所から別の場所に移るという**位置変化**(change of location) を表わす場合の2つに大別される。抽象的な状態と物理的な位置が同じように扱われることは言語ではよく見られることである。

参考までに，使役交替を示さない動詞の例も示しておく。

【自動詞専用の英語動詞】
 a. 存在・発生・消滅を表わす非対格動詞
  be, exist, happen, occur, emerge, arise, arrive, ensue, disappear, remain, belong
 b. 意図的・生理的な行為や活動を表わす非能格動詞
  work, play, speak, talk, smile, frown, swim, walk, jog, quarrel, weep, cry, laugh, dance, crawl, shout, bark, cough, sneeze, hiccough, breathe

【自動詞専用の日本語動詞】
 a. 自然発生的な状態変化を表わす非対格動詞
   しおれる，そびえる，しなびる，かびる，さびる，潤う
 b. 意図的・生理的な行為や活動を表わす非能格動詞
   微笑む，泣く，さわぐ，遊ぶ，働く，争う，暴れる

これらは自動詞専用であり，他動詞的に使うためには，統語的な使役構文が必要である（なお，run, walk などについては4.5節を参照）。

【他動詞専用の動詞】
 a. 物理的ないし精神的な働きかけを表わす動詞
   蹴る/kick, 打つ/hit, knock, たたく/pound, こする/scrub, ふく/wipe, ほめる/praise, しかる/scold, reprimand
 b. 動作主が絶対に必要な位置変化・状態変化の動詞
   置く，投げる/put, throw, cut, destroy, exterminate, assassinate

これらを自動詞的に使うためには，統語的な受身構文が必要である。

第Ⅰ章　自動詞と他動詞の交替

# 4 問題点と分析

使役交替に関する問題点を整理すると，次の2点に集約できる。
①動詞の使役交替で基本になるのは自動詞か他動詞か。
②その交替にはどのような意味の性質が関わっているか。

以下では，動詞の形よりむしろ意味に重点を置いてこの2つの問題点を整理し，日英語の違いを明らかにする。具体的には，英語の能格動詞(4.1節)，自動詞における動作主の有無(4.2節)，自動詞化(4.3節)，他動詞化(4.4節)，行為の使役化(4.5節) という順序で説明していく。

## 4.1 能格動詞の基本は自動詞か他動詞か

日本語では，動詞は形態がはっきりしているから，接尾辞を見れば，自動詞が基本か他動詞が基本かの見当をつけることができる。伝統的な日本語研究では，接尾辞の形によって3種類の派生が区別されている（奥津 1967，井上 1976，寺村 1982，西尾 1988）。

(11) a. 他動化：乾く kawak- → 乾かす kawak-as-，落ちる oti- → 落とす ot-os，傾く katamuk- → 傾ける katamuk-e
b. 自動化：挟む hasam- → 挟まる hasam-ar-，上げる age- → 上がる ag-ar-，折る or- → 折れる or-e
c. 両極化：倒 tao- → 倒れる tao-re-，倒す tao-s-

ただし，これはあくまで接尾辞の形による分類であるから，意味を重視した分析とは必ずしも一致しないことがある。

例えば，「縮む」「縮まる」「縮める」の3つを比べてみよう。形だけを見ると，語幹の tijim-（縮む）が共通していて，それに -e- ないし -ar- がついて「縮める」と「縮まる」になっているように見える。しかし意味・用法において「縮む」が基本的（つまり，用法が中立）であるかと言えば，そうではない。「縮める」ないし「縮まる」と言えるのに「縮む」と言えない場合がある。

(12) a. （洗濯機で洗ったので）セーターが縮んだ。
＊（洗濯機で洗って）セーターを縮めた。(Cf.「縮ませた」)
b. （時間がないので）旅行日程を縮めた。
＊旅行日程が縮んだ。(→「縮まった」)

「縮む」は，古語では他動詞としても使われたが，現代語では「セーターが縮む」のように自動詞だけであり，対象物そのものの性質によって短くなることを表わす(12a)。これに対して，他動詞の「縮める」に対応する自動詞は「縮まる」である(12b)。-e- 他動詞と -ar- 自動詞がペアになる場合，歴史的には前者が基本的で後者は派生的であると考えられる（西尾1988)が，この派生は意味の観点からも裏づけられる。「縮まる」が使える場合を考えてみよう。

(13) a. 先頭との距離を縮める。/先頭との距離が縮まる。
b. 長い文章を半分に縮める。/長い文章が半分に縮まる。

(12a)「セーターが縮む」の場合は洗濯機の中のセーターがそれ自体の性質によって縮むのであるが，(13)の自動詞文では，主語がそれ自体の性質で勝手に縮まるとは考えにくい。「先頭との距離」や「長い文章」は，それを縮める意図的な動作主が前提となる（→4.3節)。

一方，英語には自他を区別する接辞がないから，自他交替の基本が自動詞か他動詞かという問題は簡単には解決できない。(3)の sleep の場合なら，意味から考えて，自動詞が基本的であることは容易に想像がつくが，break, open, slide のような動詞はどうだろうか。先に15ページでは，能格動詞の基本は他動詞ではないかと推測したが，実際のところ，母語話者の判断はそう単純ではない。Dixon (1991: 291) によれば，英語話者は，break や drop では他動詞が基本，explode や freeze では自動詞が基本，そして tear や chip ではどちらが基本とも決めにくいという直感を持っているようである。しかし，これは感覚的な判断であり，絶対的なものではない。

使役交替に関するこれまでの理論的研究を大別すると，次の３つに整理することができる。

(14) 英語における能格動詞の派生
A. 自動詞を基本として，そこから他動詞を派生。
B. 他動詞を基本として，そこから自動詞を派生。
C. 派生の方向を考えず，自動詞と他動詞を１つの動詞と見なす。

このうち最も理解しやすいのは A の分析だろう。文と文の含意関係からすると，She broke the vase. と言えば The vase broke. ということが含

意されるが，逆に，The vase broke. と言っても She broke the vase. ということは含意されない。そこで，自動詞と他動詞に共有される意味を基盤とすれば，自動詞が基本的で，そこから他動詞が派生されるという考え方が生まれる。序で導入した簡単な意味構造を使うと，(15)のように表わすことができる。

 (15) 自動詞から他動詞への使役化
   自動詞 break: 〈y が変化〉→〈y が壊れた状態〉
    すなわち，何か (y) が変化を被って，ある状態になる。
  →〈行為〉をつけ加えると
   他動詞 break: 〈x が行為〉→〈y が変化〉→〈y が壊れた状態〉
    つまり，x の行為が原因となって，y が変化を被り，ある状態になる。

自動詞から他動詞を派生させる考え方は，細かい表記は異なるものの，Lakoff (1970), Guerssel et al. (1985), Pinker (1989), 丸田 (1998) など生成文法の初期から今日まで広く浸透している。

 この考え方によれば，自動詞を使役他動詞に変えることはできるが，逆に，使役他動詞を自動詞として使うことはできないことが予測される。その一例として，Guerssel et al. (1985)は，英語の cut が他動詞に限られ，自動詞用法を持たないことを指摘している。

 (16) a. He cut the rope.
   b. *The rope cut.

しかし，使役化分析にはいくつか問題がある。まず，使役化がどのような動詞に適用するのかが明らかでない。もし，occur や arrive など出現・発生を表わす「非対格動詞」に適用すると，次のような誤った文を創り出すことになる。

 (17) a. A big fire occurred./*They occurred a big fire.
   b. A package arrived./*The mailman arrived a package.

使役化に関するもう1つの問題として，自他の分布が挙げられる。使役化分析によれば，基本となる自動詞のほうが他動詞よりも一般的で，幅広く分布するという予測が立てられる。しかし例えば，「〜にする」「〜になる」という意味を表わす"X-ize"という動詞を調べてみると，使役関係を表わすものの中では，自他両用のもの(18)と，他動詞だけのもの(19)があ

るが，状態変化を表わす自動詞だけのものは見あたらないようである (Keyser and Roeper 1984, 影山 1996)。(apologize（謝る）などは自動詞用法しかないが，〈状態変化〉ではなく〈行為〉の意味であるから，ここでの説明には該当しない。)

(18) 自他両用の -ize 動詞

Americanize, centralize, Christianize, civilize, crystallize, demagnetize, equalize, fossilize, harmonize, humanize, industrialize, internationalize, materialize, modernize, neutralize, normalize, socialize, stabilize, ...

(19) 他動詞専用の -ize 動詞

actualize, alphabetize, authorize, capitalize, categorize, characterize, commercialize, conventionalize, customize, departmentalize, federalize, feudalize, formalize, hospitalize, idealize, institutionalize, legalize, ...

すると，自動詞から他動詞を派生する(15)の方法では，他動詞用法しか持たない動詞(19)を説明できないことになる。

次に，(14B)の考え方は，上とは逆に，使役構造を基本として，そこから〈行為〉を削除することによって自動詞を派生する方法である。この考え方は，具体的な公式は異なるが Keyser and Roeper (1984) や Zubizarreta (1987) に見られる。

(20) 他動詞から自動詞への派生

他動詞 break: 〈x が行為〉→〈y が変化〉→〈y が壊れた状態〉
→〈x が行為〉の部分を削除すると
自動詞 break: 〈y が変化〉→〈y が壊れた状態〉

この方法では，上述の -ize 接尾辞は一律に「他動詞を作る」という働きを持つことになり，作られた他動詞の中の一部分が(20)によって自動詞化されることになる。

最後に，(14C)の考え方を簡単に表わすと，(21)のようになる。

(21) break: <u>〈x が行為〉</u>→〈y が変化〉→〈y が壊れた状態〉

点線部分は，あってもなくてもよい。〈x が行為〉の部分があれば他動詞になるし，なければ自動詞になる。表記法は違うが，Fillmore (1968) や Jackendoff (1990a) がこの考え方を取っている。こうすることで，break

は自動詞でも他動詞でも，同じ1つの動詞であるということが示される。

　以上，英語の能格動詞の派生方法に関する3つの考え方を紹介したが，結局のところ，これらはいずれも同じ主張をしていることになる。つまり，他動詞用法は〈行為〉→〈変化〉→〈結果状態〉の流れ全体を表わすが，自動詞用法は〈変化〉→〈結果状態〉だけである。言い換えると，他動詞は動作主（主語）と対象物（目的語）の2つをとるが，自動詞は対象物しかとらないということになる。ここで生じる疑問は，本当に自動詞には動作主（つまりxの行為）がないのか，ということである。常識的に考えれば，花瓶が割れたりドアが開いたりするためには，何らかの原因があるはずである。次節では，自動詞における「動作主」の有無を検討してみよう。

## 4.2　自動詞用法における「動作主」

　4.1節で紹介した3つの分析は，「能格動詞の他動詞用法には動作主があるが，自動詞用法には動作主がない」という点で一致していた。自動詞文に**動作主**（Agent）が欠如していることを示す証拠としてよく挙げられるのは，by~をつけることができないということである。

　　(22)　a.　The vase broke (*by John/*by the explosion).
　　　　　　（by句をつけると非文）
　　　　 b.　The vase was broken by John/by the explosion.

これだけを見れば，受身文(22b)には動作主が存在する（省略されることもある）が，自動詞文(22a)には動作主がないということになるだろう。しかしながら，受身文が統語構造で作られるのに対して，動詞の使役交替は語彙の問題であるから，by句がつかないというだけでは，自動詞の意味構造において動作主が存在しないという結論は必ずしも導けない。このことを理解するために，日本語の「はえる」と「植わる」を比べてみることにしよう。

　　(23)　山に杉の木が｛はえている/植わっている｝。

　この2つはどちらも自動詞であるが，「はえている」が自然発生を意味するのに対して，「植わっている」は誰か人間が植えたことを含意している。人が植えていないのに「植わっている」とは言えないから，「植わる」という自動詞の意味構造には動作主（植える人）が含まれると推測でき

る。しかし動作主は意味的に含意されるだけで，あからさまに表現することはできない（例外的に，「警察に捕まる」のような例では，語彙的使役であっても動作主が現われる）。

　(24)　山に杉の木が（*誰かによって/*登山者の手で）植わっている。

　このように日本語では，動作主が意味的に存在していても，それを表だって表現できない。このことからすると，英語でも，単に by 句がつかないというだけで自動詞の意味構造に動作主がないと断定することはできないことになる。むしろ，最近の研究では，自動詞用法においても能格動詞は動作主を持つという見方が受け入れられてきている。しかしその動作主が具体的に何であるのかという点で意見が分かれる。

　Langacker(1991: 335) は，次の 4 つの例文を比較し，それぞれの意味構造を示している。

　(25)　a. He opened the door.　b. The door opened very easily.
　　　　c. The door suddenly opened.　d. The door was opened.

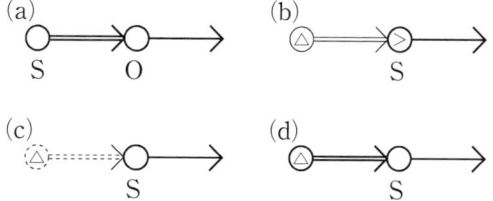

いずれの図にも○が 2 つずつあるが，左側の○が動作主，右側の○が変化対象で，太線の○は主語（S）または目的語（O）を表わす。(a)は他動詞文であり，左側の○（動作主）が右側の○（対象物）に働きかけていることを表わしている。(d)は，これに対応する受身文であり，右側の○が主語に選ばれている。(b)は過去時制ではあるが中間構文と考えられ，ここでは関係しない（→第 7 章）。残る(c)が能格動詞文である。(c)の図では，動作主および動作主から対象への働きかけを破線にすることで，動作主が意味構造では存在するが表面には現われないことを表わしている。

　自動詞文でも動作主が陰に隠れて存在するという考え方は，Levin and Rappaport Hovav（L&RH と略す）(1995) でも提唱されている。L&RH は，使役関係を内的使役と外的使役に分け，対象物の内的な性質によって事態が生じる場合を内的使役，外部からの作用がなければ事態の発生

が起こらない場合を外的使役と呼ぶ。内的使役は，多くの場合，talk, work といった意図的な活動であるが，shudder（身震いする）や burp（げっぷをする）のような生理的な動作や，音・光・臭いなどの発散動詞（buzz, glitter, stink）も主語の内的活動によって起こる出来事であるから，内的使役と見なされる。内的使役は，対象物自体の内的活動によって発生するから，外部の使役者をつけ加えて他動詞にすることは通常できない。

(26) a. Mary shuddered.
　　　b.*The green monster shuddered Mary. (L&RH 1995: 90)
(27) a. The jewels {glittered/sparkled}.
　　　b.*The queen {glittered/sparkled} the jewels.
　　　　　　　　　　　　　　　　　　　　(L&RH 1995: 92)

　他方，能格動詞は外的使役と見なされる。花瓶が壊れたという状況は，物理的に言えば，何らかの外的な原因があるはずである。その外的原因（動作主）を明示すると，He broke the vase. のように他動詞になるし，表現しなければ，The vase broke. のような自動詞になる。しかし自動詞の外的原因（動作主）は表に現われないだけで，意味構造には潜んでいる。

　そこで，L&RH は他動詞から自動詞を導く語彙規則として，語彙的束縛（lexical binding）という考え方を提案している。

(28) 反他動化 (L&RH 1995: 108)
　　　[[x DO-SOMETHING] CAUSE [y BECOME BROKEN]]
　　　↓
　　　φ　（つまり，だれかの行為が状態変化を引き起こす。）

φ の記号は「削除」ではなく，「不特定の人/もの/出来事」を表わす。(28)の意味構造に示された行為者 (x) が，例えば John として具現化されると，John broke the vase. という他動詞文になるが，主語 (x) を「だれか（何か）」としてふせておくと，The vase broke. という自動詞文になる。

　このように Langacker と L&RH は，能格動詞は自動詞用法であっても，意味構造に動作主（使役者）を持つと考えている。この場合，表に現われない動作主は，もちろん，変化対象とは別のものを指す。

これに対して，Davidse(1992)は少し違った見解を示している。つまり，能格自動詞において変化を引き起こす誘因（instigator）は不定（vague）であり，対象物の内在的な性質であっても外的な使役力であってもよい。

(29) a. The electricity will switch off immediately in the event of a short circuit. (Davidse 1992: 109)
b. Look! The door is opening! —Yes, Lizzy's opening it!
(Davidse 1992: 109)

(29a)では電流が自動的に切れるという意味だから，電流自体の内的な性質によるが，(29b)では後半の Lizzy's opening it. によって Lizzy が動作主であることが明示されている。このように Davidse(1992)は，The door is opening. という自動詞文では，だれか動作主が背後にあるという状況と，ドア自体が自ら開くという状況が可能であると考えている。

しかしもう一歩進んで，外的な動作主があるのかどうかを考えてみよう。(29b)の例について Davidse は，後半の文で Lizzy が主語であるから前半の The door is opening. にも動作主が背後に隠れている，と言う。しかしながら，(29b)の後半部（Lizzy is opening it.）は他動詞文であるから，そこに Lizzy という動作主が表わされているからといって，前半の自動詞文でも動作主が存在する，と結論するのは短絡的ではないだろうか。むしろ，(29b)では，前の話者が「ドアが勝手に開いている」と言ったのを受けて，後の話者は「ドアが勝手に開くのではなく，Lizzy が開けているのだ」と述べていると解釈できる。つまり，The door opened. というのは，だれか動作主の仕業ではなく，ドアそのものの仕業なのである。

このことは，What X did was....という構文で確かめることができる。この構文は，通常，動作主の活動について用いられる（Jackendoff 1990a）。

(30) a. What he did was (to) break the vase.
b. What he did was (to) cry.

occur, happen, appear, yellow（黄ばむ）といった，動作主の活動を含まない自然発生的な出来事の場合は，この構文は使えない。

(31) a. *What the big earthquake did was (to) occur.

　　　　b. *What the old notebooks did was (to) yellow.
occur, yellow の主語は「何かをする (do something)」わけではない。
　では，能格動詞の場合はどうだろうか。能格動詞は，他動詞用法だけでなく，自動詞用法であってもこの構文にあてはめることができる。
　　(32)　a. What the door did was (to) open.
　　　　b. What the vase did was (to) break.
このことから，The door opened. や The vase broke. という自動詞文は，ドア・花瓶そのものが「開く，割れる」という活動を行なうことを表現していることが分かる。この点について，Jespersen (1927, Part III: 336) も「The stone rolled. では，あたかも石が自らの動きを引き起こしているように想定されている」と述べ，また，Siewierska (1984: 78) も「The door closed. において，現実にドアが自らの意志で閉まるわけではないが，あたかもそのように表現されている」と説明している。
　このように，能格自動詞の意味構造は単に「主語が変化する（変化→結果状態）」という自然発生的な出来事としてではなく，「主語名詞の内的な性質ないし内的活動が誘因となって変化が起こる」という自発的な変化としてとらえることができる。「主語名詞の内的な性質」というのは，例えば The glass broke. なら，外的な力が加わったりそれ自体が老朽化すると break する（つまり，一体性を失って細かい破片になる）というガラスの性質であり，The water froze. なら，温度が一定以下に下がると freeze するという水の性質のことである。これは一般に「自発性」と呼ばれる概念にあたると思われるが，吉川 (1995) では「自力性」，影山 (1996) では「内在的コントロール」と呼んでいる。
　これに対して，occur, happen, appear, arise, belong といった出現・発生・状態を表わす動詞は非対格動詞と呼ばれ，純粋に自動詞としてのみ使われる。これらは，客観的に事態の発生を述べるだけであり，その主語には自発性，自力性は認められない。これらの動詞が What X did was... の構文にあてはまらないことは (31) で述べたが，能格動詞と非対格動詞の違いはほかにもいろいろ観察される（影山 1996）。
　　(33)　all by itself,　of its own accord（勝手に，自ら）
　　　　a. 能格動詞：The ship sank all by itself.
　　　　b. 非対格動詞：*The accident happened all by itself.

(34) 命令文
a. 能格動詞：Sink, ship!　Explode, balloon!　Open, gate!
b. 非対格動詞：*Happen, accident!　*Arise, problem!　*Yellow, paper!

もちろん work, talk などの意図的活動を表わす自動詞（非能格動詞）は，of its own accord や命令文と問題なくいっしょに使うことができる。

以上をまとめると，能格自動詞の主語は無生物であっても，自発性，自力性を持っている。このことを裏返して言えば，自発性，自力性を備えていない名詞は，能格動詞の主語になれないということである。次の違いを見てみよう。

(35) a. The storm broke the window.
　　　 The window broke.
b. He broke {his promise/the world record/the contract}.
　*{His promise/The world record/The contract} broke.
(L&RH 1995: 105)

窓は break することに対する自発性を潜在的に持っているから，(35a)の自動詞は成り立つ。これと比べて，(35b)の約束，世界記録，契約は，それ自体で break する力は持っていない。「約束/世界記録/契約を破る」という行為は人間が意図して行なうことがらである。したがって，(35b)で人間を主語にした他動詞文は成り立つが，「約束，世界記録，契約」を主語にした自動詞文は成り立たない。日本語でも同じ違いが観察される。

(36) a. 彼は{約束/世界記録/契約}を破った。
b.*{約束/世界記録/契約}が破れた。

(36b)は「破られた」という受身形ならよいが，「破れた」という自動詞はおかしい。あとで触れるように，日本語の「破る－破れる」などの自他交替にも，英語の能格動詞と同じ意味的制限が働いている。

同じ考え方を用いれば，次の(a)と(b)の違いもうまく説明できる。

(37) a.?*The orange peeled.
b.　The paint peeled. (O'Grady 1980: 64)

オレンジの皮をむく（peel）のは動作主が必要であるから，自動詞文(37a)はおかしい。一方，塗られたペンキは年月が経つと剥がれる（peel）という性質があるから，(37b)の自動詞が成り立つ。

(38) a. The wind cleared the sky. /The sky cleared.
　　　b. The waiter cleared the table. /*The table cleared.

(L&RH 1995:104)

(38a)で空がclearになるのは空(および雲)の性質によるが,食事のあとに食卓がきれい片づくためには人間の行為が必要であるから,(38b)の自動詞文は成立しない。

　先に(25)と(28)で紹介したように,LangackerとLevin and Rappaport Hovavは「能格動詞には意味構造で動作主ないし原因が隠れている」と考える。しかしそれなら,(35b),(37a),(38b)の自動詞文は適正に成り立つはずである。つまり,動作主を隠すのなら,「Xさんが約束を破った」と言う代わりに「Xさん」の名前をふせて「*約束が破れた」と言えることになってしまうだろう。これに対して,本節で述べた自発性,自力性というのは,窓やドア自体を行為者(do something)と見なすという考え方である。次節では,この考え方を詳しく説明しよう。

## 4.3　他動詞から自動詞へ

　これまでの説明をまとめると,英語の自動詞には3つの種類がある。
(39) a. 非能格動詞:〈行為・活動〉
　　　b. 非対格動詞:〈変化〉→〈結果状態〉
　　　c. 能格動詞:〈行為・活動〉→〈変化〉→〈結果状態〉

非能格動詞は,work, talkのように,主として意図的な活動を表わす自動詞であり,意味構造では〈行為・活動〉の部分を担当する。これに対する非対格動詞は,fall, fade, happenなど自然発生的な現象を表わす自動詞であり,意味構造では〈変化〉から〈状態〉の部分をカバーする。

　ここで注意しておきたいのは,「○○動詞」という名称を固定的に考えてはいけないということである。非対格動詞や非能格動詞という名称は,個々の動詞の形態ではなく,1つの動詞の中のそれぞれの意味・用法のことを指す。そのため,1つの形の動詞が,ある用法では非能格動詞として,また別の用法では非対格動詞として働くという「多義性(polysemy)」が生じる。例えば,The vase broke. のbreakは能格動詞であるが,The sweat broke out on his forehead. という場合のbreak outは自動詞用法に限られ,使役交替を示さない。しかも,*What the sweat did was break out. とは言えないから，break out は「発生」を表わす happen や occur と同じく非対格動詞の意味構造を持つと見なされる。

さて，(39)の図式から分かるように，英語の能格動詞(39c)は，非能格動詞(39a)の性質と非対格動詞(39b)の性質を併せ持ったものと見なされる。すなわち能格動詞は，一方では，What X did was break. のように表現できるという点で work などの非能格動詞と共通し，もう一方では，対象物の状態変化を表わすという点で非対格動詞と似ている。このことを意味構造で表わすと，次のようになる。

(40)　能格動詞
　　　〈x が活動〉 → 〈y が変化〉 → 〈y の状態〉
　　　① x と y が異なる場合は，他動詞（X broke Y.）になる。
　　　② x と y が同じ物と見なされると，自動詞（Y broke.）になる。

意味構造の中で，行為者（x）が変化対象（y）と異なるものを指す場合には，He broke the vase. や She opened the door. のように他動詞文が生まれる。しかし，主語名詞の自発性，自力性を重視して「他力によるのではなく，自力で〜した」と見なされる場合には，The vase broke. や The door opened. のように自動詞文が得られる。この「自力で〜する」という自発性を公式化するのに，影山(1996)では意味構造における**反使役化**(anti-causativization) という考え方を示している。

(41)　他動詞から自動詞への反使役化
　　　〈x の活動〉 → 〈y が変化〉 → 〈y の状態〉
　　　↓
　　　x＝y
　　　　（つまり，y 自体の活動によって y が変化状態になる）

反使役化というのは，行為者（x）を変化対象（y）と同定することであり，これによって，「あたかも変化対象（y）が自ら変化する」という意味が表わされる。物理的に言えば，風が吹いたり，誰かがたたいたり，地震で揺れたりといった外的な原因があるわけだが，それは実世界の問題であり，能格動詞という言葉の世界には直接は関係しないと考えられる。

なぜ能格動詞で行為者と変化対象を同一視することが可能になるのだろうか。それは，主語に対する意味制限がほとんどないからである（L&

RH 1995: 107)。

(42) {John/The wind/The explosion/The hammer} broke the vase.

他動詞のbreakの主語には，人間だけでなく，いろいろな名詞がくることができる。すると，その「いろいろな名詞」の1つが変化対象そのものであっても不思議ではない。その場合，他力で変化するのではなく，自力で変化するということになる。

以上のように，自他を示す特別の接尾辞を持たない英語では，能格動詞の自他交替は，ほとんどの場合，この反使役化が司っている（逆に自動詞が他動詞化される場合も少しあるが，これについては，4.4節で述べる）。この分析から予測できることは，変化対象の力だけでは発生しないような出来事——つまり，どうしても外的な動作主が必要な出来事——の場合には，反使役化が適用しないということである。そのような例は，すでに(35)-(38)で見たが，同じように，make, build, writeといった作成を表わす動詞，murderのような殺人を表わす動詞，destroy, demolishといった完全破壊を表わす動詞，あるいはput, polish, suspend, removeといった種々の行為なども，対象物（目的語）の自発性だけでは発生せず，外的な動作主が必要であるから，他動詞用法しか成り立たない。

(43) a. They built a new house./*A new house built.
　　　b. The enemy destroyed the City Hall./*The City Hall destroyed.

build, destroyなども，意味構造の大枠としては(41)に示した〈活動〉→〈変化〉→〈結果状態〉の連鎖を持ち，その点では能格動詞と実質的に同じであるが，x＝yという同定ができないために，自動詞として機能しないのである。

では，自他交替が接辞で表示される日本語はどうだろうか。先に(36)で，「彼は{約束/世界記録}を破った」という他動詞文に対して「*{約束/世界記録}が破れた」という自動詞文が成り立たないのは，英語のbreakと同じであると説明した。これはすなわち，日本語の「破れる」は英語のbreakやtearと同じように他動詞「破る」から反使役化によって派生されるということである。しかしながら，日本語の接尾辞はさまざまであるから，すべてが反使役化として分析できるわけではない。

次のような組を考えてみよう。
(44) a. 彼は壁に絵をかけた。/壁に絵がかかった。
b. 彼が庭に桜の木を植えた。/庭に桜の木が植わった。
c. 国会は来年度の予算案を決めた。/予算案が決まった。
d. 彼は大金を儲けた。/大金が儲かった。

各々のペアで左側が他動詞，右側が自動詞であるが，自動詞の場合，対象物（絵，桜の木，予算案，大金）が自発的にどうこうするということは考えられない。「壁に絵がかかっている」という場合，だれかがそれをかけたということが前提になっているし，「木が植わっている」というのも，だれか植えた人がいるはずである。したがって，(44)の例ではそれぞれ，左側の他動詞が元になって，それを自動詞化したのが右側であると考えることができる。しかもその自動詞化は，「破る－破れる」のような反使役化とは別の操作であると考えられる。なぜなら，絵が勝手に壁にかかったり，木が勝手に庭に植わったりすることはできないからである。「障子が破れた」という場合，必ずしも，それを破った行為者を含意しないが，(44)の自動詞は，形は自動詞であっても，意味的には動作主を含意している。このことを影山(1996)は**脱使役化**(de-causativization) として公式化している。

(45) 他動詞から自動詞への脱使役化
〈xの行為〉 → 〈yが変化〉 → 〈yの状態〉
   ↓                   ↓
   φ(不特定の人としてふせる) 文では主語として現われる

脱使役化というのは，意味構造に存在する行為者を統語構造には表わさないということである。これは，自動詞用法では使役主が意味構造に隠れているという考え方であり，先に(28)で紹介したLevin and Rappaport Hovav(1995)の反他動化は，実はこれに相当するものと思われる。

動作主がいるのに，あからさまに表現しないというのは，いかにも日本的で，いわゆる「**ナル型**」言語（池上1981, Hinds 1986)の特徴と考えられる。一方，個人を尊重する英語社会（「**スル型**」言語）では行為者がいれば，それを明確に述べるのが普通である。おそらくそのために，英語には脱使役化が欠如しているのだろう。そこで，脱使役化による日本語の自動詞を英語で表現するには，受身形を使うしか方法がない。

(46) a. He planted a pine tree in the garden.
　　 a′.*A pine tree planted in the garden.（植わる）
　　 b. He earned a lot of money.
　　 b′.*A lot of money earned.（儲かる）
　　 c. They found the money.
　　 c′.*The money found.（見つかる）

この考え方を発展させると,「預ける－預かる,教える－教わる,授ける－授かる」といった授受動詞も,同じように脱使役化として分析することができる(詳しくは,影山 2001)。

(47) a. 客は受付係にコートを預けた。
　　 a′. 受付係は（客から）コートを預かった。
　　 b. 先生は受験生に合格の秘訣を教えた。
　　 b′. 受験生は（先生から）合格の秘訣を教わった。

「預かる,教わる」の類は,形態的には -ar- という接尾辞を含んでいて,「植わる,儲かる」のグループと似ている。これらは,ヲ格目的語（コートを,合格の秘訣を）をとるという点では「他動詞」であり,正確に言えば「自他」の交替ではない。しかし,「預かる」類は形態的に他動詞であっても,意味としては自動詞的あるいは受身的であると感じられる。それは,もとの他動詞（預ける,教える）の行為者（客,先生）が脱使役化によって統語構造から消されているからである。この自動詞的な性格のために,「預かる,教わる」はヲ格目的語をとっていても,それを主語にして新しく受身文を作ることができない。

(48) 受付係は（客から）コートを預かった。
　　　　→*コートが（客から）受付係に預かられた。

このように,脱使役化は他動詞を自動詞に変えるだけでなく,授受動詞における他動詞同士の交替も説明することができる。言うまでもなく,「預ける－預かる」タイプの交替は英語には見られない。

　以上を総合すると,他動詞から自動詞への派生には反使役化と脱使役化の2つがあり,もともと自動詞である非対格動詞と非能格動詞を加えると,合計4つのタイプの自動詞が区別されることになる。

(49) a. 非能格動詞：常に自力で活動を行なう。
　　 b. 非対格動詞：対象物の性質とは関係なく,自然発生的に起

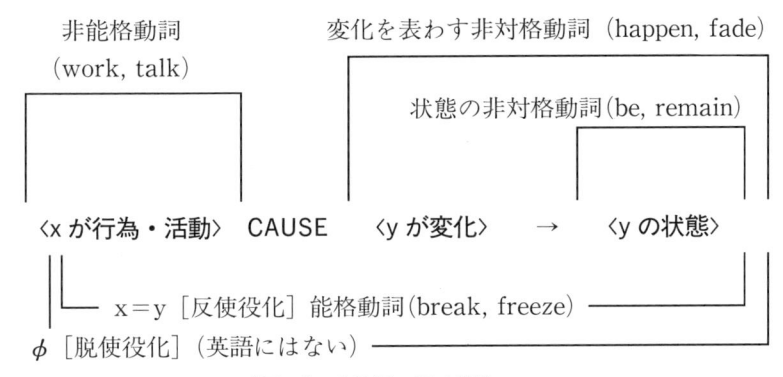

```
    非能格動詞              変化を表わす非対格動詞（happen, fade）
   ┌──(work, talk)──┐    ┌────────────────────────────┐
   │                │    │    状態の非対格動詞(be, remain)
   │                │    │   ┌────────────────────┐
   │                │    │   │                    │
  〈x が行為・活動〉   CAUSE  〈y が変化〉   →   〈y の状態〉
   │                     │                         │
   └── x＝y ［反使役化］能格動詞(break, freeze)─────┘
      φ［脱使役化］（英語にはない）
```

[図１]　自動詞の意味構造

こる出来事，あるいは自然に存在する状態。
 c.　能格動詞（＝反使役化動詞）：他力または自力によって変化する。
 d.　脱使役化動詞：他力の存在を陰に隠して，対象の変化のみを表わす。（英語にはない。）
それぞれの意味構造をまとめると，図１のようになる。

 先に触れたように，能格動詞は非能格動詞と非対格動詞の２つの性質を併せ持っていて，しかも，非能格動詞が表わす〈行為・活動〉が非対格動詞が表わす〈変化・状態〉を引き起こす（CAUSE）という関係になっている。
 ここで注意したいのは，反使役化も脱使役化も，〈行為〉→〈変化〉→〈結果状態〉という連鎖全体に関与しているという点である。それはおそらく，人間が対象物の変化結果に関心があることに由来するのだろう。人間が何か動作をするとき，多くの場合，何らかの目的を持ってそれを行なうから，その目的（結果）がうまく達せられたかどうかが重要になる。結果というのは，意味構造で言えば右端の〈結果状態〉の部分に該当するから，「使役交替」というのは，CAUSE をはさんで，左側の〈行為・活動〉と右側の〈変化・結果状態〉との間での主体（x）と客体（y）のやり取りである，ということになる。
 逆に言えば，何の結果も伴わないような行為には，脱使役化も反使役化も適用しない。その例は，push, hit, kick といった接触・打撃の他動詞である。例えば，何かを押しても，押した相手が何か変化を起こすかどうか

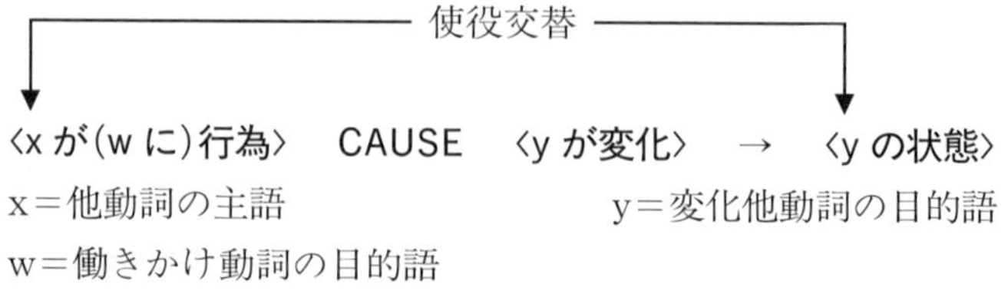

```
               ┌────── 使役交替 ──────┐
               ↓                    ↓
        〈x が (w に) 行為〉  CAUSE  〈y が変化〉  →  〈y の状態〉
        x＝他動詞の主語               y＝変化他動詞の目的語
        w＝働きかけ動詞の目的語
```

[図2]　使役交替の適用範囲

は，状況によって異なる。したがって，push という動詞自体の性質としては，対象物の変化を含意しないということになる。hit や kick も同じことである。これらの他動詞は，意味構造では左端の〈x が w に行為〉という部分しか表わさないから，反使役化も脱使役化も受けることができず，したがって，自動詞にはならないということになる。

(50)　働きかけ他動詞：〈x が w に行為〉
　　　a. He pushed the wall./*The wall pushed.
　　　b. 壁を押した。/*壁が押さった。*壁が押れた。

ただし，同じ「おす」という発音でも，「(判を) 捺す」とすると，今では方言にしか見られないが「捺さる」という自動詞が成り立つ。

(51)　大きな印の捺った辞令を渡した。(夏目漱石『坊ちゃん』)

壁を押しても壁に変化はないが，判を捺すと，印影という結果が生まれるから，「判を捺す」の場合は（方言で）脱使役化が可能になる。同じように，九州や青森などの方言では，「天井からランプをつるす」や「物干し竿に洗濯物を干す」のような位置変化（設置，配置）を表わす他動詞も，脱使役化によって「ランプがつるさる」「洗濯物が干さる/干ささる」のように -ar 自動詞に変換されるようである。

## 4.4　自動詞から他動詞へ

次に，自動詞から他動詞への使役化を見てみる。英語では，本来の自動詞を使役他動詞として用いることは原則としてできない。ここで「本来の自動詞」というのは，1つは occur, appear, disappear, fall のような非対格動詞，もう1つは laugh, cry, run などの非能格動詞である。

まず，非対格動詞については，fall-fell　(木を切り倒す)，rise-raise のような古英語時代の使役化は考慮から外しておく。grow という動詞

も，同じように歴史的な使役化である。*OED* によると，grow の自動詞用法は古英語(700年代) から記録されているが，他動詞用法の「栽培する」という意味は1700年代の後半，「ひげなどを生やす」という意味は1800年代前半になって現われる。このような例を除いて考えると，occur や fall など非対格動詞は，一般に，使役他動詞として使えない。

(52) a. *The bus driver occurred an accident.
　　　　(運転手が事故を起こした)
　　　b. *The champion will fall the grand champion.
　　　　(大関が横綱を倒すだろう)

ただし，非対格動詞の中で，yellow (黄ばむ)，fade (色あせる)，corrode (腐食する) といった状態変化を表わす動詞は使役他動詞として用いることもできる。

(53) a. The pages yellowed over the years./The years yellowed the pages.
　　　b. The drapes faded. /Sunshine faded the drapes.
　　　c. The metal corroded. /Sea water corroded the metal.
　　　　　　　　　　　　　　　　　　　　　　　(谷脇 2000)

この場合，使役主は，原因を表わす自然界の出来事(53)に限られ，意図的な動作主(54)は主語になれないようである。

(54) a. *Terry yellowed the paper by spilling orange juice on it.
　　　b. *My mother corroded the silver utensils by her careless treatment.
　　　c. *The housewife faded the jeans by bleaching it.
　　　　　　　　　　　　　　　　　　　　　　　(谷脇 2000)

先に見たように，break や open などの典型的な能格動詞は，他動詞用法において動作主でも自然の原因でも主語にとることができるから，(53)の自他交替は反使役化では扱うことができない。むしろ，(53)の動詞は自動詞用法が普通であることからすると，変化状態の非対格構造の左側に「原因」を加えることによって使役化し，他動詞用法が生まれるものと考えられる。この種の動詞は少数である。

また，次のような他動詞用法も，ときおり見かけられる。

(55) a. The magician may speak of disappearing or vanishing a

card.                                            (*OED*)
    b. The teacher failed me in algebra. ← I failed in algebra.

これらは Lyons の言う「創造性」による突発的な造語と見なせるだろう。

(56) 生産性と創造性の区別 (Lyons 1977: 549)
・生産性 (productivity)：当該言語の一般的なシステムにそって新しい表現を作ること。
・創造性 (creativity)：当該言語の一般的なシステムによるのではなく（あるいは，一般的規則に反してでも），比喩などの動機づけによって新しい表現を創り出すこと。例：pickpocket（すり）

他方，日本語のほうは，「起きる/起こす (-os-)」「枯れる/枯らす (-as-)」「建つ/建てる (-e-)」のように，非対格動詞を他動詞化する接辞が存在する。しかしそれでも，非対格動詞が自由に使役他動詞になるわけではない。「栄える，しなびる，（雪が）積もる，錆びる，疲れる」などは自動詞だけであり，他動詞にするには統語的使役が必要となる。

## 4.5 行為の使役化

最後に，非能格動詞の使役用法に触れておこう。非能格動詞は〈行為〉を表わす talk, play, laugh などであるが，これらは使役他動詞にならない。

(57) *The teacher {talked/played/laughed} the boys in the room.
    （先生が少年たちをしゃべらせた/遊ばせた/笑わせた）

このことを意味構造で言い換えると，行為連鎖の左端にある〈行為〉のさらに左に〈行為〉をつけ加えて，1語の動詞として表現することはできないということになる。

(58) *〈行為〉→〈行為〉

この意味構造を表現しようとすると，英語では make や have，日本語では「させる」といった統語的使役が必要となる。

ただし，この原則から外れる例外として，すでに (3b) で触れた sleep（母親が赤ん坊を寝かせる）を始め，次のような例が指摘されている。

(59) a. The general marched the soldiers to the tent.
                                            (L&RH 1995: 111)

b. Casey walked the Duke and me to the door.（影山 2000）
　　c. The trainer jumped the lions through the hoop.
　　　　　　　　　　　　　　　（Brousseau and Ritter 1991: 54）
　　d. The nurse burped {the baby/*the doctor}.
　　　　　　　　　　　　　　　　　　　（Smith 1978: 107）
　　e. He's worked the players hard enough and he's got his point across.（影山 2000）

これらの他動詞用法には，特殊な条件がついている。

　(59a, b, c) の march, walk, jump は，移動するようすを表わすから「移動様態動詞」と呼ばれる（→第2章）。これらが使役他動詞として使われた場合，実際にそのような移動の仕方をするのは主語ではなく目的語である。つまり，(59a) では the soldiers が行進し，(59b) では the Duke and me が歩き，(59c) では the lions がジャンプする。しかし実はそれだけでなく，多くの場合，目的語の移動に伴って主語もいっしょに動いていく，という「一体性」ないし「随伴」の意味が読みとれる。(59a) では司令官が兵士の先頭に立って行進し，(59b) では Casey が公爵と私に戸口までついていって見送るという解釈になる。(59c) では調教師がいっしょにジャンプするわけではないが，それでも，調教師はライオンに鞭をふるうという点で「一体性」が感じられる。これと比べて，(60) は不適格とされる。

　(60)　*The trainer jumped the athlete over the fence.
　　　　　　　　　　　　　　　　　（Liefrink 1973: 139）

(60) では，コーチが口頭で選手に指示しているだけで，コーチと選手の一体性がない。(59d) の burp（げっぷをする）は生理的な活動であるから普通なら主語本人しかできないが，「授乳後に背中をたたいて赤ん坊にげっぷをさせる」という特別の状況なら，使役他動詞が可能である。この場合，看護婦と赤ん坊が一体になっていると見なされる。しかし，すべての場合に主語と目的語の一体性が必要なわけではない。(59e) の work は口頭指示による使役を表わしている。

　移動様態動詞の他動詞用法について，しばしば言われるのは，着点ないし起点表現，あるいは完結アスペクト（telicity）の必要性である。roll や slide のような能格動詞 (61a) の場合なら，他動詞用法でも着点表現はなくてもよいが，run や jump の他動詞用法 (61b) では to the tents が必要

であると主張されている（L&RH 1995, Rosen 1996）。

(61) a. The ball rolled (to the fence)./He rolled the ball (to the fence).
b. The soldiers marched (to the tents)./The general marched the soldiers ?*(to the tents).　　(to the tents を消すと不適格)

しかしながら，実例を調べてみると，着点ないし完了性が絶対に必要というわけではないことが分かる（Davidse and Geyskens 1998）。

(62) "I'll walk you a little ways," he said. We started walking.
(影山 2000)

どのような場合に着点が必要とされ，どのような場合に着点がなくてもよいのか，あるいは，なぜ一体性や随伴という意味を伴うことが多いのか，といった問題はまだはっきりと解明されていない。

## 5 まとめ

　従来は単に文法の事柄と考えられてきた自動詞と他動詞の区別は，意味の構造と深く関係している。英語の能格動詞は，ほとんどの場合，使役の意味構造を基本とし，そこに反使役化という操作を適用することによって自動詞に変わる。反使役化は変化対象と行為者を同定することであり，変化を被る対象物の自発性，自力性を必要とする。英語では，run, walk など非能格動詞を使役他動詞として用いることがあるが，これらは動詞も限られ，また，「一体性」などの意味制限がついてくる。一方，接尾辞によって自他を区別する日本語では，使役化と反使役化のほかに，脱使役化がある。これは，「植える」から「植わる」を派生する操作で，意味構造における動作主を表に出さずにふせておく働きをする。英語には脱使役化がないために，「植わる」タイプの自動詞を英語に訳すときには，統語的な受身を利用するしかない。

## 6 さらに理解を深めるために

・影山太郎.1996.『動詞意味論』[語彙概念構造の理論を用いて，日本語と英語の意味の仕組みを解明している。本章で紹介した「使役化」「脱

使役化」「反使役化」は第4章で詳しく論じられている。]
- Beth Levin and Malka Rappaport Hovav. 1994. A preliminary analysis of causative verbs in English / 1995. *Unaccusativity*. [非対格性の仮説に基づいて，英語の使役交替を多方面の意味領域について総合的に論じ，「反他動化」の考えを提案している。]
- 丸田忠雄．1998．『**使役動詞のアナトミー**』［これまでの主要な分析の妥当性を検討しながら，語彙概念構造を詳細にすることによって，英語の自他交替を包括的に分析している。］
- Lemmens, Maarten. 1998. *Lexical perspectives on transitivity and ergativity: Causative alternations in English*. Amsterdam: John Benjamins.
- McKoon, Gail and Talke MacFarland. 2000. Externally and internally caused change of state verbs. *Language* 76: 833-858.

(影山太郎)

# 第 2 章　移動と経路の表現

◆基本構文
 (A)　1. They *walked* northward.
　　　2. 彼らは北のほうへ歩いた。
 (B)　1. She *ran* out of the room.
　　　2. 彼女は部屋の中から{走り出た/*走った}。
 (C)　1.*The boy *cried* out of the room.
　　　2. The boy *went* out of the room, crying.
　　　3.*少年は部屋から泣き出た。
 (D)　1. They *marched* (down) the street.
　　　2. 彼らは大通りを行進した。
 (E)　1. Big rocks *rolled* *(down) the hill.
　　　2. 大きな岩が坂を転がった。

【キーワード】移動，様態，経路，方向性，有界性，語彙化パターン

## 1　なぜ？

　run, walk, roll などは日常よく使う簡単な動詞であるが，それらの用法を注意して観察すると，run＝「走る」，walk＝「歩く」といった1対1の対応では済まされないことが分かる。基本構文(A)では walk northward がそのまま「北のほうへ歩く」と訳せるから問題はないが，(B)では ran out of the room を直訳して「部屋の中から走った」とすると不自然な日本語になる。この場合，日本語なら「走り出た」や「飛び出した」のような複合動詞が必要になる。英語の動詞は out of～や to～のような前置詞を自由にとることができるように見えるが，それも無制限ではない。(C)の「泣きながら部屋から出ていった」という状況は cry　out　of　the room と表現できない。なぜこのような違いが生じるのだろうか。

(D2)と(E2)に見られるように，日本語では移動の道筋をヲ格で表わす。英語でも march のような意図的な動作は，down という前置詞なしで，the street を直接目的語として標示することができる。しかし，(E)の roll では down を消すことができない。これはなぜだろうか。

## 2 移動表現とは

　この世の中のあらゆる物体は静止しているか動いているかのどちらかである。静止か動きかの判断は人間の（もっと広く言えば動物一般の）認識能力の中でも基本的なものの1つと考えられ，おそらく世界中のどの言語もこの違いを表わす表現方法を持っている (Miller and Johnson-Laird 1976)。ある物体が「動く」あるいは「移動する」というのは，時間の推移とともにその物体が位置を変えていくことであり，そのような状況を表わす動詞は**移動動詞**（verbs of motion）と呼ばれる。移動動詞には，典型的に，移動物を表わす主語と，それが移動する道筋を表わす空間表現（どこから，どこを通って，どこに）が必要である。

　(1)　The escapee moved from the town to the village through the forest.

例えば（1）では，主語の「逃亡者」が移動物であり，from the town （町から），to the village （村へ），through the forest （森を通って）という前置詞句が移動に伴う空間表現である。move という動詞は意味的にきわめて無色透明で，どこからどこへ移動するのかは全く自由である。しかし動詞によっては，移動の方向や道筋を指定するものもある。移動動詞の代表である go と come は，話者または聴者を基準として（「直示（deixis）」という），そこから離れていくか，そこに近づくかを表わしている (Fillmore 1997，大江 1975などを参照)。直示でなくても，ascend（上がる）は「上方向」，descend（下る）は「下方向」という概念を含み，また，pierce（貫く）は「3次元的な障害物の内部を突き抜ける」という概念を含んでいる。さらに動詞によっては，移動の「様態」や「手段」なども重要な要素となる。skip（スキップする）というのは足を「右右，左左，右右，左左」と2回ずつ交互に使うという様態を含み，また，He

第2章　移動と経路の表現

thumbed (his way) to New York. の thumb は「ヒッチハイクで」という手段を表わしている。

以下では，まず2.1節で，移動に関わる空間表現を分類し，続いて2.2節で，移動を表わす動詞の性質を整理する。

## 2.1 移動に伴う空間表現

まず始めに，出来事が起こる場所（2），物体が存在する位置（3），そして移動物がたどる経路（4）という3つの空間表現を区別しておく。

(2) 出来事や行為が起こる場所
  a. He studied English at the University of London.
     (彼はロンドン大学で英語を勉強した)
  b. The actors are chatting behind the curtain.
     (俳優たちは幕の裏側でおしゃべりをしている)

(3) 物体が存在する位置
  a. There are two grand pianos in the room.
     (その部屋にグランドピアノが2台ある)
  b. The boy was hiding behind the door.
     (少年はドアの後ろに隠れていた)

(4) 移動物がたどる経路
  a. The mouse ran out of the drawer.
     (そのネズミは引き出しの中から走り出た)
  b. They swam across the Channel over to Dover.
     (彼らは英仏海峡を泳ぎ切ってドーバーに着いた)

(2)の下線部は，行為や出来事が起こる場所を表わす副詞（**付加詞**(adjunct)）である。付加詞は，文を構成する上でなくてもよく，また，いっしょに使われる動詞は移動動詞に限らない。他方，(3)の下線部は物体そのものが存在する場所を表わす**項**(argument)である。項というのは主語，目的語，補語を指し，動詞にとって不可欠な要素である。英語では，付加詞でも項でも同じ at や behind という前置詞で表わされるから区別がつけにくいが，日本語では，付加詞(2)は「～で」，項(3)は「～に」という助詞の形ではっきりと区別される（場所を表わす「に」と「で」については Takezawa 1993, Ueno 1994; 1995, 中右 1998等を参照）。

(3)が「静止位置」を表わすのに対して，(4)の「経路」は移動の道筋を表現する。(4)の下線部のように，移動に関わるさまざまな方向性を含む空間表現を一括して経路（Path）と呼ぶことにする（Jackendoff 1983, 1990a）。(4a)の経路は out of the drawer で，ネズミが走って出た起点（Source）を表わしている。(4b)の経路は across the Channel と over to Dover で，各々，通っていった道筋（中間経路 Route）と着点（Goal）を示している。

英語では，(2)(3)(4)がしばしば同じ前置詞で表わされ，その結果として解釈が曖昧になることがある。例えば，on と onto，あるいは in と into は普通なら(5a, b)(6a, b)のように区別される。

(5) a. She jumped <u>on the table</u> for five minutes.
（付加詞：テーブルの上で5分間ジャンプした）
b. She jumped <u>onto the table</u>.
（着点項：テーブルの上に跳び乗った）
(6) a. She swam <u>in the river</u>.（付加詞：川で泳いだ）
b. She fell <u>into the river</u>.（着点項：川に落ちた）

しかし，onto が on，into が in で代用されると，(7)のように曖昧性が生じることも少なくない。

(7) a. She jumped <u>on the table</u>.
（テーブルの上で／テーブルの上に）
b. She fell <u>in the water</u>. （水の中に／水の中で）

(Leech 1969: 192)

ただし，前置詞句を文頭に移して，On the table, she jumped./In the water, she fell. とすると，曖昧性は消えて，「～で」の意味のみが残る。

(7)は，(2)の用法の場所付加詞か，(4)の用法の着点項かが曖昧になる例だが，(3)と(4)の区別が曖昧になることも多い。

(8) a. 静止位置：(3)の用法
The mouse stayed <u>under the table</u>.
（ネズミはテーブルの下に留まった）
b. 着点ないし目標：(4)の用法
The mouse ran <u>under the table</u> and stayed there.
（ネズミはテーブルの下に逃げ込み，そこに留まった）

(Jackendoff 1990a: 72)

以下では、(4)の用法の経路前置詞を詳しく見ていく。
　移動に伴う経路表現は次のように分類できる（Jackendoff 1983: 165）。
　　(9)　経路（Path）
　　　　a. 有界的経路（Bounded Path）
　　　　　　i. 着点（Goal）: to the park, onto the table, into the box
　　　　　　ii. 起点（Source）: from the park, off the table, out of the box
　　　　b. 非有界的経路（Unbounded Path）
　　　　　　i. 方向（Direction）
　　　　　　　(a)着点指向の方向: toward the destination
　　　　　　　(b)起点指向の方向: away from the station
　　　　　　ii. 中間経路（Route）: along the street, down the hill, through the tunnel, across the desert, over the mountain, by the gate

　(9)では、経路をまず「有界的」と「非有界的」に大別している。**有界**(bounded)・**非有界**(unbounded)という概念を分かりやすい例で説明してみよう。例えば She ate the banana. と言うと、その1本のバナナを食べ終わった時点でその行為が完結する。このように時間的な区切れ（境界）が想定される場合が「有界」である。他方、the banana を無冠詞の複数形に変えて She ate bananas. とすると、この bananas という名詞句が表わすバナナの数には決まった上限がないので、理屈の上では、eat bananas という行為はいつまでも続けることができる。このように時間的な限界がない場合を「非有界」と呼ぶ。有界の出来事は in one minute（1分で）のような完結時点を表わす副詞で表わすことができ、他方、非有界の出来事は for hours（何時間も）のような継続時間を表わす副詞で表現することができる。

　　(10)　a. She ate the banana in one minute.
　　　　　b. She ate bananas for hours.

　この「有界・非有界」の概念を移動に伴う経路表現にあてはめて、図解してみよう。

　　(11)　a. John ran to his house.（有界的経路：着点）

```
────────→● his house
```
 b. John ran from his house.（有界的経路：起点）
```
his house ●────────→
```
 c. John ran toward his house.（非有界的経路：着点指向的方向）
```
────────→ -------- ○ his house
```
 d. John ran away from his house.（非有界的経路：起点指向的方向）
```
his house ○ ------- ────────→
```
 e. John ran along the street.（非有界的経路：中間経路）
```
────────────────────────
-------- street ────────→ --------
────────────────────────
```

 (11a)の John ran to his house. は家に到着すればそこで帰宅という行為が完了するから，有界である。(11b)も，家から離れた時点で，John ran from his house. という行為が終わる。そのため，(11a)(11b)には in ten minutes (10分で) のような完了を表わす時間副詞をつけることができる。いずれの場合も，図(11a, b)の黒丸（●）は経路の基準点を表わし，経路が有界的であることを示している。「有界的経路」は基準点自体がその経路の中に含まれ，かつ，その基準点が経路の内と外とを隔てる境界の役割を果たしている。(11a)の基準点である his house は to his house が表わす経路の末端に位置し，経路の内と外とを分ける境界の役割を果たしている。

 このように，有界的経路は**起点**（Source）と**着点**（Goal）とに分けられる。英語では，通常，着点は前置詞の to, onto, into によって，起点は from, off (of), out of によって表わされる。しかし arrive の着点は to ではなく at や in で表わされ，また enter や reach は前置詞を何もとらない。leave は leave from という言い方もあるが，from をとらないのが普通である。

 有界的経路に対するのは「非有界的経路」である。非有界的経路は「方向」と「中間経路」に分かれる。**方向**（Direction）は，着点指向(toward, (leave)for) と，起点指向(away from) に分かれる。図(11c, d)の白丸（○）は経路に含まれない基準点であり，○からつながる破線（------）はそれぞれの経路を延長した線を表わす。移動物は○に向かって（あるいは○から遠ざかって）移動していくだけであり，○に到着した（あるいは，もとは○にいた）ということは含意しない。例えば(11c)のhis house は，toward his house という経路の単なる延長線上に存在しているにすぎず，John が家までたどり着かなかった場合でもこの文は成り立つ。同じように，有界的経路の(11b)では John が移動の開始時点に家にいたことが含意されるのに対し，非有界的経路の(11d)にはそのような含意がない（Jackendoff 1983: 165）。

　非有界的経路の最後として，**中間経路**（Route）を説明する。これは，英語では along, across, through, over, down, by, via などの前置詞によって表わされる概念である。日本語には中間経路専用の格助詞がなく，across なら「～を横切って」，through なら「～を貫いて」，along なら「～にそって」，over なら「～を超えて」のように動詞を元にした表現で代用するか，あるいは，「大通りを歩く」「大空を飛ぶ」「坂を下る」のように，中間経路を表わす名詞を直接，ヲ格で標示する。なお，移動に関する文献では「経路（path）」という用語が「中間経路」の意味で用いられることがあるが，本章では用語の混乱を避けるため，along the street や down the hill のような表現を「中間経路」と呼び，移動に関わる何らかの方向性を含む空間表現をすべて一括して「**経路**（Path）」と呼ぶことにする。

## 2.2　移動動詞

　移動を表わす動詞群は決して均質ではなく，本来的に移動そのものを表わす動詞から，もともとは移動動詞ではないのに意味の拡張によって移動を表わすようになった動詞まで多岐にわたる。移動動詞における意味拡張については 4 節で述べることにして，ここでは，本来的に移動を表わす基本的な動詞を 2 つのタイプに分けて示しておく。

　移動というからには，「どこからどこへ」という方向性がまず頭に浮かぶ。方向性を指定する動詞は，直示的(deictic)な come と go が代表的であるが，そのほかにも，さまざまな方向性ないし起点・着点を固有に含意する動詞がある。英語なら come, go, arrive, leave, ascend, descend, enter, fall, return など，日本語なら「来る，行く，着く，去る，上がる，

降りる，入る，落ちる，戻る」などである。Levin(1993: 263)は，このような動詞を「内在的に方向づけられた移動動詞（verbs of inherently directed motion）」と呼んでいるが，本章では**有方向移動動詞**と呼ぶことにする。例えば，arrive は必ずある場所への到達を表わし，descend は必ず下方への移動を表わす。このグループの動詞は，She entered. や She left. のように経路を伴わずに単独で用いられた場合でも，ある方向への移動を明確に含意するが，どのような様子で動いていくかという**様態**（manner）には言及しないのが普通である（Levin 1993: 264）。

　有方向移動動詞は，それ自体で有界的な起点または着点を持つかどうかによって，2つに分けることができる。

(12)　a.　有界的な有方向移動動詞

　　　　　arrive, reach, come, leave, depart, enter, return

　　　b.　非有界的な有方向移動動詞

　　　　　ascend, descend, proceed, advance, approach, fall, sink, rise

(12a)の動詞は，ある地点に着く（あるいは，そこを離れる）ことを意味し，in an hour(1時間で) のような完了時間を表わす副詞といっしょに使うことができる。他方，(12b)の動詞は何らかの方向への継続的な移動を表わし，for an hour(1時間) のような継続時間を表わす副詞をつけることができる。

　有方向移動動詞が何らかの方向性を固有に備えているのに対して，移動の方向よりむしろ，移動に伴う様態（または手段）を固有に表わすと考えられる動詞もある。これらは一般に，**移動様態動詞**（verbs of manner of motion）と呼ばれるが，その中身は多様であり，分類基準の設定の仕方によって，さらにいくつかの下位分類が可能である。Levin (1993: 105-106, 264-267) では，移動様態動詞は「run 動詞」と「roll 動詞」の2つに区分されている。どちらのグループも，それ自体では非有界的であり，起点・着点を明示しないかぎり，いつまででも継続可能な移動を表わす。

(13)　移動様態動詞

　　　a.　run 動詞：run, walk, gallop, jump, hop, swim, fly

　　　　　例：The horse jumped over/across/into/out of the stream.

　　　b.　roll 動詞：roll, slide, move, swing, bounce, float, glide

例：The ball rolled down the hill/over the hill/into the gutter.

(13a)と(13b)の違いは，(13a)が生物による意図的な移動を基本とするのに対し，(13b)は無生物に特徴的な移動の様態を表わし，主語が動作をコントロールする主体である必要はないという点である（Levin 1993: 264-267）。

## 3 代表的な動詞

【有方向移動動詞】

[英語] advance, approach, arrive, ascend, climb, come, cross, depart, descend, drop, enter, escape, exit, fall, flee, go, leave, pass, pierce, reach, recede, return, rise, traverse

[日本語] 移る，進む，行く，来る，着く，至る，届く，向かう，寄る，近づく，近寄る，迫る，入る，上がる，登る，下がる，降りる，下る，落ちる，戻る，帰る，遡る，退く，遠ざかる，遠のく，後ずさる，曲がる，出る，発つ，離れる，去る，抜ける，逃げる，逃れる，ずらかる，訪れる，訪ねる，目指す，通る，たどる，過ぎる，渡る，横切る，超える，越す，めぐる，（コースを）回る

【移動様態動詞】

(A) Run 動詞

主語となる移動体が意図的な動作主でもあるような移動様態動詞のグループで，英語ではこの数が多く，その「様態」には例えば次のような種類が見られる。

・移動の速度：dash, hasten, hurry, inch, rush, speed など。
・移動を直接推進する動作：walk, run, crawl, skip, swim など。
・移動に付随する運動や姿勢：hobble, limp, stagger, strut, tiptoe など。
・移動体がたどる軌跡の形：roam, stray, wander, zigzag など。

[英語] amble, bolt, bound, bowl, canter, cavort, charge, clamber, climb, clump, coast, crawl, creep, dart, dash, flit, fly, gallop, glide, hasten, hobble, hop, hurry, inch, jog, jump, leap, limp, lumber, lurch, march, mosey, nip, pad, parade, plod, prowl, race, ramble, roam, rove, run, rush, saunter, scramble, scud, scurry, scuttle, shamble, shuffle, skip, slither, slouch, sneak, speed, stagger, stray, streak, stride, stroll, strut, swagger, sweep, swim, tiptoe, toddle, totter, tramp, troop, trot, waddle, wade, walk, wander, zigzag

［日本語］歩く，歩む，走る，駆ける，泳ぐ，はう，飛ぶ，ぶらつく，うろつく，さまよう，急ぐ，跳ねる，跳ぶ

(B) Roll 動詞

［英語］bounce, bound, drift, float, glide, meander, roll, slide, slip, swing, whirl

［日本語］滑る，転がる，流れる，漂う

## 4 問題点と分析

移動を表わす文（便宜上，「**移動構文**」と呼ぶ）には，移動を表わす動詞と経路を表わす空間表現が現われ，その両方の性質が日英語の興味深い相違に反映されている。本節では，移動動詞の多様性(4.1節)，中間経路(4.2節)，着点・起点と有界性(4.3節)，移動表現の抽象化(4.4節)という観点から考察を深めていく。

### 4.1 移動動詞の多様性

Talmy(1985)は，まず，移動という出来事が成り立つためには(14)のような要素が必要であると規定し，その上で，世界のさまざまな言語を見渡して，移動動詞の語彙化の類型を提案している。

(14) a. 移動という概念（Motion）
b. 経路（Path）
c. 移動する物体（Figure）（Gruber 1976, Jackendoff 1983の用語では Theme に相当）
d. 基準物（Ground：経路を規定する上での基準点となるもの）（Jackendoff 1983 の用語では reference object に相当）
e. 移動の様態（Manner）または原因（Cause）となる外的事象

Talmy は，多数の言語においてこれらの意味要素が動詞，前置詞ないし

後置詞，接辞，副詞，従属節など，どのような形式で具現されるかを調査し，1つの動詞が移動の概念(14a)に加えて他のどのような要素(14b, c, d, e)を意味的に含んでいるかによって，分類している。これまでの例で言うと，descend（降りる）は移動＋経路（下方向）という組み合わせ，roll（転がる）は移動＋様態（回転しながら）という組み合わせになる。

英語の具体例で詳しく説明してみよう。

(15)　a. The craft floated$_1$ on a cushion of air.
　　　b. The craft moved into the hangar, floating$_1$ on a cushion of air.
　　　c. The craft floated$_2$ into the hangar on a cushion of air.
　　　　　　　　　　　　　　　　　　　　　　(Talmy 1985: 64)

(15a)の floated は静止状態で，ホバークラフトが単に空気のクッションの上に浮いていることを意味する。この意味での float を float$_1$ とすると，(15b)では，それが分詞構文に用いられ，移動を表わす動詞（move）を修飾している。ところが，(15c)では，float が単に空中に浮いているというのではなく，「浮かびながら移動していく」というふうに，移動の意味と float$_1$ の意味の両方を表わしている。この場合を float$_2$ とすると，この float$_2$ は移動と様態という2つの意味要素を1つの動詞の中に包み込んでいることになる。このように複数の意味要素を1つの動詞の中に包み込むことを，Talmy は「融合(conflation)」と呼んでいる。

そこで Talmy は，どのような意味要素が融合するかによって言語の語彙化パターンが異なると考え，次の3つのタイプを提示している。

(16)　a. 移動と様態または原因との融合
　　　　　例：The rock {slid/rolled/bounced} down the hill.
　　　　　　（Manner）
　　　　　The napkin blew off the table.
　　　　　　（風が吹くことが Cause）
　　　b. 移動と経路の融合
　　　　　例：John entered the room.
　　　　　　　（enter が into の概念を含んでいる）
　　　c. 移動と物体の融合
　　　　　例：It rained in through the bedroom window.

(rainが移動物)

Talmy(1985: 62)によれば，どの言語も，これら3タイプのうち1つだけを，その言語の中で最も「特徴的」な語彙化パターンとして用いる。(16a)のタイプはロマンス語派を除くインド・ヨーロッパ語族や中国語であり，(16b)はロマンス語派，セム語族，ポリネシア語派，ネズパース語(Nez Perce)，カド語(Caddo)など，(16c)はアツゲウィ語(Atsugewi)やナヴァホ語(Navajo)などの北米インディアン言語である。なお，後のTalmy(1991: 486, 518)では，(14b)の経路の概念が個々の移動事象の大まかな枠組みを決める中核的要素(core schema)であると考え，世界の言語は経路を何によって表現するのが特徴的であるかによって，まず2つの類型に大別されると論じている。すなわち，経路概念を，動詞の中に融合する(16b)タイプの言語(verb-framed languages)と，接辞や前置詞ないし後置詞，不変化詞等の「衛星(satellite)」によって表わす(16a, c)タイプの言語(satellite-framed languages)とに二分されるという。この分類によれば，英語は(16a)に属し，動詞の中に移動と様態または原因の意味を取り込んで表現することが最も特徴的であるということになる。

(17)　a. Cassandra limped up the stairs.
　　　b. Sally waltzed into Philip's arms.
　　　c. Jack and Jill hopped down the hill.
　　　　　　　　　　　　　　　(Levin and Rapoport 1988: 277)

英語の中にもenter, ascend, descendなど，(16b)のタイプと見なせる動詞が存在するが，これらはロマンス語からの借入語である。スペイン語やフランス語などのロマンス諸語は(16b)のタイプに属し，移動動詞の中に経路の意味を融合するのが特徴的である。これらの言語では，(17)のような英語表現をそのまま逐語訳することはできない。日本語でも，次のような言い回しは不適格である。

(18)　a. *カサンドラは階段をよろめいた。(「よろめきながら階段を上がった」という意味で)
　　　b. *サリーはフィリップの腕の中に踊った。(「踊りながらフィリップの腕の中に飛び込んだ」という意味で)

日本語は，(18)のような表現ができないことから，ロマンス語と同じ(16

b)のタイプであると一般に考えられている（宮島 1984: 第3節, Jackendoff 1990a: 225, Talmy 1991: 486, 松本 1997: 141等を参照）。日本語については4.3節で検討することにして，ここでは英語が(16a)のタイプであることをさまざまな動詞について検証することにしよう。

英語が(16a)のタイプであるということは，要するに，移動様態動詞が多いということである。先に2節で，移動様態動詞をroll動詞とrun動詞に区別するというLevin(1993)の考え方を紹介したが，影山・由本(1997: 154)は，この2つを，移動のありさまそのものを描写する様態を表わす場合(19a)と，移動そのものではなく移動を引き起こす原動力となる身体動作の様態を表わす場合(19b)という観点から区別している。

(19) a. 移動そのものの様態：roll, slide, bounce, bound, dash, drift, float, glide, slither, sneak, meander
b. 移動推進動作：run, swim, walk, crawl, fly, amble, clamber, jump, leap, march, hop, jog, bike, cycle, taxi

(19a)と(19b)の各々の代表としてrollとrunで説明してみよう。rollは物体が回転しながら進んでいく様子を表わし，通常，主語は無生物である。他方，runは通常は，意志を持つ人間や動物が主語になり，手足をすばやく動かすという運動（動作）を行なうことによって，移動していくことを表わす。移動せずにその場で手足を動かしても"run"と言える。この違いを，〈行為〉→〈変化（動き）〉→〈結果〉という意味構造にあてはめると，次のように整理できる。

(20) a. 移動そのものの様態　　b. 移動推進動作
　　　　〈動き〉→〈結果〉　　　〈行為〉→〈動き〉→〈結果〉
　　　　　　↑　　　　　　　　　　　↑
　　　　　様態　　　　　　　　　　様態

つまり，同じ「様態」でも，〈動き〉の仕方を描写するものと，動きを引き起こす〈行為〉を特徴づけるものとがあるわけである。

roll類とrun類の間には文法的にも重要な違いがある。roll類の動詞は，ほとんどが(21)のように自動詞にも他動詞にも自由に使われ，基本的にはbreakやopenなどと同じ能格動詞（→第1章）と呼ばれる動詞グループに属す（影山・由本 1997, Levin and Rappaport Hovav 1992; 1995)。

(21) a. The rock slid/rolled/bounced down the hill.
　　　b. I slid/rolled/bounced the keg into the storeroom.
(Talmy 1985: 62)

それに対し，run 類は通常は非能格動詞と呼ばれるグループに属し，特別な状況でのみ使役他動詞が可能になる（→第 1 章 4.6 節を参照）。

Talmy が様態・原因融合タイプと呼ぶように，英語では(19a, b)のような動詞は決してこれだけに固定されているのではなく，本来は移動を表わさないような動詞にも広がりを見せている。移動推進動作を表わす(19b)の英語動詞は，「走る，歩く，泳ぐ」のように，日本語にもそれに対応する動詞がある。しかし，移動を表わすことができる動作動詞は，日本語より英語のほうがはるかに多い。その 1 つのグループは，(22)のような身体運動動詞，もう 1 つのグループは(23)のような舞踏動詞である。

(22) 身体運動動詞（verbs of body-internal motion）: buck, fidget, flap, gyrate, rock, squirm, sway, teeter, totter, twitch, wiggle, wobble, wriggle

(23) 舞踏動詞（waltz verbs）: boogie, bop, cancan, clog, conga, dance, foxtrot, jig, jive, pirouette, polka, quickstep, rumba, samba, shuffle, tango, waltz

これらは，もともとは身体を動かすさまを描写するもので，基本的には位置変化を含意しないが，着点や起点をつけることによって移動の意味を担うことができる。

(24) a. Willy {wiggled/danced} for hours without ever leaving the same spot.
　　　b. Willy {wiggled/danced} into Harriet's arms.
(Jackendoff 1990a: 223)

日本語では，身体運動の動詞を移動の意味に拡張することはできない。

(25) a.* 彼女が部屋 {に/へ/から} 踊った。（「彼女が踊りながら部屋に行った/部屋から出てきた」という意味で）
　　　b.* 彼は廊下をもがいた。（「もがきながら廊下を進んだ」）

したがって，英語には「身体動作を表わす動詞が移動動詞に鞍替えする」という特別な意味操作があるものと推測される。しかし，どのような身体動作でも移動と結びつくわけではない。踊ったり，もがいたりすれば，自

第 2 章　移動と経路の表現　53

然と身体の位置も動いていく。そのような動詞が移動に拡張するのは理にかなっている。

　身体運動動詞が「移動推進動作」を表わす run 類からの拡張であるとすると，移動そのものの様態を表わす roll 類からの拡張の一例として，音放出動詞を挙げることができる。

　　(26)　音放出動詞（verbs of sound emission）: babble, bang, beep, burr, buzz, chatter, clash, clatter, hiss, gurgle, rumble, splash, thump, wheeze, whistle
　　　　a. The truck rumbled into the driveway.　　(Levin 1993)
　　　　b. The elevator wheezed upward.
　　　　　　　　　　　　(Levin and Rappaport Hovav 1995: 189)
　　　　c. The old centaur thumped out of the room.
　　　　　　　　　　　　（影山・由本　1997）

これらの動詞が表わす音は，物体が移動する際に必然的に発生する音である。トラックはゴロゴロ（rumble）と音を立て，怪獣はドシンドシン（thump）と音を立てて進む。これらの音を聞いただけで，それぞれの物体が移動していることを知ることができるから，これらの音は移動の顕著な特徴を表わすメトニミーと見なすことができる（影山・由本 1997）。

　実際，次のような場合は，音（声）の放出が必ずしも移動を伴わないから，メトニミーは成り立たず，移動動詞としての用法が不適切である。

　　(27)　a.* He yelled down the street.
　　　　　（彼は叫びながら通りを駆けていった）
　　　　b.* The frogs croaked to the pond.（蛙は鳴きながら池に飛び込んだ）　　(Levin and Rappaport Hovav 1995: 190)

おもしろいことに，同じ動詞であっても，いっしょに使われる主語の性質によって，移動動詞としての適否が変わることがある。

　　(28)　a.* The cat purred down the street.
　　　　b. The beautiful new Mercedes purred along the autobahn.
　　　　　　　　　　　　(Levin and Rappaport Hovav 1991: 138)

(28a)の purr は，猫が喉を鳴らす音を表現し，その音と猫の移動との間に必然的な因果関係がない。同じ動詞でも，(28b)では車の走行に必然的に伴うエンジン音を表わすから，移動動詞として成り立つ。

このような音の放出を移動に転用する意味操作も，日本語には見られない。次のような移動構文は不適切である。

 (29) *トラックが坂道をガタガタした。(「トラックがガタガタいいながら坂道を進んだ」という意味で)

音放出動詞のほかにも，移動そのものの様態を描写する動詞は多い。しかしその場合も，意味要素の融合が起こるためには，融合される2つの事象の間に緊密な因果関係が必要である。(30a)のように，船が燃えながら移動することは現実に起こりうるが，船が燃えることがその船の移動を引き起こすわけではないから，(30b)の移動構文は成立しない。

 (30) a. The boat was burning as it entered the cave.
    b. *The boat burned into the cave. (Croft 1991: 160)

しかし，(31)のように，燃える（焼ける）ということが移動に必然的に伴う状況なら，burn が移動動詞として成立することが可能である。

 (31) The branding iron burned into the calf's skin.
    (焼印が子牛の皮膚に焼きついた) (Croft 1991: 161)

以上，本来は移動を表わさない動詞が英語では移動様態を表わすように使われるが，日本語では，普通の動詞を移動動詞に「転用」することができないことを述べた。ただし日本語では，複合語という形でさまざまな様態や経路を表わすことができる。この表現様式は英語にはない。

 (32) 蛇行する，曳航する，軟着陸する，携行する，航行する，飛行する，急行する，自転車通学する，直進する

## 4.2 中間経路を表わす「直接目的語」

移動空間を表わす英語の前置詞と日本語の格助詞を比べてすぐに気づくことの1つは，中間経路の表現方法である。

 (33) a. walk along the river（川ぞいを歩く（川にそって歩く））
    b. walk across the road（道を渡る（横断する））
    c. walk over the hill（山を越えて行く）
    d. move past the station（駅を通り過ぎる）

英語では along, across などの独自の前置詞があるのと比べると，日本語には中間経路専用の格助詞はなく，「～を」というヲ格で標示される。

しかし英語でも中間経路を直接目的語として表わす場合がある。そのよ

うな例として，(34)の動詞がしばしば引き合いに出される。

(34) pass the station, cross the street, pierce the wall

また，次のように前置詞句と直接目的語が交替することもある。

(35) a. Martha climbed (up) the mountain.
b. They skated (along) the canals.　　　(Levin 1993: 43)

中間経路を前置詞なしで直接目的語として標示した場合には，その経路の全面（端から端まで，あちこち）をカバーするという意味合いが強く出る。例えば，(35a)で up を用いなければ，Martha が山の頂上に到達したことを強く含意するが，up を用いると，必ずしもそのような含意は出てこない。同じように，walk the street という英語は，日本語で「道を歩く」という以上に，「歩き回って，ある距離を進む」という意味が強い。それが極端になると，(36a)の swim, (36b)の fly のように「その場所を泳いで渡る，空を飛んで向こうに着く」という意味になる。

(36) a. She was the first woman to swim the Channel in a record 15 hours.
b. He could not fly the Atlantic because of the condition of his plane.

この場合，in 15 hours (15時間で) という時間副詞をつけることができることから分かるように，アスペクト的には完結的 (telic) である。

しかし，直接目的語として現われる中間経路がいつでも「端から端まで」の移動や完了性を含意するわけではない。

(37) a. Mary walked the Appalachian Trail (for days/in three months). （メアリーはアパラチア山道を（何日も／3か月で）歩いた）
b. Mary paddled the Allegheny River (for days/in three months). （メアリーはカヌーでアレゲーニー河を（何日も／3か月で）下った）　　　(Tenny 1995a)

(37)では，移動の完了を表わす in three months だけでなく，移動の継続を表わす for days をつけることもできる。後者の場合，山道ないし河のかなり長い距離を移動しているが，最終点に着いたわけではない。

このように，日本語だけでなく英語でも，中間経路を「直接目的語」として表現することがある。along や through に相当する格助詞を持たない

日本語では，「通りを歩いた」「海峡を泳いだ」と言っても，必ずしも反対側まで行き着いたという読みは出てこない。英語のほうは，日本語より「全体的影響」（第4章の「壁塗り構文」を参照）という意味合いが強く現われるが，それでも，(37)のように部分的解釈も成り立つ。

　なぜ，中間経路が「直接目的語」として現われるのか（そもそも，それを「直接目的語」と呼んでよいのか），そして，その場合になぜ「全体的影響」という解釈が強く出るのかという問題については，さまざまな考え方がある。おそらく最も妥当性が高いと思われるのは，Dowty(1991)の漸増的変化対象（Incremental Theme）という考え方だろう。これは，行為の進行に伴って徐々に変化（あるいは増加ないし減少）していく事物を指す。典型的な例は，He read the book. の the book や He ate a cake. の a cake のような目的語で，動詞が表わす行為によって少しずつ「消化」されていく，という意味を表わしている。「本を読む」という行為は，1ページ1ページ読み進めて，最後のページにたどり着くまで続く。同じように，「ケーキを食べる」という行為は，ケーキを少しずつ口の中に入れて，そのケーキがなくなるまで続く。本を端から端まで読めば「全体的解釈」になるが，読みかけて途中で終われば「部分的解釈」になる。一般に，このような漸増的変化対象は「直接目的語」という形で表現される（中間経路のヲ格標示について，さらに Muehleisen and Imai 1997も参照）。

　「山道を歩く」という場合も同じように，「山道」（すなわち，その山道が及ぶ距離）を歩くことによって「消化」していくというふうにとらえると，「山道を」は「歩く」という動作にとって漸増的変化対象と見なすことができる。そうすると，中間経路が「直接目的語」という姿を取ることはきわめて自然な結果となる。また，漸増的変化対象は，ごく普通の状況なら（つまり，「半分まで」とか「10分だけ」のような断りの表現をつけないかぎり），最後まで消化したと見なすのが無難である。その結果として，「全体的解釈」が出てきやすい。

　中間経路が漸増的変化対象を表わす目的語と同じ性質を持つことは，意味解釈だけでなく，「消化」した分量を表わす数量表現が共通して見られることからもうかがえる。

　(38)　a. I read the book from page 1 to page 50.

　　　　　a′. I walked the street <u>from the theater to the hotel</u>.
　　　　　b. 私は，ケーキを<u>3つ</u>食べた。
　　　　　b′. 私は，山道を<u>20キロメートル</u>歩いた。
(38)の下線部は，変化対象が「消化」された分量を表わしている。
　さて，前述のように日本語では中間経路を表わす助詞がヲ格以外にないので，主語が生物であっても無生物であっても関係ない。ところが，英語では中間経路の表現方法が前置詞と直接目的語との2通りの選択肢があり，前置詞を用いるのが基本的であるから，それを省いて直接目的語として表現するのは特別の場合であると考えられる。特別の場合であるから，直接目的語の生起には特別の条件がつく。それは，動詞が意図的な移動様態動詞でなければいけないという条件である。

　(39) 　Laura {climbed/jogged/swam/traveled/walked/bicycled/
　　　　　canoed/skied/drove/flew/paddled/rode/waltzed} the course.
　　　　　　　　　　　　　　　　　　　　　　　　　　　(Tenny 1995b)

意図的な自動詞は非能格動詞（第1章）と呼ばれ，自動詞であっても同族目的語や結果構文（第6章）などで目的語をとる能力がある。これに対して，roll, slideのような非意図的な移動動詞は目的語をとることができない。この場合，downのような前置詞が必要である。

　(40) 　*The　package {drifted/dropped/glided/moved/rolled/slid/
　　　　　swung/twirled} the course.　　　　　　　(Tenny 1995b)

これらの非意図的な動詞は非対格動詞と呼ばれ，その主語名詞は「内項」（序および第6章162ページ）の働きをする。主語自体が内項であるので，さらに別の名詞（中間経路）を内項（目的語）としてつけ加えることができないのである。なお，(40)の「目的語」であるthe courseを次のような距離表現と取り替えると，正しい英語となる。距離表現は目的語（内項）ではなく付加詞（副詞）であるから，非対格動詞でも成立する。

　(41)　a. The boulder rolled <u>the whole distance</u> down the hill.
　　　　　　　　　　　　　　　　　　　　　　　　　　　(Tenny 1995b)
　　　　b. The boulder rolled <u>150 meters</u> and then stopped.

　さて，おもしろいことに，Tenny (1995b: 219)の判断では，これらの非対格動詞でも，無理やり意図的な読みを与えると，中間経路を目的語としてとることが可能になるという。

(42) Laura deliberately {glided/moved/rolled/slid/swung} the course.

非対格動詞であっても，強制的に意図性を持たせることによって非能格動詞に鞍替えすることは，よくあることである．

以上のように，英語では，中間経路が直接目的語として働くのは意図的な動詞に限られる．これに対して，日本語の中間経路は，主語の意図性に関わりなく常にヲ格で標示される．

(43) a. 樽はゴロゴロと坂を転がった．
b. 少年はわざと坂を転がった．

しかし中間経路ではなく，起点を表現する場合には，例えば，「出る」という動詞は「部屋を出る」と「部屋から出る」のように，「ヲ」と「カラ」の交替を許す（微妙に意味が違うが）．

(44) a. 太郎は{部屋から/部屋を}出た．
b. 涙が{目から/*目を}出た． （三宅 1996b）

(44a)が意図的な「出る」であるが，(44b)の「出る」は意図的ではない．この場合，対格（ヲ格）を用いることはできない（寺村 1982: 107）．

## 4.3 着点・起点と有界性

4.1節で紹介した Talmy(1985)の言語類型によると，英語が「様態融合タイプ」であるのに対して，スペイン語は「経路融合タイプ」に類別される．つまり，スペイン語では(45)のような表現が一般的である．

(45) a. La botella   entró       a la cueva    (flotando).
        the bottle   moved-in    to the cave   (floating)
        （びんは，浮かびながら洞窟の中に入っていった）
    b. La botella   iba          por el canal    (flotando).
        the bottle   moved-along  along the canal (floating)
        （びんは，浮かびながら運河を流れていった）
                                        （Talmy 1985: 69-70）

しかし一方，英語のように移動と様態とを融合して1語の動詞として表わすことは一般的ではないとされる．

(46) a. *La botella   flotó a la cueva.
         the bottle   floated to the cave      （Jackendoff 1990a: 89）

(*びんは，洞窟に漂った)
　　　　b. ?*Ayer　　caminé　a la　　biblioteca.
　　　　　　yesterday　I-walked　to the　library　　(Aske 1989: 14)
　　　　(?*昨日，私は図書館に歩いた)

(45)と(46)を見て気づくのは，日本語は英語とではなく，スペイン語と似ているということである。すなわち(45)に対応する日本語が問題なく成り立つ一方，(46)を日本語に直訳すると非常に不自然である。

　それでは，日本語やスペイン語では，英語のように移動と様態が融合することは全くできないのだろうか。事実はそう単純ではない。(46)の「洞窟に」「図書館に」のような着点を移動様態動詞といっしょに使うのは確かに不自然だが，方向(47a)や中間経路(47b)といった非有界的経路なら，日本語でもスペイン語でも移動様態動詞といっしょに使うことができる(Yoneyama 1986, Nakamura 1997 等も参照)。

　　(47)　a. Corrieron hacia　adentro de la cueva.
　　　　　　they-ran　towards　inside　of the cave　(Aske 1989: 5)
　　　　a′. 彼らは，洞窟の中のほうへ走った。
　　　　b. Juan camino por el tunel　　dos horas.
　　　　　　Juan walked　through the tunnel　two hours.
　　　　　　　　　　　　　　　　　　　　　　　(Aske 1989: 7)
　　　　b′. ジョンはトンネルの中を2時間歩いた。

(47)では，様態を表わす「歩く」「走る」が移動の意味も担っているから，移動と様態が融合していることになる。つまり，スペイン語や日本語が属すとされる経路融合タイプにおいても，移動の経路が非有界的ならば，移動と様態の融合が可能な動詞もあるのである。このようなことから，影山・由本(1997)では，Talmy とは異なり，経路の有界性に基づく独自の分類を提示している。

　移動構文における経路の空間的な有界性は，経路表現を含む動詞句の時間的な **完結性**（telicity）と密接に関係している。roll, slide などの移動の有様を表わす動詞と，run や walk といった移動推進動作を表わす動詞を含めて，一般に移動様態動詞は，本来的に非完結的(atelic)な事象を表わす。例えば，(48a)のように，roll という動詞は単独では，出来事の継続時間を表わす for two days とは共起できるが，事象の完結を表わす in two days とは共起できない。これは典型的な非完結的事象を表わす動詞の特徴である。

(48) a. The cart rolled {for/*in} two days.
b. The cart rolled {along the road/toward the house} {for two minutes/?*in two minutes}.
c. The cart rolled to New York {in/*for} two days.

(Jackendoff 1996: 310)

roll が表わす移動は，理屈の上ではいつまでも継続可能であり，その性質は，(48b)のように，中間経路や方向などの非有界的経路をつけても変わらない。ところが，(48c)の to New York などの有界的経路（着点）を表わす句をつけると，今度は逆に，in two days とは共起できるが，for two days とはそぐわなくなる。すなわち，roll という動詞自体は非完結的であるが，有界的な経路をつけることによって，動詞句全体が完結的 (telic) になり，継続的活動 (activity) が**達成** (accomplishment) という事象に鞍替えする。この性質は，英語のすべての移動様態動詞について成り立ち，さらに，先に(10)で見た eat the banana と eat bananas の例のような，普通の動詞と直接目的語との関係とも共通している。

ところが，日本語の移動様態動詞にはそのような性質は見られない。次の例で，英語と日本語を比較してみよう。

(49) a. They walked northward.（彼らは北のほうへ歩いた）
b. She {walked/swam/crawled} toward the cave.
（彼女は洞窟のほうへと {歩いた/泳いだ/はった}）

「北のほうへ」や「洞窟のほうへ」という方向は，2節で説明したように中間経路と同様に非有界的な経路の一種である。実際，完結性のテストをしてみると，次のように明らかに非完結的な特性を示す。

(50) a. She {walked/swam/crawled} toward the cave for 30 minutes.
b. 彼女は {30分間/*30分で} 洞窟 {の方へ/に向かって} {歩いた/泳いだ/はった}。

(ただし，(50b)の「30分で」は，問題の完結的な解釈ではなく，「歩き始めるのに30分かかった」という始動的解釈なら言えなくもない。)

このように非有界の（つまり，継続的な）移動に関するかぎり，英語と

第2章　移動と経路の表現

日本語の移動様態動詞は違いを見せない。ところが，有界的な経路（つまり起点ないし着点）を置いてみると，両言語の相違が明らかになる。

(51) a. She ran out of the room.
　　　b. *彼女は部屋の中から走った。
(52) a. She {walked/ran/swam/crawled} into the cave.
　　　b. ?*彼女は洞窟の中に{歩いた/走った/泳いだ/はった}。

run out of the room というのは部屋から出ればそれで終わる行為であり，walk into the cave も洞窟にたどり着いて，その中に入れば，完了する。こういった場合，英語では run や walk のあとに out of～や into～といった起点ないし着点を自由につけることができるのに，それを直訳した日本語は非常に不自然である。日本語では，(51)なら「走り出る」や「走って出る」，(52)では「歩いて入る」や「駆け込む」といった2つの動詞を合わせた表現が必要である。

ここで，(52b)の「～の中に」は不自然だが，「～に」ならよいという読者がいるかもしれない。

(53) a. ??彼女は(30分で) 洞窟に歩いた。
　　　b. ?彼らは(30分で) 病院に走った。

しかしここで重要なのは，(53)では主語がニ格名詞の場所に到着したことは含意されないということである。(53)の「～に」は方向を表わすだけで，「～(のほう)へ」と言い換えてもよい。実際，「30分で」のような時間副詞をつけても，「30分でそこに着いた」という意味にはならない。

日本語の移動様態動詞が一般に非完結的であることは，人間を主語とする意図的移動だけでなく，無生物を主語とする場合でも観察される。

(54) a. The ball rolled to the fence.
　　　b. ?*ボールはフェンスに転がった。（転がっていった）
(55) a. Her scarf slid from the chair.
　　　b. *彼女のスカーフがいすから滑った。（滑り落ちた）

run 動詞および roll 動詞に相当する日本語動詞は，それ自体では非有界，非完結的である。しかし英語では，それらに着点ないし起点をつけることによって，有界的な事象に変えることができる。この違いは，次のような類似文の解釈からも明らかである。

(56) a. 彼は駅に（駅へ）200メートル走った。

　　　　b. He ran 200 meters to the station. 　　（影山・由本 1997）
(56a)は，彼が駅のほうへ200メートル走ったというだけで，彼が駅に着いたことは述べていない。「駅に/へ」は方向を表わすだけである。他方，(56b)の英語は，200メートル走った先が駅であることを意味し，彼が駅に到着したことを伝えている。言い換えれば，英語では，200メートル走るという行為に加えて，その結果，駅に到着したという完了結果まで表現しているわけである。

　このことから，影山・由本(1997)では，意味構造のレベルで〈移動〉と〈結果〉の合成が行なわれると分析している。

　(57)　英語における意味構造の合成
　　　　〈動き（移動）〉　＋　〈結果〉
　　　　The ball rolled.　　It got to the fence.
　　　→ The ball rolled to the fence.

すなわち，roll という継続的移動のあとに着点への到着を継ぎ足すことによって，The ball rolled to the fence. 全体は達成という事象になる。英語では，(57)の "get" が表面上は現われない意味述語として扱われるのに対して，日本語では「たどり着く，滑り落ちる」のような複合動詞という形態を利用し，"get" にあたる概念を有形の動詞として表現する。このように，英語では意味構造を合成して複雑な概念を作るのに対して，日本語では形態的な複合動詞の形を用いるという違いは，ほかにも，第5章の二重目的語構文や第6章の結果構文などで広範に観察される。

　ところで，日本語には「駅に行く」というニ格と並んで，「駅まで行く」のようなマデという助詞がある。

　(58)　a. 太郎は駅まで｛走った/歩いた｝。
　　　　b. 太郎は岸まで泳いだ。

Tsujimura(1991)はこのようなマデ句を，英語の to 句と同様の，純然たる「着点」を表わすものと見なしているが，他方，そうではないと考える立場もある。池上(1981: 264)は，このような例に関し「〈走る〉とか〈泳ぐ〉という行為が太郎が駅なり岸なりに到達する時点まで継続したという感じである」と述べている。また，影山・由本(1997: 141)は，「まで」は着点ではなく，移動の及ぶ「到達範囲」であると述べている。

　実際，日本語のマデ句は英語の to 句と次のような点で異なっている。

(59) a. John ran to the railroad station {*for/in} 30 minutes.
(Yoneyama 1986)
b. ジョンは駅まで{30分間/30分で}走った。

(59a)のように，英語の移動様態動詞がto句と共起した場合は，完結的な「達成」の解釈しか許されない。すでに見た(48c)も同様である。

これに対して，日本語の移動様態動詞がマデ句を伴う例では(59b)のように，「30分で」でも「30分間」でも全く自然である。つまり，日本語のマデ句は，完結的な「達成」の解釈と非完結的な「活動」の解釈の両方が可能であることが分かる。すでに見た英語の例(48)と同様に日本語でも，一般に文の表わす事象が完結的か非完結的かのいずれかに確定している場合には，「30分で (in thirty minutes)」か「30分間(for thirty minutes)」のいずれか一方のタイプの時間副詞しか使えない。したがって，そのいずれもが正常に共起可能な(59b)の例は，完結性がいずれにも確定していない，意味的に曖昧な文であるということになる。もし，マデという助詞が，英語の前置詞 to のように本来的に着点を示すのなら，(59b)は完結的な「達成」の解釈に確定し，非完結的な解釈は生じないはずである。したがって，マデ句を「着点」と見なす考え方は正しくない。

他方，マデ句は非有界的事象に時間的境界を与える場合と与えない場合の2種類があり，前者のマデ句が動詞の項であるのに対し，後者は付加詞(adjunct)である，と考えることもできる（上野1995; 2000, 松本1997, 北原1998)。この考え方では，(59b)で「30分で」と共起している場合の「駅まで」は，動詞「走る」の経路項であり，このことによって，英語のrun to the station の to the station と同様に，「走る」が表わす非有界的な活動に時間的境界を与えて，有界的な達成事象に変える働きをしている。他方，(59b)で「30分間」と共起している場合の「駅まで」は，付加詞であり，そのため動詞の表わす事象の時間的構成に直接関与することができず，時間的境界の付与ができない。そして，この付加詞としての働きが，マデ句自体の本来の姿であり，移動様態動詞の項として時間的境界を与えている場合のマデ句のほうが，むしろ特殊な場合であると考えられる。実際，付加詞としてのマデ句は，移動動詞以外のさまざまな動詞と共起することができる。

(60) a. （新幹線の車中で）太郎は東京{まで/*へ/*に}{携帯ラジオ

を聞いた/外の景色を眺めた/友達と談笑した}。
b. 太郎は東京まで{*3時間で/3時間}{携帯ラジオを聞いた/外の景色を眺めた/友達と談笑した}。

これらの例でも，マデ句は動詞の表わす行為を完結的にする働きはない。

この点で，英語の all the way to はマデ句と同様の特徴を示す。(61)に "in two hours" のような時間限定をつけることはできない (Aske 1989)。

(61) I read comics all the way to New York. (Talmy 1985: 66)
（私はニューヨークまでずっとマンガを読んだ）

ちなみに，次の例の「3時まで」のような時間軸上の範囲（期間）を表わすマデ句も，非完結的な活動を，完結（達成）に変えることはない。

(62) 太郎は3時まで{1時間/*1時間で}{暴れた/踊った/歩いた/泳いだ/走った/はった}。

以上のマデ句の分析から，任意の空間表現（場所，経路，範囲を表わす表現）が，動詞句の表わす事象に**完結性**（telicity）を与えることが可能であるためには，次のような2つの条件を同時に満たすことが必要であるということが示唆される（上野 2000）。

(63) 空間表現が動詞句の事象に完結性を与えるための必要条件
a. その空間表現自体が，有界的(bounded)であること。
b. その空間表現が，動詞の経路項の資格を持つこと。

マデ句は，それ自体，(63a)の条件は満たすが，動詞句の事象を完結的にするためには，さらに(63b)の条件を満たす必要がある。(60)のようにマデ句が移動動詞以外の動詞と共起した場合，その事象を完結的にすることができないのは，これらの動詞が意味的に経路項の存在を含意せず，したがってマデ句が(63b)の条件を満たすことが不可能であるためであると説明できる。言い換えると，空間的な範囲を表わすマデ句が動詞句の事象を完結的にすることができるのは，経路項を意味的に含意するような移動動詞と共起する場合に限られる，ということである。

## 4.4 移動表現の抽象化

これまで扱った「移動」は，文字通り，時間の経過とともに位置が変化する場合であったが，移動およびそれに伴う経路の概念が抽象化することが英語でしばしば観察される。その1つは，本来は「経路」を表わす表現

が，ある長さ・広がりを持った物体が空間に占める「範囲」を表わす場合である。Talmy(1996)はこれを "coverage path" と呼んでいる（Jackendoff 1983; 1990a, 国広 1985, Langacker 1990, 松本 1997, Iwata 1998等も参照）。この場合，本来は物理的な移動を表わす動詞が，客観的には観察されない「仮想の移動」を表わすように転用されていることが多い。

(64) The fence {goes/zigzags/descends} from the plateau to the valley.　　　　　　　　　　　　　　　　　(Talmy 1996: 244)

　意味の抽象化が起こるもう1つの場合は，本来は「経路」表現であるものが，その経路の終着点の「位置」を意味するようになる現象である。Talmy(1996)はこれを "access path" と呼んでいる（Jackendoff 1990a, Langacker 1987; 1990等も参照）。

(65) a. The bakery is across the street from the bank.
　　　　　　　　　　　　　　　　　　　　　　(Talmy 1996: 242)
　　　b. The station is through the tunnel.　(Bennett 1975: 84)

There 構文のように存在を表わす動詞を用いて長さ・広がりを持つ物体の存在を述べると，coverage path の解釈と access path の解釈がどちらでも可能になる（Bennett 1975: 84-87）。

(66) a. There's a wire through the tube.
　　　　coverage path 解釈：チューブの中を（端から端まで）ワイヤが通っている。
　　　　access path 解釈：チューブを通り抜けた向こう側にワイヤがある。
　　　b. There's a tree across the road.
　　　　coverage path 解釈：路上に木が倒れて（道路をさえぎって）いる。
　　　　access path 解釈：道路の向こう側に木がある。

このような表現は，本来の時間軸にそった移動を背景として，その結果として残る軌跡や，行き着く先の一点を表わす。このように，行為や出来事の結果状態を重視して述べるという表現方法は，スル型視点に基づいて「変化の結果」を重視する英語の特徴であると言えるだろう。

## 5 まとめ

　本章では，移動を表現する構文を取り上げ，そこで用いられる動詞と経路表現の多様性を説明した。また，日本語との対照を通して，英語の移動動詞が自由に経路表現（特に，着点・起点という有界的経路）をとることが明らかになった。すなわち，もともとは位置を変えずにその場で行なうことができる運動でも，着点を表わす前置詞句を伴うと，「〜しながら進む」という移動の意味になる。

(67) Willy {wiggled / danced / spun / bounced / jumped} into Harriet's arms. (Jackendoff 1990a: 223)

このような意味拡張がどこから生じるのかという問題に対して，概略，2通りのアプローチがある。1つは，動詞自体の基本的意味が一定の語彙的ないし意味的規則に従って拡張され，それによって動詞の多義性が生じるという見方（Talmy 1985, Levin and Rapoport 1988 等）である。もう1つは，動詞自体の意味は不変であり，「移動」の意味は，[V+PP]という構文(construction)が担っていると考える分析（Aske 1989, Jackendoff 1990a 等）である。この後者の考え方は近年の構文文法（Construction Grammar: Goldberg 1995等）に通じるものである（この2つのアプローチについては Rappaport Hovav and Levin 1998: Appendix も参照）。いずれにしても，移動構文という1つの構文だけでなく，本書で扱ったようなさまざまな構文を統一的に扱うことができ，しかも可能ならば英語と他の言語との違いを解明できるような理論が求められる。

## 6 さらに理解を深めるために

・影山太郎・由本陽子. 1997.『語形成と概念構造』［第3章「単語を超えた語形成」で，Talmy(1985)とは異なる移動動詞の語彙化のタイポロジーを提唱する。また，移動動詞が「起点/着点指向」と「(中間)経路指向」に大別されることを論じている。］
・**Beth Levin and Malka Rappaport Hovav. 1992. The lexical semantics of verbs of motion/1995. *Unaccusativity*.**［非対格性は意味によって完全に決定され統語的に表示される，という仮説に対する反例

と考えられていた移動動詞類を，精密な意味分析により3種類に分類し，意味構造と統語構造のリンキングの仕組みを論じている。]
・松本　曜．1997．「空間移動の言語表現とその拡張」［Talmy (1985)を出発点として，日英語の移動動詞・使役移動動詞（→本書第6章）の語彙化パターン，および主観的移動表現を比較し，両言語の相違と共通性を論じている。]
・Strömqvist, Sven and Ludo Verhoeven. eds. 2004. *Relating events in narrative, vol. 2: Typological and contextual perspectives.* Mahwah, NJ: Lawrence Erlbaum Associates.［英語のほか諸外国語の移動表現についての論文を多数含む］

（上野誠司・影山太郎）

# 第3章　心理動詞と心理形容詞

◆基本構文
(A) 1. Judy will *be surprised* at this piece of good news.
(Cf. *Judy will surprise at this piece of good news.)
（ジュディはこのよい知らせに驚くことだろう）
2. This piece of good news will *surprise* Judy.
（このよい知らせが，ジュディを驚かせるだろう）
(B) 1. The children *were pleased* with the present.
（子供たちがそのプレゼントに/を喜んだ）
2. The present *pleased* the children.
（そのプレゼントが子供たちを喜ばせた）
(C) 1. The children *feared* the ghost story.
（子供たちがその幽霊話を怖がった）
2. The ghost story *was feared* by the children.
（その幽霊話は子供たちに怖がられた）
(D) 1. his father's {surprise/satisfaction}（父親の驚き/満足）
2.*the result's {surprise/satisfaction}（*その結果の驚き/満足）

【キーワード】心理動詞，心理形容詞，原因，経験者，感情の対象，形容詞的受身，自動詞，他動詞

## 1 なぜ？

　私たち人間は日常生活でいろいろなことを体験し，それについて「喜び，悲しみ，怒り，いらだち，やすらぎ」といったさまざまな感情ないし心理状態を体験する。そのため，心理状態や感情を表わす言語表現は豊富にある。しかし英語と日本語では，それらの使い方に大きな違いがある。日本語では「驚く」(A1)や「喜ぶ」(B1)は文法的には自動詞であり，「人

が＋何かに＋驚く/喜ぶ」という形をとる。ところが，これに対応する英語は be surprised at, be pleased with のように「受身」の形で表現される。「受身」ということは，元が他動詞ということであり，実際，英語の surprise や please は他動詞として(A2)(B2)のように「何か＋surprise/please＋人」という構文で使われる。英語と日本語で，なぜこのような違いがあるのだろうか。

　英語の感情を表わす受身形は形容詞的であり，そのあとにくる前置詞が at の場合(be surprised at)，with の場合(be pleased with)，of の場合(be scared of)などがある。このような形容詞と前置詞の組み合わせは，受験英語では理屈抜きに丸暗記されるが，何か法則はないのだろうか。日本語でも「〜に驚く」のように「〜に」しかない場合と，「〜に/を喜ぶ」のように「〜に」でも「〜を」でも可能な場合がある。英語の前置詞の使い分けと，日本語の助詞の使い分けは関連性がないのだろうか。さらに，名詞形になると，「(何か)の驚き/満足」(D2)ではなく「(人)の驚き/満足」(D1)のように使われるのはどうしてだろうか。

## 2　心理動詞とは

　人間の心理は，「うれしい，満足だ」のような形容詞・形容動詞，「喜ぶ，満足する」のような動詞，さらには「心を痛める，頭に来る」のような熟語などでさまざまに表現される。本章では**心理動詞**（psychological verb)を中心に取り上げるが，必要に応じて形容詞と名詞にも触れる。

　心理状態の表現には少なくとも2つの事物が関わっている。1つは心理状態を体験する当人であり，これを**経験者**(Experiencer)と呼ぶ。もう1つはそのような心理状態をもたらす**原因**(Cause)である。例えば，「子供が物音に驚いた」という場合，「子供」が経験者，「物音」が原因である。英語の心理動詞はほとんどが基本的に他動詞であり，経験者が主語になるのか目的語になるのかによって，2つのタイプに分類できる。

　(1)　経験者を主語にとるタイプ
　　　a. The children feared the ghost story. (＝基本構文 C1)
　　　b. The students like the new teacher.
　(2)　経験者を目的語にとるタイプ

    a. This piece of good news will surprise Judy. (A2)
    b. The present pleased the children. (B2)

以下では，(1)のような動詞を「経験者主語タイプ」，(2)のような動詞を「経験者目的語タイプ」と呼ぶことにする。

　初期の生成文法では，経験者主語タイプの動詞と経験者目的語タイプの動詞を相互に「変形」で関係づけようとする試みがあった。

(3)　a. The paleontologist liked the fossil.
　　 b. The fossil pleased the paleontologist.

一見したところ，(3a)と(3b)は同じ意味であるから，一方から他方を「派生」するという考え方が出てきても不思議ではない。

　しかしながら，Pesetsky(1995: 56)は両タイプに微妙な意味の違いがあることを指摘している。(3a)では，古生物学者は発見された化石を目のあたりにして，その化石の質が優れていると判断している。言い換えれば，(3a)の目的語(the fossil)はlikeという価値判断を下す直接の対象と見なされる（これを**感情の対象**（Object of Emotion）と呼んでおく）。他方(3b)では，古生物学者は必ずしも化石そのものの質や価値を判断しているとは限らない。化石が発見されたり，あるいは化石を人から譲り受けたりしただけで，喜んでいる場合もあり得る。つまり，(3b)の主語は古生物学者の喜びを引き起こす原因にすぎない。このような意味の違いのため，経験者主語タイプと経験者目的語タイプとは明瞭に区別して扱うことが必要である。

## 2.1　経験者主語タイプ

　このタイプの心理動詞は，英語でも日本語でも，主語に経験者をすえて他動詞構文で用いられる。

(4)　a. **The children** feared **the story**.
　　　　〈経験者〉　　　　　〈感情の対象〉
　　 b. Everybody admired his success.
　　 c. The President regrets his last words in the speech.
(5)　a. 子供たちはその話を {怖がった/恐れた}。
　　 b. 誰もが彼の成功を {喜んだ/賞賛した}。
　　 c. 大統領は自分が言った最後の言葉を悔やんでいる。

上述のように，目的語になる名詞は，感情を引き起こす原因というよりむしろ，感情が向けられる対象そのものである。この種の心理動詞は，通常の他動詞と同じように扱ってよく，理論的にあまり問題にならない。理論的に問題になるのは次の経験者目的語タイプである。

## 2.2 経験者目的語タイプ

このタイプの心理動詞は，英語では，心理状態を経験する経験者を目的語に，その心理状態をもたらす原因（Cause）または**動作主**（Agent）を主語にとる他動詞である。原因主語の場合と動作主主語の場合を分けて説明しよう。

### 2.2.1 原因主語

例えば(6)では，the children は「嬉しい」という感情を抱く経験者であり，その感情は主語の the present によってもたらされる。

 (6) **The present** pleased **the children**.
   〈感情の原因〉    〈経験者〉

次の例も同様である。

 (7) a. His behavior annoyed me very much.
   b. Her long speech bored the audience.
   c. The new computer game excited the children.

これらの動詞は他動詞であり，次のような「受身形」と対応すると考えられている。

 (8) a. I was very annoyed at his behavior.
   b. The audience was bored with her long speech.
   c. The children were excited at the new computer game.

形の上では，他動詞が基本形で，受身形はそこから派生されているわけだが，tire（疲れさせる，うんざりさせる）のように，受身形（I was tired from walking. I'm tired of your nonsense.）のほうが能動形より一般的に使われる場合もある。

このような受身形は**形容詞的受身**（adjectival passive）と呼ばれ，品詞としては形容詞の資格を持っている。それは，①副詞の very で強めることができる，②他の形容詞と並列できる，③ look や seem の補語として使うことができる，といった統語的な性質があるためである（Wasow

1977)。

(9) a. I was very {tired/surprised}.
b. I'm sick and tired of your nonsense./He was surprised and dubious.
c. She {looked/seemed} embarrassed at the personal question.

また，通常の動詞的受身が by～ をとるのに対して，形容詞的受身は at, of, by, with, in などさまざまな前置詞をとることができる。いろいろな前置詞があとにくるというのは，be angry at, be familiar with, be afraid of のように，普通の形容詞がいろいろな前置詞をとるのと同じことである。

よく知られているように，形容詞的受身に対応して，現在分詞形 (-ing) の形容詞が存在する。surprised と surprising, embarrassed と embarrassing, satisfied と satisfying などである。このパターンは現代英語においてかなり生産的であり，元になる他動詞 (surprise, embarrass など) に -ed ないし -ing の接尾辞をつけるだけで，自由に作られるように見える。しかし実は，surprise-surprised-surprising の関係はそれほど単純ではない。さらにまた，これらの動詞が名詞化すると，surprise (驚き), embarrassment (とまどい), satisfaction (満足) となるが，これらの名詞形がどのように派生されるのかも，理論的には難しい問題を提起している。

では，経験者目的語タイプの動詞に相当する日本語はどうだろうか。英語の annoy, bore, please を日本語に直訳すると，次のようになる。

(10) a. 彼の振舞いが私を困らせた。
b. 彼女の長々としたスピーチは，みんなをうんざりさせた。
c. そのプレゼントが子供たちを喜ばせた。

(10)のような表現は，日本語としては少し不自然な翻訳調に聞こえる。それは「困らせる」なら「困る＋させる」，「喜ばせる」なら「喜ぶ＋させる」のように，自動詞＋使役形「させる」という形式を取っているからである。つまり，英語の surprise や annoy が基本的に他動詞であるのに対して，日本語では「困る」「うんざりする」といった自動詞が基本的なのである。実際，日本語にはこの種の自動詞が非常に多い。

## 2.2.2 動作主主語

これまで見てきた経験者目的語タイプの他動詞では，主語が意志を持たない名詞であるから原因と呼んだが，同じ動詞であっても，主語の名詞に意図性をもたせると，異なる解釈が生まれる。次のa文とb文を比べてみよう。

(11) a. **The story** amused **the children**.
〈原因〉　　　　　　〈経験者〉

b. **The clown** is eager to amuse **the children**.
〈動作主〉　　　　　　　　　　〈経験者〉

(12) a. **The thunderbolt** frightened **the children**.
〈原因〉　　　　　　　　〈経験者〉

b. **John** frightened **the children** on purpose.
〈動作主〉　　　　〈経験者〉

a文が原因主語の非意図的な出来事であるのに対して，b文では，主語が意図的に「喜ばす，驚かす」という行為を行なっている。

意図的かどうかというのは，単なる意味の問題として片づけられないような，統語的・形態的な違いをもたらす。形態論の観点からは，先に述べた surprised のような形容詞的受身と surprising のような形容詞的現在分詞が特徴的である。これらは，経験者目的語タイプの中でも原因を主語とする場合であり，意図的な動作主の場合とは対応しない。例えば，

(13) a. Mary was surprised at John.

b. John is a very surprising person.（驚くべき人物）

(13a)は，ジョンがメアリーを意図的に驚かせたという意味には取れないし，また(13b)は，ジョンは意図的に他人を驚かせる人という意味ではない。意図的かどうかの違いは，amusement のような名詞化にも見られる。

(14) 原因主語に対応する場合の名詞化

a. the children's amusement at the story
(Cf. The children were amused at the story.)

b. *the story's amusement of the children
(Cf. The story amused the children.)

(15) 意図的な動作主に対応する場合の名詞化

>   a. John's deliberate amusement of the children with his stories
>   b. the President's deliberate disillusionment of the people
>                                         (Rozwadowska 1988: 155)

意図的でない原因主語の場合は，(14a)が正しく，これは意味の解釈においては The children were amused at the story. という形容詞的受身文と対応している。The story amused the children. という意味で原因を所有格にした名詞化(14b)は非文法的であるが，(15a)のように主語が意図的な動作主（John deliberately amused the children.）なら動作主を所有格にした名詞化が可能である。(15)は The enemy destroyed the city. → the enemy's destruction of the city のような普通の他動詞と同じパターンを構成している。

経験者目的語タイプの心理動詞が持つ特異性として生成文法統語論で頻繁に論じられてきた現象の1つに，後方照応(backward anaphora)というものがある。照応というのは代名詞が何らかの先行詞を指すことであるが，ここでは特に，照応形と呼ばれる「再帰代名詞」と「相互代名詞」が問題になる。通常なら，himself のような再帰代名詞や each other のような相互代名詞は，(16)のように目的語として使われ，それぞれ主語の名詞（先行詞）を指している。

> (16)  a. **Paul and Gail** hit *each other's* friends.
>           （Paul と Gail は互いに（相手の）友達をなぐった）
>       b. **Ruth** tore a picture of *herself*.

先行詞と代名詞の順序をひっくりかえして，(17)のようにしたのが「後方照応」であるが，これは普通なら不可能である。

> (17)  a. *\*Each other's* friends hit **Paul and Gail**.
>       b. *\*A picture of *herself* hit **Ruth** on the head.

ところが不思議なことに，経験者目的語タイプの心理動詞では後方照応が可能になる。次の(18a)では，主語に含まれる each other が目的語の Paul and Gail を先行詞として指すことができるし，(18b)でも同様に，herself がそれより後ろにある目的語の Ruth を指すことができる。

> (18)  a. *Each other's* stories annoyed **Paul and Gail**.
>           （ポールについての話がゲイルを困らせ，ゲイルについての

話がポールを困らせた）

b. Pictures of *herself* pleased **Ruth**.
　　（ルースが写っている写真がルースを喜ばせた）

この現象については4.5節で解説するが，ここで注意したいのは，後方照応が成り立つのは，原因主語の場合に限られるという点である。同じ annoy でも，(19)のように主語を意図的な動作主として表現すると，普通の動詞と同じように，後方照応が成り立たなくなってしまう。

(19) *\**Each other's* friends deliberately annoyed **the party-goers** by blowing smoke in their faces.　　(Pesetsky 1987: 131)

ここからも，意図的でない原因主語の心理動詞は特別の性質を持っていることが理解できる。なお，経験者を主語にとる fear, like などのグループは後方照応を許さないという点で，普通の他動詞と変わらない。

(20) *\**Each other's* friends like **Paul and Gail**.

## 3　代表的な心理動詞

【英語の経験者目的語タイプの動詞】

英語には，主語に原因あるいは動作主を，目的語に経験者をとる心理動詞は非常にたくさんある。ここでは，その一部だけを挙げる (Levin 1993)。

> amaze, amuse, anger, annoy, arouse, astonish, bewilder, bore, bother, confuse, disappoint, discourage, disgust, displease, enchant, encourage, excite, frighten, harass, interest, intimidate, intoxicate, intrigue, lull, please, sadden, satisfy, scare, shock, sober, startle, stimulate, surprise, terrify, threaten, tire, worry

【日本語の自動詞型心理動詞】

英語に対応する日本語は「自動詞＋使役形」という形式を取るので，日本語に関しては，その元になる自動詞を英語表現とともに挙げておく。

> 怒る (get angry)，激怒する (be infuriated)，満足する (be satisfied)，とまどう (be at a loss)，感動する (be moved)，じれる (be nettled)，当惑する (be embarrassed)，いらだつ (be irritated)，失望する (be disappointed)，幻滅する (be disillusioned)，あがる (get nervous)，仰

天する(be astounded)，退屈する(be bored)，飽きる(be satiated)
【英語の経験者主語タイプの動詞】
次に，経験者を主語に，感情の対象を目的語にとる日英語の他動詞を例示する。

abhor, admire, adore, appreciate, cherish, deplore, despise, detest, disdain, dislike, distrust, dread, enjoy, envy, esteem, exalt, execrate, fancy, favor, fear, hate, idolize, lament, like, loathe, love, miss, mourn, pity, prize, regret, resent, respect, relish, revere, savor, stand, tolerate, treasure, trust, value, worship

【日本語の経験者主語タイプの動詞】
憎む，羨む，妬む，恨む，懐かしむ，嫌う，好く，好む，望む，悔いる，尊敬する，愛する，楽しむ，後悔する，心配する，恐れる，嘆く

## 4 問題点と分析

　心理動詞は，英語と日本語で用法がかなり異なっているだけでなく，英語の内部でもさまざまな問題をはらんでいる。本節では，日英語の違い(4.1節)から始めて，心理動詞の意味構造(4.2節)と前置詞/助詞の選択(4.3節)を述べ，形容詞と名詞の派生(4.4節)をいくぶん詳しく説明したあと，後方照応を中心とする統語的な性質(4.5節)にも触れる。

### 4.1　surprise と「驚く」

　文の表現様式から諸言語を分けると，「スル型」と「ナル型」に大別されることが，池上(1981)やHinds(1986)など多くの研究者によって指摘されている。文を構成する種々の要素の中で最も重要なのは「主語」であるから，スル型とナル型は，主語がどのように表現されるかによって区別される。スル型の言語は，原因や動作主を主語に取り立てて，「ある原因や動作主が，それを引き起こした」というように表現する傾向を持つ。このタイプの代表は英語であり，例えば，約束の時間に遅れてきた人に向かって，(21a)のように表現するのが普通である。

(21)　a.　What took you so long?
　　　b.　どうしてそんなに遅れたの。

一方，ナル型の言語は変化の主体を主語に立てて「～がどうなった」と表現し，原因や動作主はあまり表に出さないという傾向がある。日本語はナル型の言語に属するとされ，時間に遅れた人には(21b)のように言う。ここでの主体はあくまで「あなた」(省略されているが)であり，原因は「どうして」というふうに副詞的に表わされている。スル型・ナル型というのは，それぞれの言語の一般的な傾向や基本的な表現様式を指し，そうでない言い方をすれば，不自然になる。英語で Why were you so late? という表現もできるが，自然な(21a)と比べると，相手をとがめるようなニュアンスが感じられる。

スル型とナル型という傾向は，心理動詞にもあてはまる。例えば，誰もいないと思っていた夜の学校の廊下で，突然，人影が見えたとしよう。そのとき無意識に口をついて出る言葉は，英語話者なら(22a)であり，また，日本語話者なら(22b)だろう。

(22) a. Oh, you scared me!
b. あー，びっくりした。

英語では，scare（驚かす）という他動詞を能動文で用いて「相手が自分を驚かせる」と表現するのが慣用的である。他方，日本語では原因や動作主に触れずに，「(私が) びっくりする」と表現するのが自然である。

では，英語ではスル的な他動詞表現が，日本語ではナル的な自動詞表現が基本に用いられるのはなぜだろうか。この問題は言語表現だけに留まらず，それぞれの言語文化における物の見方や生活態度とも関係づけることができるだろう。よく言われるように，英語国民は個人主義であり，誰が何をしたかによって，その個人の功績が評価される。個人を重視するということは，言語表現においては，個人つまり動作主ないし行為者を主語に立て，その人が何をどうしたと表現することである。これがスル型表現である。他方，日本語社会では，個人が突出することは敬遠され，個人の意志より社会全体のなりゆきのほうが優先されることがたびたびある。これを言語表現に置き換えると，ナル型ということになる。このことを，意味構造で表わしてみよう。

(23) 〈行為・活動〉　　CAUSE　　〈変化・状態〉
　　　彼らの訪問　　　　　　　ジュディが驚く

例えば，彼らが突然訪れてきたためにジュディが驚いたという状況は，

英語なら Their sudden visit surprised Judy. のように，日本語なら「彼らの突然の訪問にジュディは驚いた」のように表現するのが基本的である。surprise と「驚く」は他動詞か自動詞かの違いはあるものの，どちらも，経験者が平静な精神状態から「驚いている」状態に変化するという出来事を描写するから，意味の面では共通している。つまり，英語の surprise と日本語の「驚く」は意味構造の骨組みは同じものと考えられる。

(24) a. surprise: [Agent/Cause CAUSE [Experiencer BECOME SURPRISED]]

b. 驚く：[動作主/原因 CAUSE ［経験者が驚く]]

しかし，この意味構造を実際の言語に映し出す方法がスル型言語とナル型言語で異なっている。意味構造を⟨行為・活動⟩と⟨変化・状態⟩とに二分すると，両者の間は使役関係（CAUSE）で結ばれる。この意味構造において，スル型の英語は⟨行為・活動⟩のところに重点を置き，他方，ナル型の日本語は⟨変化・状態⟩のところに重点を置いて表現する。重点を置く要素の右肩に *印をつけて表わすと，次のようになる。

(25) a. スル型言語の使役変化動詞：[x* CAUSE y]

（重点が x に置かれる）

b. ナル型言語の使役変化動詞：[x CAUSE y*]

（重点が y に置かれる）

これを両タイプの言語の一般公式とすれば，スル型の英語は原因または動作主の意味を持つ要素（x）を主語に立てるのに対して，ナル型の日本語は変化を被る経験者の意味を持つ要素（y）を主語にする，ということになる。したがって，先ほどの(24a, b)は次のように修正できる。

(26) a. surprise: [Agent*/Cause* CAUSE [Experiencer BECOME SURPRISED]]

b. 驚く：[動作主/原因 CAUSE ［経験者が驚く]*]

そうすると，英語では動作主ないし原因を主語に立てるのが基本的構文であるから，変化を被る対象としての経験者は必然的に目的語として表わされることになる。逆に，日本語は⟨変化⟩に関わる経験者を重視するから，「誰かが驚く」という形で自動詞を用い，動作主ないし原因はせいぜい副詞的に表現するだけである。

## 4.2 心理動詞の意味構造

まず，2節で触れた like と please の意味の違いを復習しておこう。

(27) a. **The paleontologist** {liked/loved/adored} **the fossil**.
〈経験者〉 〈感情の対象〉

b. **The fossil** {pleased/delighted} **the paleontologist**.
〈原因〉 〈経験者〉

(Pesetsky 1995: 57)

この2文の違いは，同じ the fossil であっても，like の目的語になった場合と，please の主語になった場合では意味が異なるということであった。この違いは，1つの同じ動詞（please）が能動形で使われるときと，形容詞的受身（pleased）で使われるときにも感じ取ることができる。

(28) a. **The fossil** pleased **the paleontologist**.
〈原因〉 〈経験者〉

b. **The paleontologist** was pleased **with the fossil**.
〈経験者〉 〈感情の対象〉

能動文の主語としての the fossil が原因と解釈されるのに対して，be pleased with という形容詞的受身で使われた the fossil は，古生物学者が満足した内容そのもの——つまり感情の対象——を表わしている。(28a) の能動形と (28b) の受身形は，生成文法の初期から今日まで，直接的に関係づけられることが多いが，上記のような意味の違いがあるために，両者を単純に対応させるわけにいかないことが明らかになる。

感情の対象という概念は，なにも be pleased with のような受身形に限られない。I am afraid of snakes. の snakes も感情（恐怖心）の対象である。Pesetsky (1995) はこの問題を広範な心理形容詞について検討しているが，その中から，angry という形容詞と，それに対応する anger（怒らせる）という使役他動詞の例を紹介してみよう。

(29) a. **Bill** was very angry **at the article in the _Times_**.
〈経験者〉 〈感情の対象〉

b. **The article in the _Times_** angered **Bill** greatly.
〈原因〉 〈経験者〉

(Pesetsky 1995: 56)

Pesetskyは(29a)と(29b)が同じ意味ではないことを次のように指摘している。(29a)の文が述べている状況は，(30a)のように説明できる。他方，(29b)の他動詞文が述べているのは(30b)のようなことである。

(30) a. 記事そのもの（内容や文章表現）がひどいので，ビルは怒りを感じている。つまり，怒りは記事そのものに向けられている。

b. (a)の場合と同じく，ビルは記事の中身や文章に対して腹を立てている。あるいは，記事そのものには問題がない場合でも，タイムズ誌にそのような記事が掲載されたという事実に対して怒りを感じている。

両者の意味の違いから，Pesetskyは(29a)の at the article in the *Times* を**感情の標的**(Target of Emotion) と呼び，(29b)の主語である The article in the *Times* が表わす原因と区別している。Pesetskyはさらに，次のような例を考察している。

(31) a. John worried about the television set.
b. The television set worried John.　(Pesetsky 1995: 57)

経験者を主語にとる(31a)では，ジョンはそのテレビ受像器そのものについて悩んでいる。例えば，そのテレビは古いから火を噴くかもしれないとか，テレビが不安定な台に乗っているから傾いて落っこちるかもしれないとか。とにかく，テレビそのものがジョンの悩みの種なのである。これを，Pesetskyは**関心事**(Subject Matter) と呼んでいる。一方，(31b)の主語にきている The television set はジョンを悩ませる原因にすぎない。例えば，ジョンはそのテレビ受像器を見ると，普段は忘れていた悩みを思い出して，それについて考えてしまう，というような状況である。この場合，テレビそのものについて悩んでいるわけではない。

Pesetskyは感情の標的と関心事を似ているが区別すべきだと述べている。しかしこの区別は，atやaboutなど前置詞の意味から副次的に生じるのではないかと思われるので，本章では，両者を併せて「感情の対象」と呼んでおく。いずれにしても，原因と感情の対象を区別して扱うなら，4.1節で概略した意味構造では不十分であるから，次のように手直しを加えることにする。

(32) 〈活動〉　　CAUSE　　〈変化〉　→　〈心的状態〉
　　　　↑　　　　　　　　　　　　　　　↑
　　　　原因　　　　　　　　　　　　感情の対象

原因は使役事象（活動）に属するが，感情の対象は直接〈心的状態〉に関わっている。例えば，The result surprised Ruth. と Ruth was surprised at the result. の意味構造はそれぞれ次のように概略できる。

(33) a. 〈活動〉　　CAUSE　　〈変化〉　→　〈驚いた状態〉
　　　　The result　　　　　　　　　　surprised Ruth.
　　b. 〈活動〉　　CAUSE　　〈変化〉　→　〈～に驚いた状態〉
　　　　　　　　　　　　　　　　　　　　Ruth was surprised at the result.

(33a)は「The result が原因となって Ruth が驚いた」ということであり，(33b)は「（原因はともかく）Ruth がその result に驚いた状態になった」ということである。前者では感情の対象は何も表現されていない（普通の状況では，おそらく，感情の対象は原因と同じ The result であり，その result の内容に驚いたのだろう）。これに対して，(33b)の at the result は〈驚いた状態〉に直接関わる要素である。(33b)には，原因は表明されていないが，be surprised というのは状態性（state）に焦点を置いているから，それを引き起こした原因は考慮から外されても当然である。

このように，(33a)と(33b)では同じ the result であっても，意味構造における位置づけが異なることが分かった。しかしここで，1つ問題が生じる。それは，原因と感情の対象が別物であるのなら，両方を同時に表現するとどうなるのか，ということである。これは，Pesetsky(1995)が指摘した問題で，彼は原因と感情の対象を同時に表現することは不可能であると述べている。

(34) a. *The article in the *Times* angered Bill at the government.
　　　（ビルは，タイムズの記事を読んで，政府に腹を立てた）
　　b. *Something Bill had said bothered Mary about her future.
　　　（ビルの言った言葉が，メアリーに自分の将来について悩ませることになった）　　　　　　　　　　　(Pesetsky 1995: 60)

(34)が表わそうとする状況は現実にはあり得るが，それを anger, bother という他動詞で表わすことはできない。

ちなみに，次の例の前置詞句は，(34)で感情の対象を表わす at the

government, about her future と異なる性格であることに注意したい。
   (35)　a. We satisfied Bill *with the Chinese dinner*.
   　　　b. We amused the children *with the toys*.
   　　　　　　　　　　　　　　　　　　　　　(Zubizarreta 1992)
(35)の with 句は，主語（動作主）が使う手段を表わし，感情の対象ではないから，Pesetsky の指摘した制限とは関係しない。
　もう1つ，例外と思えるのは次の用法で用いられた interest である。
   (36)　This book first interested me *in linguistics*.
　　　　（この本がきっかけとなって，私は言語学に興味を持った）
この文は，まさに，原因と感情（興味）の対象の両方を具現している。しかしこの interest は，「人に興味を持たせて，〜に引き込む」という意味であるから，一種の結果構文と見なすこともできる（丸田 1998: 56）。いずれにしても，Pesetsky が指摘した制限について，Pesetsky 自身の理論のほか，Bouchard(1995)や丸田(1998)など別の考え方もあり，まだ決定的な説明はなされていない。
　では，日本語の場合は原因と感情の対象はどのように表わされるのだろうか。まず，他動詞の場合は「〜を」が感情の対象を表わす。
　 (37)　子供たちがその幽霊話を怖がった。(＝基本構文 C1)
他方，自動詞の場合は「〜に」を伴う。
   (38)　a. さすがのグルメも，この店の料理に（は）満足した。
   　　　b. 彼はその新聞記事（の内容）に悩んでいる。
(38)の「〜に」は満足した内容，悩んでいる内容を表わしているから，感情の対象と位置づけてよいだろう。この解釈では，これらの自動詞文の意味構造は，英語の形容詞的受身の意味構造(33b)とほぼ等しいと言える（形容詞的受身は〈状態〉であるが，日本語の自動詞は〈変化〉も含むという違いはある）。
　ただし，すべての「〜に」が感情の対象を表わすとは言えないようである。次の例では，「〜に」は「〜で」または「〜のために」と置き換えることができるから，原因を表わすと考えてよいだろう。
　 (39)　順子が彼らの突然の訪問{に/で/のために}驚いた。
つまり，自動詞型心理動詞のとる「〜に」は，感情の対象を表わす場合と原因を表わす場合とがある。

## 4.3 前置詞/助詞の選択

まず，表1に心理形容詞と前置詞の組み合わせをまとめてみよう。

| 前置詞 | 心理形容詞 |
|---|---|
| at/by | be astonished, be excited (about, over), be scared (of, about), be shocked (about), be startled, be surprised |
| at/by/with | be amazed, be amused, be annoyed (about), be confused (about), be delighted, be disappointed (about, in, of), be frightened (of), be offended, be pleased (about), be satisfied (about) |
| by/with | be bored, be contented, be threatened, be upset (about, over) |

[表1] 英語の心理形容詞がとる前置詞

感情の対象を表わす前置詞には，at, with, of, about などがあるが，be surprised には at がつき，be pleased には with がつくという前置詞の選択には，何か法則があるのだろうか。

どの形容詞がどの前置詞といっしょに使われるかは，慣用的に定まっていることもあり，意味などの理屈だけでは割り切れないことが多い。しかし意味を基準にして大まかな見当をつけることはできそうである。この場合，意味というのは基本的に「時間」に関わる意味である。例えば，at という前置詞は元来，一地点を表わすから，時間を表わすときも「点的な時間」を表わす。他方，with は「付随」を意味するから，ある一定の期間中ずっと伴うような「持続的な時間」を表現する。「点的」な時間の意味しか持たない述語は for a while のような副詞句では修飾できず，at that time のような副詞句でしか修飾されない。一方，「点的」な時間から「持続的」な時間への意味も帯びてくる述語は両方の副詞句の修飾が可能である。これらの副詞句を使って，述語の時間的意味を確認してみよう。

(40) a. Judy was surprised at what they said {at that time/*for a while}.

b. The children were pleased with the present {at that time/

for a while}.
   c. Judy was surprised {at/*with} what they said.
   d. The children were pleased at the unexpected present yesterday.

(40a)では，be surprised は for a while と共起できないので「点的」な意味しか表わさないが，(40b)の be pleased は at that time とも for a while とも両方共起できるから「点的」な意味も「持続的」な意味も持つと考えられる。この違いは，at や with がとる名詞句自体の意味と呼応する。(40c)の「驚く」という状況は瞬間的であり，what they said も一瞬の点的出来事であるから，at が用いられ，with は不可能である。ところが，(40b)では，プレゼントをもらったという点的出来事とも，プレゼントの中身を確かめて喜ぶという持続的出来事とも解釈することができる。The present が(40d)の the unexpected present のように限定されると，点的出来事の読みが強制され，前置詞も at に変わる。実際，please や amuse は，名詞句の意味的な性質によって at と with が使い分けられる。

(41) a. I'm very pleased with my new job. （満足している）
   b. He was endlessly amused with the Rubic Cube.
(42) a. She was very pleased at what he said. （うれしかった）
   b. He was amused at the child's witty remark.

「満足している，長い間楽しんでいる」という継続的な状態の意味では with が使われ，これは同じような意味の be satisfied, be contented と共通する。

また，「怖がる，恐れる」という意味では，at と並んで of が使われることがある。scared, terrified などがその例である。

(43) a. She was scared at the noise. （音に驚いた）
   b. She is scared of snakes. （へびが怖い）

この場合も，前置詞によって意味が異なる。be scared at は，be surprised/astonished/frightened at と同じく瞬間的な意味であり，他方，be scared of は be afraid of と同じように主語の性質として「〜を恐れている」という持続的な意味になる。

ところで，Wasow(1977)は，形容詞的受身には by〜がつかないと述べ

ているが，実際には，形容詞的受身でも by〜がつくことができる。

(44)　a. The children were very amused by her.
　　　b. The child was very surprised by him (with his loud voice).

同じ形容詞的受身形が at と by をとる場合の違いを見てみよう。辞書では，(45)の例文で at をとる場合は「驚いている」という状態に，by をとる場合は「驚かされる」という動作に重点があると説明されている。

(45)　a. The teacher was surprised at his clever answer.
　　　b. The teacher was surprised by his clever answer.
　　　(*The Grand Japanese-English Dictionary*, 2000: 211, 三省堂)

この違いは，前置詞のあとにくる名詞の違いとも呼応している。例えば，be surprised に続くのが their sudden visit の場合は，at よりも by のほうが自然で容認度が高いが，what they said の場合は，反対に，by よりも at が自然である。

(46)　a. Judy was surprised {by/?at} their sudden visit.
　　　b. Judy was surprised {at/?by} what they said.

(46a)の their sudden visit は「彼らの突然の訪問」という行為を表わすから，動作的である。ここで at より by のほうが自然なのは，訪問が Judy を驚かせたという動作の読みが強いからだと言えるだろう。実際に，(44)のように by のあとに動作主が続く場合は，by のみが可能である。したがって，at や with が感情の対象として〈心的状態〉と直接に関わっているのに対して，形容詞的受身でも，by〜は動作主（つまり，意味構造で言うと，CAUSE の左側の〈行為〉の部分）を表わすということができる。(46b)の what they said の場合は，発言の内容そのものを表わしているから，驚いている状態の直接的な対象になっている。したがって，この場合はat のほうがより適切というわけである。

このように考えると，日本語の心理動詞についても，動詞自体が持つ時間的意味の特徴によって助詞の種類が決まるのではないかと推測できる。つまり，原因や感情の対象となる「点的」な出来事を伴う場合は「〜に」を用い，感情の対象となる「持続的」な出来事を伴う場合は「〜を」を用いるという区別が成り立つように思われる。時間副詞でテストしてみよう。

(47)　a. 順子が彼らの突然の訪問に｛一瞬/*しばらくの間｝驚いた。

　　　　b. *順子が彼らの突然の訪問を驚いた。
(48)　a. 子供たちがその思いがけないプレゼントに {一瞬/*しばら
　　　　くの間} 喜んだ。
　　　b. 子供たちがそのプレゼントを {しばらくの間/*一瞬} 喜ん
　　　　だ。

「驚く」は点的な出来事と考えられるから,「〜に」はとれるが,「〜を」とは共起できない。一方,「喜ぶ」は瞬間的にも継続的にも解釈できるため,「点的」な出来事と共起するときは「〜に」をとり,「持続的」な出来事と共起するときには「〜を」をとる。つまり,「驚く」が「に」しかとれず,「喜ぶ」が両方の助詞を許すのは,その動詞の意味的性質のためなのである。

## 4.4　心理形容詞と心理名詞

　前節で,形容詞的受身に伴う前置詞に触れたので,この種の形容詞についてもう少し詳しく説明しておこう。次頁の表2に示すように,一見したところ,心理動詞とそこから派生した形容詞,および名詞は単純に対応しているように思える。

　心理形容詞には,経験者を主語にとるタイプと,感情の対象を主語にとるタイプがあるが,たいていの場合,前者は surprised, interested のような形容詞的受身の形であり,後者の場合は surprising, interesting のような現在分詞の形である(ただし,content に対応する -ing 形はなく,また,tiresome, bothersome のように特別の接尾辞をとる例もある)。例えば satisfy という動詞を元にして,それに -ed をつけることで形容詞的受身 (satisfied) が作られ,-ing をつけることで現在分詞 (satisfying) が作られる。また,接尾辞 -tion をつけて若干の調節を施せば,satisfaction という名詞ができる。

(49)　satisfy → satisfied
　　　　　　　→ satisfying
　　　　　　　→ satisfaction

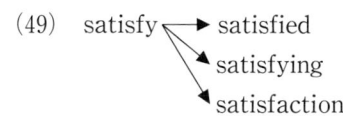

しかしながら,これらの形容詞と名詞の意味・用法に踏み込んで考えると,そう単純にはいかないことが分かる。
　具体的な例で見てみよう。

| 動詞 | 形容詞 | | 名詞 |
|---|---|---|---|
| | 経験者主語 | 対象主語 | |
| surprise | surprised | surprising | surprise |
| disgust | disgusted | disgusting | disgust |
| interest | interested | interesting | interest |
| annoy | annoyed | annoying | annoyance |
| amaze | amazed | amazing | amazement |
| amuse | amused | amusing | amusement |
| bore | bored | boring | boredom |
| satisfy | satisfied | satisfying | satisfaction |
| content | contented | —— | contentment |
| tire | tired（疲れた） | tiring | (tiredness) |
| tire | tired（飽きた） | (tiresome) | (tiresomeness) |
| bother | bothered | (bothersome) | (bother) |
| appall | appalled | appalling | —— |

［表 2］心理動詞と心理形容詞・心理名詞の対応

(50) a. The result {satisfies/worries/disappoints/interests} me.
b. I am {satisfied with/worried about/disappointed in/interested in} the result.
c. The result is {satisfying/worrying/disappointing/interesting} to me.

まず，satisfied のような -ed 形である。このような形容詞は，一見したところ，他動詞から直に派生されているように思われ，実際，そのような分析が古くから提唱されてきた (Lakoff 1970, Postal 1971)。本章でもこれまでは，慣習に従って，-ed 形を「形容詞的受身」(Wasow 1977) と呼んできたが，実際のところ受身的な意味合いはない。例えば，break を broken にして the broken computer と言えば，「（誰かによって）壊されたコンピュータ」という受身の意味と，「壊れたコンピュータ」という自動詞的な意味の 2 つの解釈ができるが，the satisfied customer というと，日本語で「満足した客」というのと同じように自動詞的な意味しかない。

したがって，心理動詞に-edがついた形容詞は，受身形というより，むしろ自動詞に-edがついた過去分詞(51)と意味的に共通している。

(51) the wilted lettuce（しおれたレタス），the withered tree（枯れた木），the fallen leaves（落ち葉），the vanished civilization（消滅した文明）

これらの形容詞（過去分詞）の元になる動詞は，意味構造の中で〈変化〉から〈結果状態〉への過程を表わす自動詞であり，-edはその結果状態に焦点をあてて，「〜してしまった状態」という意味を表わしている（影山1996）。satisfiedのような心理形容詞も同じように，変化が起こったあとの心理状態を際立たせるのが一義的な機能であると考えられる。もし「受身」の意味があるとしても，それは「人から〜された」というのではなく，「自分で自分を〜させた」という再帰的な意味構造からの受身ではないかと推測される。この推測は，次のような再帰代名詞をとる心理動詞が実際に存在することから，裏づけられるだろう。

(52) a. Let us content ourselves with a small success.
　　　　Let us be contented with a small success.
　　 b. Bill interested himself in Japanese culture.
　　　　Bill was interested in Japanese culture.　　（影山 1996）

これらの能動文は，再帰代名詞を伴って他動詞の形を取っているが，「使役」の意味よりむしろ「自分でそうなる」という自発的な意味合いである。*OED* を見てみると，多くの心理動詞は古い時代には再帰構文を取ることが可能であったようである。例えば「満足する」という意味でsatisfy oneself (with)というのは現在では廃語だが，*OED* には1600年代から1700年代の例が載っている。しかも，*OED* ではこの再帰用法の次の見出しに「受身（pass.）」としてsatisfiedが挙がっているから，歴史的には，satisfiedは再帰用法のsatisfy oneselfに由来しているものと推測できる。実際，現代英語でも puzzle (oneself) over, worry (oneself) about などは再帰目的語をとり，さらにそれを省略して表面上は自動詞の姿を取る。Pesetsky(1995)も，フランス語の心理動詞が再帰代名詞をとることを紹介して，英語のsatisfyなども再帰的な動詞として分析している。

satisfiedを変化の結果を描写する形容詞（過去分詞）とすると，意味構造では次のように表わされる。

(53) 〈xが変化〉→〈xがyに満足した状態〉
She was satisfied with the dinner.

この構造では，〈変化〉に関わるxと，〈結果状態〉に関わるxが同一人物であるということで，「再帰構文」ということになる。また，結果状態は「yに満足した状態」というふうに，感情の対象としてyを含んでいて，これがwith the dinnerのように前置詞で表現される。

では，satisfyingやinterestingのような-ing形容詞はどのように分析できるだろうか。これも，従来は，単純にそれぞれの能動形に対応するものと見なされてきた。しかし意味を考えると，そうではないことが分かる。

(54) a. The dinner was satisfying to her.
　　 a′. The dinner satisfied her.
　　 b. Linguistics is interesting to me.
　　 b′. He interested me in linguistics.

(54a)において，主語のthe dinnerは原因ではなく感情の対象である。つまり，その食事の中身に対して彼女は満足感を持ったわけである。ところが，(54a′)の他動詞文においては，2節で説明したように，その主語は満足感を抱く対象ではなく，感情を引き起こす原因にすぎない。このことは，(54b)と(54b′)を比べれば，いっそうはっきりするだろう。つまり，-ing形容詞は，他動詞の主語を表わすのではなく，(53)の意味構造の中の感情の対象(y)を描写しているのである。

このような用法の-ingは心理状態を表わす表現に独特のものであると考えられる。というより，-ingは心理形容詞を作る接尾辞として独立した働きを持っていると考えるのがよいだろう。Brekke(1988)は次のようなおもしろい対比を指摘している。

(55) a. a very arresting {thought/*police officer}　（印象的な）
　　 b. His {story/*leg} is very moving.　（感動的な）
　　 c. a very stirring {report/*spoon}　（感動的な）

arrest, move, stirが-ing形容詞になると，本来の「捕まえる，動く，動かす」という意味ではなく，「心をとらえる」→「印象的な」，「心を動かす」→「感動的な」という心理状態を表わす意味になる。もっと極端なのはkillという動詞で，殺人者のことを*a killing manと言うことはできな

いが,「死にそうなぐらいおかしい話」は a killing story,「悩殺的な美女」は a killing beauty と表現できる。さらにこのような心理形容詞は -ly 語尾をつけて, arrestingly, movingly, killingly のように副詞にすることもできる。-ing が生産的に心理形容詞を作る力があることは,次のような複合語が数多く存在することからも分かる (Roberts 1989)。

(56) breath-taking, gut-wrenching, heart-breaking, heart-rending, mind-blowing, mind-boggling, nerve-racking, spine-chilling, tear-jerking

これらは, heart や gut といった身体部分を元にして作られた心理形容詞であり, 日本語なら「心」「胸」「気」といった名詞を用いて心理状態を表わすのと同じ発想だろう。

(57) 心が動く, 心を動かす, 心が落ち着く, 心がはずむ, 心が踊る, 心の琴線に触れる, 気が沈む, 気分が落ち込む, 胸を打つ, 胸が高鳴る, 胸がさわぐ

いずれも, 元来は物理的な移動や状態変化をメタファー的に心理状態に移し替えている。英語にも同様の例があり, 典型的な心理動詞の1つである excite (興奮させる) という動詞は, 語源的には「ものを移動させる」という意味から「心を動かす」という意味に変化してきたのである。

物理的な物の位置や移動, 変化, そして, それに伴う着点を表わす基本的な意味構造が, 感情や心理状態といった抽象的な領域にまで拡張されている例として, 最後に, 慣用句的な二重目的語構文を挙げておこう。

(58) a. My brother gave me a fright.　(弟が私を驚かした)
b. This room gave me the creeps.
（この部屋は私をぞっとさせた）

ここでは, fright (驚き) や creeps (ぞっとする感じ) などの感情が物と同様にとらえられて二重目的語構文の直接目的語として使われ, 間接目的語として現われた me は, その感情の受け手（経験者）を表している (Cf. Jackendoff 1990a, Croft 1993, 中右 1994, Hatori 1996)。

以上では, 経験者を主語とする心理形容詞と, 感情の対象を主語とする心理形容詞について概説した。そこから分かったことは, これらの形容詞を分析するにあたっては, 形態上の対応よりむしろ, 意味の性質を重視しなければならないということである。このことは, embarrassment や

annoyance といった名詞形を考える際には，なおいっそう重要になってくる。これらの心理名詞がもたらす理論的問題を整理すると次のようになる。まず，construct のような普通の動詞なら，名詞化されても主語と目的語がそのままの順番で出てくることを確認しておく。

(59) a. They constructed a new building.
　　　b. their construction of a new building

ところが，心理名詞の場合は，そのまま素直には動詞に対応しない。

(60) a. The book amused John.
　　　b. *the book's amusement of John
　　　c. John is amused with the book.
　　　d. John's amusement with the book
(61) a. His rude behavior disgusts Mary.
　　　b. *his rude behavior's disgust of Mary
　　　c. Mary is disgusted at his rude behavior.
　　　d. Mary's disgust at his rude behavior

(Rozwadowska 1988)

(60a)(61a)に対応する名詞化として，(60b)(61b)を作ることはできない。正しい名詞化は(d)であり，これは(c)の「形容詞的受身」に対応する。

通常，名詞化は動詞の能動形と対応するのであり，受身形には対応しないから，心理名詞は特別だということになる。そこで，心理名詞は「形容詞的受身」から派生されるという分析(Wasow 1977)が考えられるが，これは形態論的には無理である。上の例で言うと，amusement の場合は amused に -ment をつけるということになるが，それだけでは *amused-ment という間違った形になってしまう。そもそも，-ment という接尾辞は動詞につくのが原則であり，形容詞につくことはない。このようなことから，Amritavalli (1980) や Rozwadowska (1988) は Wasow の考え方を退け，それぞれ独自の解決案を示しているが，完全とは言えない。本書の趣旨は，構文を意味の観点から眺めるということであるが，心理名詞の場合も，形態と意味とを分離して，(53)のような意味構造を元に名詞化を考えれば，amusement が「満足した状態」という自動詞的な意味を持つことを説明できるのではないかと思われる。

## 4.5　心理動詞の統語構造

最後に、2節(18)で触れた「後方照応」について説明しておこう。この現象をめぐって生成文法統語論では，原因主語を持つ経験者目的語タイプの心理動詞が，他の種類の他動詞とは異なる統語構造を持つという分析がなされてきた。生成文法の束縛理論（Binding theory）の考え方では，簡単に言うと，枝分かれ構造において先行詞は代名詞より高い位置になければならないという前提がある。(62)の例を枝分かれ構造で示すと，概略，(63)のようになる。

(62)　John and Bill helped *each other*.

(63)
```
          S
        /   \
      NP    VP
      |    /  \
  John and Bill V   NP
                |    |
              helped each other
```

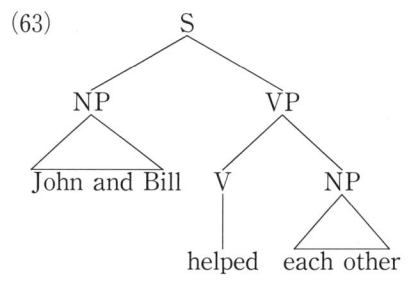

(63)では，先行詞（John and Bill）は代名詞（each other）より高い位置にあるから束縛理論が正しく成り立つ。

この前提に立って，Belletti and Rizzi(1988)は経験者目的語タイプの心理他動詞(64a)は(64b)の構造を持つと提案した。

(64)　a. These gossips about *himself* worry **Gianni** more than anything else.　　　　　(Belletti and Rizzi 1988: 312)

　　　b.
```
              S
            /   \
          NP    VP
               /   \
              V'    NP
             /  \    |
            V   NP  Gianni
            |    |
         worry  these gossips about himself
```

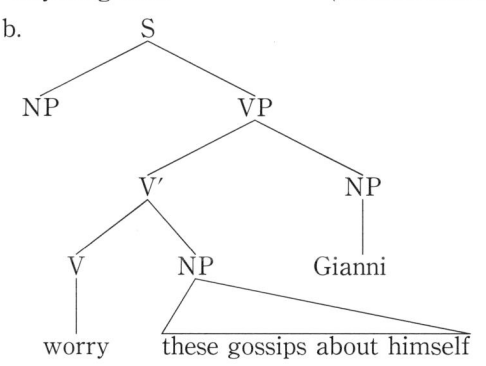

(64b)の構造が(63)の通常の他動詞文と違うところは，主語の位置（Sの左下にあるNP）が空であり，文の表面上の主語であるThese gossips about himselfがworryのすぐ後ろ（通常なら目的語が入る位置）にきていて，さらにworryの目的語であるGianniがVP（動詞句）のすぐ下に置かれている，という点である。このように一番上の主語の位置が空欄になっている構造を「非対格構造」と呼び，Belletti and Rizziは，この構造が正しいことを種々の根拠に基づいて論じている（Grimshaw 1990も参照）。

なるほど，(64b)の構造では，先行詞のGianniは再帰代名詞himselfより高い位置にあるから，先ほどの束縛理論の前提は守られていることになる。しかしながら，(64b)の構造はいわゆる「深層構造」であるから，通常は表層構造で適用されると考えられている束縛理論が，この場合は深層構造で適用しなければならない，という問題が生じる。

しかし，(64b)の非対格構造は，あながち的外れとも言えない。というのは，文の一番上の主語の位置は，通常なら意図的な動作主が入る位置であり，後方照応が可能な文は，そのような意図的な動作主を持っていないからである。すでに(19)で例示したように，同じ心理動詞でも，使役主が意図的な動作主の場合は後方照応ができない。この違いは，日本語の統語的な使役接辞「させ」を含む文でも確認できる。

(65) a. 思いがけない自分の子供の合格が**花子**を驚かせた。

(非意図的)

b. *自分の子供がわっと言って背後から**花子**を驚かせた。

(意図的)

(66) 自分に初孫ができたことが，**良子**を喜ばせた。

しかしながら，その後の研究で，後方照応は経験者目的語タイプの心理他動詞に限られず，makeを用いた統語的な使役や，giveを用いた比喩的な二重目的語構文でも成り立つことが分かってきた。

(67) a. News items about *herself* generally make **Sue** laugh.
b. Pictures about *himself* give **Bill** a headache.
c. Stories about *herself* give **Mary** the chills.

(Campbell and Martin 1989)

通常の考え方では，make, give, あるいは「させる」に対して，(64b)の

ような非対格構造を仮定することは難しい（Pesetsky 1995 や Fujita 1996 を参照）。

一方，別のアプローチとして，統語的と言うよりも，何か意味的な制約が働いているという考え方もできる。

(68) a. *Pictures of *herself* made **Ruth** famous.
b. Pictures of *herself* made **Ruth** happy.

(68a)で「ルース自身の写真がルースを有名にした」というのは，客観的な出来事の記述だが，(68b)の「ルース自身の写真がルースを喜ばせた」というのは，ルースが自分の心理状態を変化させた原因の出来事を知覚しているといった意味合いがある。平たく言うと，(68b)は「ルースが自分の写真を見て，うれしい気持ちになった」ということであり，「ルースが自分の写真を見る」という意味構造を仮定すれば，そこで照応関係が成り立つことになる。

(65)の日本語も同じように考えられる。(65a)の非意図的な出来事の場合は，経験者がそれを自ら見たり聞いたりしなければ驚くことはない。したがって，(65a)の意味は(69a)のように言い換えることができる。

(69) a. **花子**は自分の子供が合格したことを知って，驚いた。
b. ***花子**は自分の子供が背後からわっと言ったことを知って，驚いた。

ところが，(65b)のように，動作主が花子の背後から「わっ」と言って意図的に驚かしたという状況は，(69b)のように言い換えることができない。

ここで，使役変化動詞の概念を [x CAUSE y] という記号で表わす方法をもう一度考えてみよう。この方法に従って(65a)と(65b)を意味構造に書き表わすと，それぞれ(70a)と(70b)になる。

(70) a. [[**花子**が自分の子供の合格を知る] CAUSE [花子が驚く]]
b. [[自分の子供がわっと言う] CAUSE [**花子**が驚く]]

(70a)の原因主語の意味構造では，先行詞の「花子」が前にきて，代名詞「自分」はその後ろにきているから，そこで照応関係が成り立っている。他方，(70b)の動作主主語の意味構造には，「花子がそれを知る」というような含意が含まれないから，「自分」はその左側に先行詞を持たないことになる（Cf. Akatsuka McCawley 1976）。

## 5 まとめ

　心理動詞は，英語では他動詞，日本語では自動詞という形態をとるのが基本的であるが，形態は必ずしもうまく意味と対応していない。この意味と形のズレが，一方では satisfied のような心理形容詞と satisfaction のような心理名詞の派生という形態論の領域に問題を引き起こし，また一方では，後方照応に関わる統語構造の在り方という問題を提起している。いずれの問題に対しても，まだ，明確な結論は出ていない。

　心理動詞の分析が言語学的に難しいのは，人間の心理というものの複雑さをそのまま反映しているからではないだろうか。Croft(1993) も指摘するように，心理動詞というのは人間から物への一方通行の働きかけではなく，人間（経験者）と対象物との双方向のやり取りを表わすという点で特異である。つまり，経験者はある対象物を見たり聞いたりして知覚し，その反応として，何らかの心理的な変化が生じ，さらに経験者はその感情を表に現わす。このような複雑なプロセスであるために，それを表現しようとする言語表現も必然的に複雑なものとなる。本章では，そのような複雑な状況を意味構造で簡潔に公式化することを試みた。

## 6 さらに理解を深めるために

- David Pesetsky. 1995. *Zero syntax*.［心理動詞および心理形容詞・心理名詞の意味と統語構造を詳細に研究した専門書。経験者目的語タイプの他動詞を現代英語では表面化できない再帰的な動詞であると論じ，独自の統語構造の理論を展開している。］
- Jan van Voorst. 1992. The aspectual semantics of psychological verbs.［動詞のアスペクト特性によって，心理動詞が Vendler (1967) 分類において，どの動詞に分類されるのかを考察している。］
- Heizo Nakajima and Yukio Otsu (eds.). 1993. *Argument structure*.［心理述語の意味役割と統語構造に関する論文 4 本を収録した論集。Endo and Zushi は，経験者目的語タイプと経験者主語タイプの心理動詞を個体レベル（individual-level）と事態レベル（stage-level）(197ページ）で特徴づける。Suzuki は，Jackendoff の概念構造を用

いて心理動詞に特有の「後方照応」を議論する。Takezawa は，繰上げ述語の seem と日本語の「思う」を統語的に比較。Nakajima は，心理形容詞におけるリンキングの問題を検討している。]

(板東美智子・松村宏美)

# 第II部
# 構文交替のメカニズムを探る

英語では，同じ動詞が異なる構文で使われることが多い。学校文法で機械的に暗記させられる「文の書き換え」であるが，書き換えられた文は意味の違いを伴っている。第II部では，She smeared paint on the wall. と She smeared the wall with paint. のような壁塗り構文（第4章），She sent a package to Bill. と She sent Bill a package. のような二重目的語構文（第5章），そして，He pushed the door. に対する He pushed the door open. のような結果構文（第6章）を取り上げ，構文の形がどのような意味を反映するのかを説明する。

# 第4章 壁塗り構文

◆基本構文
- (A) 1. John *smeared* paint on the wall.
    （ジョンは壁にペンキを塗った）
  2. John *smeared* the wall with paint.
    （ジョンはペンキで壁を塗った）
- (B) 1. John *poured* water into the vase.
    （ジョンは花瓶に水を注いだ）
  2.*John *poured* the vase with water.
    （*ジョンは花瓶を水で注いだ）
- (C) 1. John *filled* a glass with water.
  2.*John *filled* water into a glass.
- (D) 1. John *cleared* dishes from the table.
    （ジョンはテーブルから食器を片づけた）
  2. John cleared the table of dishes.
    （ジョンがテーブルを（*食器で）片づけた）

【キーワード】壁塗り交替，全体的解釈，部分的解釈，状態変化

## 1 なぜ？

　基本構文(A1)と(A2)は，同じ意味を表わすように見えるが，表現方法が違っている。どちらも，主語の John が壁にペンキを塗るという行為を表わすが，paint と the wall の現われ方が異なる。(A1)では「塗る」という行為によって移動する物体（paint）が動詞 smear の直接目的語となり，ペンキが塗られる場所（the wall）が前置詞 on とともに現われているが，(A2)では，場所を表わす the wall が直接目的語になり，paint が前置詞の

with で標示されている。同じことを表わすのに，どうして2つの異なった表現様式があるのだろうか。本当に(A1)と(A2)は同じ意味なのだろうか。

このような「構文交替」はどのような動詞にもあてはまるわけではない。例えば，(B)の pour という動詞は，移動する物体（water）を直接目的語としてとる構文しか許さない。逆に，(C)の fill という動詞は，場所を表わす名詞句（a glass）を直接目的語としてとるだけで，移動物（water）を直接目的語としてとることができない。なぜこのような違いが生じるのだろうか。

さらに，「除去」の意味を表わす(D)の clear のような動詞では，英語の場合と日本語の場合では明らかな相違が認められる。つまり，英語の clear は，(D1)の構文と並んで，(D2)のように，場所名詞句を直接目的語，移動物を前置詞 of で標示するという構文が可能である。しかしながら，これを日本語の「片づける」にあてはめると，(D1)の日本語はよいが，(D2)のように of the dishes を「食器で」などと表現することはできない。日本語と英語に違いが見られるのはなぜだろうか。

## 2 壁塗り構文とは

能動文から受動文が作られるときには，動詞が「受身形」という特別な形態を取るが，そのような動詞の形態的変化がなく，名詞句の位置と前置詞が変わるだけで構文交替（いわゆる「書き換え」）が起こることも多い。(A)(D)の例もその1つである。この構文交替の代表的な例として spray という動詞を用いた(1a)と(1b)を比べてみよう。

(1) a. John sprayed **paint** on **the wall**.
〈移動物〉　〈場所〉
b. John sprayed **the wall** with **paint**.
〈場所〉　　〈移動物〉

ここでは，文が表わす実質的な意味はほぼ同じであると考えられるが，2つの名詞句（paint と the wall）の現われる位置が異なっている。この種の交替を **壁塗り交替**（spray paint alternation）と言うが，**場所格交替**（locative alternation）という名称もよく使われる。

第4章 壁塗り構文　101

壁塗り構文の名詞句の交替には，いくつかのパターンがある。まず，第1に，paintやsmearなどの「塗装」を表わす動詞や，loadやpackなどの「詰め込み」を表わす動詞が使われる場合である。これらは典型的に他動詞で，名詞句の交替は，(1)に示されるように，動詞の目的語と前置詞句との間で起こる。(1a)では，移動物が直接目的語になり，場所がonで標示されている。(1b)では，場所が動詞の直後に来て，移動物がwithで表現されている。

　第2に，swarmなどの自動詞に名詞句の交替が起こる場合。(2)に例示するように，この場合，主語と前置詞句との間で交替が起こる。

(2)　a.　**Bees**　were swarming in **the garden**.
　　　　〈移動物〉　　　　　　　　〈場所〉
　　　　（ハチが庭に群がっていた）

　　b.　**The garden** was swarming with **bees**.
　　　　〈場所〉　　　　　　　　　　〈移動物〉
　　　　（庭がハチでいっぱいだった）

(2a)と(2b)のパターンは，それぞれ(1a)と(1b)のパターンに対応する。壁塗り構文において，自動詞文での交替と他動詞文での交替は，基本的には同じような特性を示すので，一般的に，両者は同一の現象であると考えられている。

　なお，英語では自動詞構文における交替は形容詞にも起こる。Salkoff (1983)は形容詞を含む自動詞型の交替の例を多数挙げている。

(3)　a.　Fish {abound /are abundant} in the lake.
　　b.　This lake {abounds /is abundant} with fish.

(4)　a.　Stars are {blazing /ablaze} in the sky.
　　b.　The sky is {blazing /ablaze} with stars.

　このような構文交替は，日本語でも観察できる。「塗装」や「詰め込み」の意味を表わす他動詞では，直接目的語（ヲ格）と，場所（ニ格）または移動物（デ格）との間で名詞句の交替が起こる。

(5)　a.　ジョンは，壁にペンキを塗った。（英語(1a)に対応）
　　b.　ジョンは，ペンキで壁を塗った。（英語(1b)に対応）

特に(5b)では，場所を表わす「壁」が直接目的語となり，移動物「ペンキ」が英語のwithに相当する「デ」で表わされる点に注意したい。同じ

交替は,「あふれる」「つまる」などの自動詞にも見られる。

(6) a. 車が道路にあふれていた。
    b. 道路が車であふれていた。

これまで説明したのは「塗る」など取りつけを表わす動詞の場合だったが,逆に,取り外し,つまり「除去」の意味を表わす動詞にも同じ構文交替が起こる。ただし,格標示のパターンが少し異なる。まず,英語の場合,動詞のタイプによって,2種類の交替パターンがある (Cf. Levin and Rappaport Hovav 1991)。第1に,clear に代表される動詞では,次のようなパターンの交替が起こる。

(7) a. John cleared the dishes from the table.
    b. John cleared the table of the dishes.

(7a)において,移動物の the dishes は直接目的語であり,場所の the table は from で標示されている。これに対して,(7b)では,the table が動詞の直接目的語として現われ,移動物の the dishes は of という前置詞で示される。(7b)は,"rob/deprive someone of something"（人から物を盗む/奪う）と同じ型の構文であり,the table of the dishes は「皿のテーブル」というひとまとまりの名詞句ではないことに注意。このタイプの動詞は,動作主が表わされない場合には,自動詞として用いることが可能なことがある。

(8) a. Clouds cleared from the sky.
    b. The sky cleared (?of clouds).

自動詞型の名詞句の交替は,主語と前置詞句の間で起こる。(8a)で示されるように,移動物が主語となった場合,場所名詞句は from で標示される。(8b)では,場所名詞句が主語となり,移動物が of でマークされている。なお,(8b)型の自動詞文では,移動物を of で具現せずに省略したほうが容認性が高いようである (Levin 1993)。

次に,wipe に代表される動詞の場合。このタイプの動詞では,clear タイプの動詞とは少し異なる名詞句の交替パターンを示す。

(9) a. John wiped his fingerprints off the door.
    b. John wiped the door (*of his fingerprints).

(9a)のように,移動物 his fingerprints が動詞の目的語になる場合は,場所名詞句 the door は前置詞 off とともに現われることができる。ところ

が，(9b)で示されるように，場所名詞句 the door が目的語になると，移動物 his fingerprints は of をつけても明示することができない。

　日本語でも，英語の clear に近い意味を持つ「片づける」に代表される「除去動詞」は壁塗り交替が可能である。しかしながら，「片づける」は，名詞句の交替に関しては，英語の wipe タイプの動詞と同じような振舞いを示す。

　　　(10)　a. 政夫は，食器をテーブルから片づけた。
　　　　　　b. 政夫は，テーブルを片づけた。
　　　　　　c. *政夫は，テーブルを食器で片づけた。

日本語の「片づける」は，英語の clear に意味的には対応すると考えられるが，(10c)の非文から分かるように，場所名詞句が直接目的語となったときでも，移動物を（「～で」の形で）表わすことができない。日本語では，「除去された移動物」を示すための助詞が存在しないために，英語の clear タイプに見られる of～にあたる表現は出てこない（なお，(10b)は「テーブルそのものを移動させる」というが解釈もあるが，その場合は，「部屋からテーブルを片づける」のように(10a)に対応する文となる）。

　壁塗り構文において注意しなければならないのは，隣接性に基づく比喩の一種である**メトニミー**（metonymy: 換喩）と混同しないことである。

　　　(11)　a. 政夫は，算盤の珠をはじいた。
　　　　　　b. 政夫は，算盤をはじいた。

「算盤をはじく」というのは，正確に言うと「算盤の珠をはじく」ということであるが，表現上，「珠」を省略して，(11b)のように「算盤」だけを目的語に表わすことができる。「算盤」という全体を指す名詞を用いて，その一部である「珠」を表現している。「顎のひげを剃る」を「顎を剃る」，「車のタイヤがパンクする」を「車がパンクする」，「自転車のペダルをこぐ」を「自転車をこぐ」というのも同様の例である。

　メトニミーなのか，壁塗り交替なのかが区別しにくい場合もあるが，特に「除去」を表わす動詞では，次のような方法で識別することができる。

　　　(12)　a. 浴槽があふれている。
　　　　　　b. 浴槽からお湯があふれている。

(12a)は壁塗り構文で，場所名詞句が主語になっている。この場合，場所名詞句は，(12b)のように「～から」でも標示できる。ところが，(11)の

ようなメトニミーの例では，このような言い換えはできない。
　　(13)　*政夫は，算盤から珠をはじいた。
(13)がおかしいのは，「算盤」と「珠」が場所と移動物の関係にあたらないからである。このような例は壁塗り交替から除外する。

## 3　代表的な動詞

【英語】
- 取りつけ・詰め込みなどを表わす他動詞（spray/load type）：［塗り込み］grease, brush, dab, daub, plaster, rub, slather, smear, smudge, spread, streak;［積み上げ］heap, pile, stack;［放出］inject, spatter, splash, splatter, spray, sprinkle, squirt; bestrew, scatter, sow, strew;［詰め込み］pack, cram, crowd, jam, stuff, wad;［積み込み］load, pack, stock
- 放出などを表わす自動詞（swarm type）：［光の放出］beam, burn, blaze, flare, flash, flicker, gleam, glitter, shine, sparkle, twinkle;［音の放散］babble, bang, beep, buzz, chatter, chime, clap, clash, click, crack, explode, fizz, growl, hiss, howl, knock, murmur, patter, purr, rattle, ring, roar, squeak, strike, thunder, tinkle, trumpet, vroom, wheeze, whine, whistle;［液体の放散］drip, gush, ooze, splash, splutter, spout, sprout, stream, sweat;［反響］echo, resonate, reverberate, sound;［開花］bloom, blossom;［振動・運動］dance, quiver, shake, sway, tremble;［その他］abound, bustle, crawl, creep, hop, run, swarm, swim
- 除去を表わす動詞

　　Clear Type:［除去］clear, clean, drain, empty
　　Wipe Type:［取り除き］dab, distill, dust, erase, expunge, flush, lick, polish, purge, rinse, rub, scratch, scrub, shave, smooth, soak, squeeze, strain, strip, suck, suction, swab, sweep, trim, wash, wear, weed, wipe, wring;［拭き取り］brush, comb, file, filter, hose, iron, mop, plow, rake, shear, shovel, sponge, towel, vacuum

【日本語】
- 取りつけ・詰め込み・放出などを表わす動詞：［塗り込み］塗る，張る，

葺く，からめる/からむ/からまる，和える，染める/染まる，飾る；[積み上げ] 盛りつける, 山積みにする, 山盛りにする；[放散] ちりばめる, 散らかす/散らかる, にじむ, まぶす, 敷き詰める；[詰め込み] 詰める/詰まる，満ちる，満杯になる/満杯にする，溢れる，埋める/埋まる，混む，立て込む，充満する，つかえる，いっぱいになる，満たす；[光の放出] 輝く, 光り輝く；[振動] 響く, 鳴り響く；反響する；[開花] 満開になる；[その他] 刺す，巻く
- 除去を表わす動詞：[除去] 空ける/空く，空になる，片づける/片づく，(川を) さらう，涸れる，飲み干す，干上がる，あさる，ぬぐう；[漏出] 漏れる，漏る，流す，絞る，溢れる，氾濫する；[その他] かえる

## 4 問題点と分析

　壁塗り構文で問題となる特徴を全体的解釈と部分的解釈(4.1節), 壁塗り交替の意味構造(4.2節), 名詞句の意味の制限(4.3節), 二次述語・複合動詞(4.4節), 派生名詞(4.5節), 削除可能性と形容詞的受身(4.6節), 自他交替(4.7節)の7つの観点から概観していくことにする。

### 4.1　全体的解釈と部分的解釈

　2節では，(14a)と(14b)のような2つの文は単なる書き換えで，論理的には同じ意味を表わしていると説明した。

　　(14)　a.　John smeared paint on the wall.
　　　　　b.　John smeared the wall with paint.

Fillmore(1968)も同じように，この種の交替は，それぞれの名詞句に与えられている深層格（「移動物」や「場所」といった意味概念）が表層文で異なる現われ方をしているにすぎないと考えた。

　しかしその後，壁塗り交替では意味解釈上の顕著な違いがあることがしばしば指摘されている。とりわけ問題になるのは，全体的解釈と部分的解釈という違いである（Anderson 1971）。(14a)のように場所（the wall）をonなどの前置詞で表わすと，ペンキが壁のどの部分に塗られたのかは不明瞭である。壁の一部分だけが塗られるという「**部分的解釈**（partitive interpretation）」でもよいし，あるいは，壁の全体が塗られる場合でもよ

い。一方，(14b)のように場所名詞が直接目的語になると，壁全体がペンキで覆い尽くされるという「**全体的解釈**（holistic interpretation）」が強く現われる。この解釈の違いは，(15)の例文を考えてみるとはっきりする。

(15) a. John smeared paint on the wall, but most of the wall didn't get any paint on it.
b. *John smeared the wall with paint, but most of the wall didn't get any paint on it.

(15a)の前半部分では，動詞smearの目的語はpaintであり，そのペンキが壁全体に塗られたとは限らない。そのために後半部分で「壁のほとんどの部分にはペンキが塗ってない」と続けても，全体としての解釈に矛盾をきたさない。これに対して，(15b)のようにsmearの目的語をthe wallとすると，その壁がどうなったかを述べることになり，壁の全面がペンキに覆われたという意味が強く現われる。その結果，(15b)の後半部分で矛盾が生じることになる。

この部分的解釈・全体的解釈の効果は，自動詞の壁塗り構文においてもまったく同様に現われる。

(16) a. Bees are swarming in the garden, but most of the garden has no bees in it.
b. *The garden is swarming with bees, but most of the garden has no bees in it.

場所（the garden）を前置詞inで表わした(16a)の前半部には，「庭がすべてハチで覆われた」という含意は必ずしも出ない。それに対して，the gardenを主語にした(16b)の前半部では，庭全面にハチで群れているという意味合いが強く現われ，その結果，後半部分と矛盾することになる。

日本語の壁塗り構文においても，同じような全体的解釈と部分的解釈との違いが観察できる（Kageyama 1980）。(17a, b)を比べてみよう。

(17) a. 持っている本全部を本棚に詰めたが，本棚にはまだ隙間がある。
b. *持っている本全部で本棚を詰めたが，本棚にはまだ隙間がある。

(17a)の前半の文においては，本は本棚に詰められたが，本棚全体に詰め込まれたという含意はない。したがって，「まだ隙間がある」という文が

後続しても，論理的な矛盾は起こらない。しかし，(17b)の前半では，本棚がすべて本で詰まっていると解釈されるので，「まだ隙間がある」という文が後続すると，全体としては，矛盾していることになる。

このような全体的解釈・部分的解釈の違いは，さらに，「除去」の意味を表わす clear や wipe にも見られるので，壁塗り交替に共通した解釈上の特徴であるということができる。

しかしながら，このような部分的解釈と全体的解釈の違いはいつも明確に現われるとは限らない。Jeffries and Willis(1984)は，部分的解釈・全体的解釈の相違は目的語の選択によって不明瞭になることがあると指摘している。

(18)　a.　Lesley sprayed the fire with water.
　　　 b.　Lesley sprayed water on the fire.

(18)において，火(fire)には明確に区別できる境界というものがない。したがって，火全体が水で覆われたかどうかを決定するのは困難である。このようなとき，(18a)と(18b)のいずれに対しても，あとに(19)のような文を続けることができる。

(19)　Most of the fire didn't get any water on it (and so it didn't go out).

日本語においても，部分的解釈・全体的解釈の違いがはっきりと現われてこない場合があるようである。

(20)　a.　唇に毒々しくルージュを塗った。
　　　 b.　唇を毒々しくルージュで塗った。

奥津(1981)は，(20)の例において，唇の面積は，壁などに比べ狭いため，部分的解釈・全体的解釈の違いが明確には出てきにくいと主張している。(しかし実際には，(20)で部分的解釈と全体的解釈の区別が分かりにくくなっているのは「毒々しく」という結果を表わす副詞があるためではないかと推測できる。)

Fraser(1971)は，「全部し終える」という完成の意味を表わす小辞(particle)の up が，場所名詞句を目的語にとる文では使えるが，移動物を目的語にとる文では使えないことを観察している。

(21)　a.　He loaded up the wagon with the goods.
　　　 b.　*He loaded up the goods onto the wagon.

(22) a. They splattered up the floor with water.
　　　b. *They splattered up water on the floor.

このような小辞の現われ方の違いは，全体的解釈と部分的解釈の違いを反映しているように見える。しかしここでも，Jeffries and Willis (1984) によれば，例外がある。

(23) a. He drained the pond of water.
　　　b. He drained the water out of the pond.

(23)では，どちらの文を取っても，池全体から水が全くなくなったという全体的解釈が得られる。このような場合，「すっかり」という意味の小辞 (out) をどちらのタイプの文にもつけることができる。

(24) a. Drain the tank (out).
　　　b. Drain the water (out).

これは，drain という動詞が本来的（つまり語彙的）に全体的解釈の意味（「すべて排出する」）を有するからであると考えられる。

　壁塗り交替についてたびたび指摘されてきた部分的解釈と全体的解釈の違いは，動詞本来の意味や語用論的な要素に影響され，壁塗り構文において常に明確に現われるとは限らない。全体的解釈という性質はむしろ，壁塗り構文そのものの意味構造から派生してくるのではないかと思われる。

## 4.2　壁塗り交替の意味構造

　全体的・部分的解釈という直感的な意味がどこから出てくるのかを説明するために，これまでの章でも触れた意味構造を思い出してみよう。

(25)　〈行為〉→〈変化（動き）〉→〈結果状態〉

例えばグラスに水を注ぐという状況を pour という動詞で表わすと，(26) のようになる。

(26) a. John poured water into the glass.
　　　b. *John poured the glass with water.

(26a) が述べている状況は，要するに，水が重力によって空中を上から下へ落ちてグラスの中に入ったということである。pour という動詞の意味として重要なのは，水の落ち方——液体が分断されずに，1つの流れとなって落ちていくという様態——であり，もし水が一滴一滴，しずくになって落ちるのなら，pour ではなく drip という動詞を使わなければなら

ない。このことを(25)の意味構造にあてはめて説明すれば，pour という動詞は，意味構造の中で〈動き〉の様態に重点を置いて表現するものと考えられる。〈動き〉の部分に注目するということは，水が注がれた結果，容器がどのような状態になったかということには何も触れないということである。(26a)で，the glass は水でいっぱいになってもよいし，そうでなくてもよい。極端な場合，グラスの底に穴があいていて，いくら水を注いでも，グラスは空のままであるという状況でもよい。このように物体の〈動き〉に重点を置いて，「X が Y を Z に動かす」という概念を表わすだけの動詞では，移動物を直接目的語にとる構文(26a)しかできず，(26b)の交替構文は許されない。このような**中身指向**(content-oriented)の動詞には次のようなものがある (Pinker 1989)。

(27) a. 設置：put, set, lay, hang
 b. 付着：attach, glue, nail, paste, stable, tape, stick
 c. 重力による落下：pour, dribble, drizzle, ladle, spill
 d. 中から外への排出：emit, excrete, spew, vomit

(27a)は物体の置き方を表わす動詞であり，それが置かれた場所が特別な状態に変化するということはない。(27b)は，物体の取りつけ方を描写する表現であり，この場合も，取りつけられた場所の状態には言及しない。(27c)はすでに説明した pour のグループである。(27d)の動詞も，中から外へはき出されるという動きを意味するだけである。

中身指向の動詞に対して，**容器指向**(container-oriented)の動詞もある。それは，移動物の動き方より，それが付着する場所の状態に重点を置く動詞である。代表として fill（場所を物で満たす）を取り上げると，この動詞は，語源的に full（いっぱいの）という形容詞から派生されていることから分かるように，容器がいっぱいになるという状態変化を描写する。

(28) a. John filled the glass with water.
 b. *John filled water into the glass.　　　(Pinker 1989)

(28)では，結果的にグラスが水でいっぱいになっていればよいのであって，その水がどのようにしてグラスに入ったのか（勢いよく pour したのか，1滴ずつ drip したのか，あるいはひしゃく (ladle) で汲んだのか）という水の移動様態はいっさい関わらない。fill は，容器がいっぱいであるという結果状態に重点を置くから，容器名詞を直接目的語にとる文型

(28a)でもっぱら使われ，移動物を直接目的語にした(28b)は非文法的とされる（ただし，(28b)の文型は，いくつかの辞書にも載っているし，コーパスを調べると，特にイギリス英語で少数ながら実例が見つかる。しかし fill は単に「容器に物を入れる」ではなく，あくまで「容器をいっぱいに満たす」ということを含意している。おそらく，(28b)は，pour 型の文型からの類推によって，本来の"fill X with Y"が"fill Y into X"に書き換えられたのではないかと思われる）。

このように考えると，壁塗り交替に参加できる動詞は，pour 型と fill 型の両方の性質を備えている動詞であると推測できる。行為連鎖の意味構造の中で意味的に重視（焦点化）される部分を XXX で表わして整理してみよう。((29)の意味構造では〈行為〉の部分を含めているが，自動詞の場合は，〈行為〉を外して，〈移動物の動き〉→〈場所の結果状態〉だけになる。)

(29) 　　　　〈行為〉　→〈移動物の動き〉　→〈場所の結果状態〉
　　　　pour 型　　　　　　　　XXX
　　　　fill 型　　　　　　　　　　　　　　　　　　　　　XXX
　　　　交替型　　　　　　　　XXX　　　　　　　　　　　XXX

pour 型の動詞は，移動の様式や力学的な作用のみを描写するために壁塗り交替ができず，また，fill 型の動詞は，場所に及ぼされる影響のみを叙述し，移動物の動きを指定しないので，これまた，壁塗り交替ができない。そうすると，壁塗り交替が成り立つのは，動詞が「X が Y を Z に動かす」という移動の意味と，「Y が Z に動くことによって X が Z の状態変化を引き起こす」という場所の状態変化の意味の両方を持つことができる場合に限られる（Pinker 1989）ということになる。

例えば，load という動詞は，移動物が場所に移ったというだけの解釈と，移動物が付着することによって場所の状態が変化したという解釈とがある。前者の解釈では(30a)の pour 型構文になり，後者の解釈では(30b)の fill 型構文になる。

(30) 　a. John loaded hay onto the wagon. （hay の移動を描写）
　　　b. John loaded the wagon with hay.
　　　　（the wagon の状態を描写）

「除去」の意味を表わす動詞も，同じように説明できる。

(31) a. She emptied garbage from the can.
　　　　　（garbage の移動を描写）
　　 a′. 彼女はゴミ箱から生ゴミを空けた。
　　 b. She emptied the can of garbage. (the can の状態を描写)
　　 b′. 彼女は（*生ゴミで）ゴミ箱を空けた。

(31a)は，「X が Y から Z を引き離す」という移動の意味を表わす。それに対し，(31b)の場合「Y から Z を取り去ることにより X が Y の状態変化を引き起こす」ということである。なお，(31b) の of は，「詰め込み」の動詞のときに現われる with と相補関係にある "abstrument role"（Hook 1983）——つまり取り除かれた物——を表わすと考えられる。日本語では，このような意味を表わす格助詞がないので，(31b)に相当する構文では「生ゴミ」を表現することができない。

壁塗り交替における意味の違いは，次の Jackendoff(1990a) の観察からも分かる。まず，pour 型の構文では，移動物の動きが重要であるから，Bill loaded the books onto the truck. という例文をもとにして，擬似分裂文（pseudo-cleft sentence）を作った場合，(32a)(32b)の違いが生じる。

(32) a. What Bill did to the books was load them onto the truck.
　　　　（ビルが本に対してしたことは，それをトラックに積むことです）
　　 b. ?What Bill did to the truck was load the books onto it.
　　　　（ビルがトラックに対してしたことは，本をそれに積むことです）

(32a)は移動物（the books）について述べた文であるから，正しく成り立つ。他方，場所（the truck）について述べている文(32b)にすると，容認性が下がる。これに対して，Bill loaded the truck with the books. という fill 型の構文では，逆の結果になる。

(33) a. What Bill did to the truck was load it with the books.
　　　　（ビルがトラックに対してしたことは，それを本で満たすことだ）
　　 b. *What Bill did to the books was load the truck with them.
　　　　（ビルが本に対してしたことは，それでトラックを満たすことだ）

この構文は場所 (the truck) の状態を述べるから,「トラックはどうなったか」という (33a) は正しいが,「本はどうなったか」という (33b) は見当違いな文なのである。

以上のように,壁塗り交替の本質は〈行為〉→〈移動物の動き〉→〈場所の結果状態〉という意味構造の中のどの部分を意味的に重視するかということである。この意味構造を想定すると,前節で紹介した全体的解釈・部分的解釈という曖昧な概念は不必要になる。つまり,場所名詞を直接目的語にした fill 型構文は,その場所の状態を表わすわけであるから,普通の状況なら,場所全面が影響されるという全体的解釈が得られる。しかし Pinker(1989: 78) が指摘する (34) の例では,銅像の一部分にしかペンキが塗られていなくても,fill 型構文が可能である。

(34) The vandal sprayed the statue with paint.
（その破壊者は銅像をペンキで汚した）

それは,ペンキが少しついただけでその銅像全体の美的価値が損なわれ,銅像の状態が変化したと認識されてしまうからである。

壁塗り交替については,従来の研究でいろいろな制限が指摘されているが,そのほとんどは,(29) の意味構造に起因すると思われる。以下ではそのような制限のいくつかを略述する。

## 4.3 名詞句の意味的制限

Fraser(1971) は,壁塗り交替に現われる 2 つのタイプの文について,いくつかの興味深い違いを指摘している。まず第 1 に,可算名詞の移動物が with の目的語として使われるときに制限がある。

(35) a. They loaded {a box/boxes} onto the truck.
　　　b. They loaded the truck with {boxes/*a box}.

(35a) では箱の形状に関わりなく,box は単数形でも複数形でもなんら問題がないが,(35b) では with のあとに複数形名詞 (boxes) が必要である。しかし,Anderson(1971) が述べているように,箱が巨大で,それ 1 個でトラックがいっぱいになってしまうような場合は,(35b) のように with a box という単数形を用いることも可能である。

日本語でも,同種の制限が観察できる。(36) で移動物「瓦」に「2 枚」のような数量詞をつけると,容認性に差が出てくる。

(36) a. 政夫は，2枚の瓦を屋根に葺いた。
　　 b. *政夫は，2枚の瓦で屋根を葺いた。

普通の屋根に普通の瓦を乗せるという状況なら，(36b)は不適切である。ただし，2枚の瓦が巨大でその2枚で屋根のすべての表面を覆い尽くすことができれるとすれば，あるいは屋根が2枚の瓦で収まるほど小さいとすれば，(36b)も可能だろう。

　壁塗り交替に関わる名詞句には具体物か抽象物かといった制限も付随する。

(37) a. *Excitement buzzed in the garden.
　　　(*興奮が庭にざわめいた)
　　 b. The garden buzzed with excitement.
　　　(庭は興奮でざわめいた)

移動物が抽象名詞の場合，移動物は，(37a)で示されるように，主語として現われることができないが，(37b)のように，前置詞 with の目的語となることはできる。言うまでもなく，excitement を bees に取り替えると，どちらの文も適格になる。このような場合，物理的な移動が関わるか否かが容認性の判断の違いを決定していると考えられる。つまり，excitement という抽象名詞が実際にざわめきを立てながら庭をめぐっているということは考えられないから，(37a)は不適格である。一方，(37b)は，excitement そのものの動きは考慮から外して，the garden がどういう状態なのかを述べるだけであるから，正しい文として成立する。

　次の(38)は，clear タイプの動詞の例で，この場合も移動物が抽象名詞であると，物理的な移動を含意する構文が阻止される。

(38) a. *The judge cleared guilt from the accused.
　　 b. The judge cleared the accused of guilt.

(38a)は，あたかも罪 (guilt) という物体が被告人から離れて動いていくように受け取られるので，不適格である。他方，(38b)は罪が取り除かれるという動きよりむしろ，被告人がどのような状態になったのかを表わしているから，適格な文である。もちろん，移動物が食器 (the dishes) のような具体物を指している場合には，(38a)の構文も可能である。

　日本語でもよく似た制限が観察できる。(39)は，他動詞の「満たす」の例であるが，場所名詞句が「欲望」という抽象名詞の場合，「欲望」を

「に」で標示することができない。

(39) a. *市長は，欲望にお金を満たした。
b. 市長は，お金で欲望を満たした。

(39a)では，まるで「欲望」が何か具体的な容器のように感じられてしまう。これに対して，場所名詞句が「杯」のような具体的な事物を指すものの場合は，どちらの構文でも可能である。

(40) a. 課長は，大きな杯に日本酒を満たした。
b. 課長は，大きな杯を日本酒で満たした。

次の(41)は，自動詞の「鳴り響く」を抽象的な意味で用いた例である。(39)の場合とは逆に，ここでは場所名詞を主語にすることができない。

(41) a. 彼の名が全国に鳴り響いている。
b. *全国が彼の名で鳴り響いている。

しかしながら，例えば(42)のように，実際の音が鳴り響いているときには，交替が可能である。

(42) a. 音楽が部屋中に鳴り響いている。
b. 部屋中が音楽で鳴り響いている。

次の例は「具体・抽象」とは少し違っている。

(43) a. Blood ran all over the floor.（床一面に血が流れた）
b. The floor ran with blood.
（床は流れた血でいっぱいだった）

(44) a. Puppies ran in the garden.（子犬が庭で走った）
b. *The garden ran with puppies.（子犬が庭で走った）

同じ run という動詞でも，(43)では「（自然発生的に）流れる」という意味で，この場合は交替が可能だが，(44)では「（意図的に）走る」という意味であり，この場合は交替ができない。一般に，壁塗り交替に参与できる自動詞は，音，光，液体などの自然発生を表わす「非対格動詞」（3節）であり，talk, work, play といった意図的な活動を表わす「非能格動詞」は適合しない。(43)と(44)の2種類の run は，この違いに対応すると考えられる。同じように，dance という動詞は文字通りの意味では交替を示さないが，次のような比喩的な意味では交替が可能である。

(45) a. A vision of success danced in his head.
（成功の妄想が彼の頭の中で踊った）

　　　　b. His head danced with visions of success.
　　　　　（成功の妄想で彼の頭の中が踊った）　(Salkoff 1983: 313)

　さらにつけ加えると、壁塗り交替の可能性に関しては、かなり個人差が見られ、また、同じ動詞でも、いっしょに使われる名詞句によって微妙に容認度が変化することがある。

　(46)　a. テーブルから食器を片づける。
　　　　b. テーブルを片づける。
　(47)　a. ｛運動場から遊び道具を/公園から空き缶を｝片づける。
　　　　b. ｛??運動場/*公園｝を片づける。

(46b)と(47b)の容認性の違いは、その場所でどのような行為が行なわれるかが容易に想像できるかどうかによっていると思われる（山中 1984）。というのも、場所名詞句を主語または目的語にする壁塗り構文は、語彙化されて慣習的な意味を表わすことが多いからである。

　(48)　a. 障子に｛紙/布｝をはる。
　　　　b. 障子をはる。

例えば、「はる」という動詞では、移動物が目的語となる場合には、目的語が「紙」であっても「布」であってもそれほど違和感はない。しかしながら、(48b)のように場所名詞句を目的語にすると、通常、「紙をはる」行為であると解釈される（Kageyama 1980）。

## 4.4　二次述語・複合動詞

　先に説明したように、pour という動詞は、移動物を直接目的語にとる構文にしか適合せず、場所名詞を目的語にすることはできない。

　(49)　a. I poured water into the glass.
　　　　b. *I poured the glass with water.

その理由は、pour は液体の物理的な移動だけを表わし、容器がどうなったかについては何も含意しないからである。ところが、英語話者の中には、(50)のように結果を表わす形容詞(full) をつけ加えれば容認可能な文になると判断する人がいる（Pinker 1989）。

　(50)　I poured the glass full with water.

この文を許容する話者にとっては、full という「結果述語」（→第 6 章）がつくことによって、意味構造の最終段階である〈場所の結果状態〉が際

立たせられ，文の容認性があがるのであろうと考えられる。ただし，pour 型の動詞に full をつければ，自動的に交替が可能になるというわけではない。(50)のような文はあくまで例外であり，一般的に言えば，英語の壁塗り交替は個々の動詞によって決まっている。

他方，日本語には複合動詞という手段があり，これを使えば，単独では交替しない動詞でも，交替が可能になることがある。例えば，「はる」という動詞そのものは壁塗り交替を示さない（ただし，移動物を「(青い)壁紙」のようにすると，全体が覆われるという含意が得やすいので，「はる」単独でも壁塗り交替が容易になる（川野 1997））。

(51) a. 政夫は，壁にポスターをはった。
　　　b.*政夫は，ポスターで壁をはった。

しかし，(51b)のような場合でも，「尽くす」という動詞を加えて複合動詞を作ると，場所名詞句を直接目的語とする構文が可能になる（Fukui, Miyagawa and Tenny 1985）。

(52) a. 政夫は，壁にポスターをはり尽くした。
　　　b. 政夫は，壁をポスターではり尽くした。

ここで注意すべきことは，(52)に現われる「壁」と「ポスター」という2つの名詞句は，もともと「はる」が選択する名詞句であって，「尽くす」が選択する名詞句ではないということである。したがって，(53)のような文は非文である。

(53) *政夫は，壁にポスターを尽くした。

「尽くす」というのは，本来，「全力を尽くす」のように「すべてを使い切る」という意味であるから，「はり尽くす」という複合動詞になると，「はる」の基本的な意味に「尽くす」の意味が加わって，「残りがないように，すべてはる」という意味になるものと思われる。このことを意味構造にあてはめれば，「はる」だけなら〈はられる紙の動き〉を重点的に述べていたものが，「尽くす」をつけることによって意味的な焦点が〈壁の結果状態〉に移り，その結果，壁全体の状態を表わすことができるようになった，と考えることができる。

壁塗り交替を可能にする複合動詞として，「〜尽くす」以外に「〜詰める」なども挙げられる。

(54) a. 孝は，床にタイルを敷いた。

　　　　b. *孝は，タイルで床を敷いた。
　(55)　a. 孝は，床にタイルを敷き詰めた。
　　　　b. 孝は，タイルで床を敷き詰めた。
「敷く」はもともと移動物のみを直接目的語にとる動詞であるが，「敷き詰める」とすると，(55a)(55b)のどちらのパターンも可能になる。
　このような現象は「除去」タイプの動詞にも見られる。(56)は「飲み干す」という複合動詞の例である。
　(56)　a. 孝は，ジョッキのビールを飲み干した。
　　　　b. 孝は，ジョッキを飲み干した。
もちろん「飲む」は単独では移動物の「ビール」しか直接目的語としてとれず，容器を表わす場所名詞句を直接目的語にとることはできない。
　(57)　a. 孝は，ジョッキのビールを飲んだ。
　　　　b. *孝は，ジョッキを飲んだ。
　以上では，もともとは壁塗り交替を示さない動詞でも，後ろに「全体的な影響」を含意する動詞をつけて複合化することによって，壁塗り交替が可能になる場合があることを見た。
　しかし逆に，もともと壁塗り交替が可能な動詞が，複合動詞化によって交替を阻まれる場合もある。例えば，「塗る」単独では交替ができるのに，「塗りつける」という複合動詞になると，交替が不可能になる。
　(58)　a. 学生は，壁にペンキを{塗った/塗りつけた}。
　　　　b. 学生は，ペンキで壁を{塗った/*塗りつけた}。
「つける」は，動作の方向を示す意味があり，「塗る」と結合した場合，複合動詞全体では，ペンキの〈動き〉に意味的焦点が移ってしまう。そのため，場所の変化状態を表わす(58b)が許されなくなる。この種の複合動詞には，「詰め込む」「溢れ出る」などがある。
　英語には日本語のような複合動詞はないが，代わりに接頭辞を動詞につけ加えることで，日本語の複合動詞と似た効果を作り出すことができる。例えば，load 単独では交替できるのに，接頭辞 over- がついて overload となると，場所名詞句を目的語にとる構文しか許されなくなる (Fraser 1971)。(接辞 over- の意味については第10章を参照。)
　(59)　a. Harry overloaded the wagon with hay.
　　　　b. *Harry overloaded hay onto the wagon.

## 4.5 派生名詞

壁塗り交替に使われる動詞のいくつかは，ゼロ派生名詞（接尾辞などをつけずに，動詞がそのままの形で名詞になったもの）として使用できる。(60)のような名詞がその例で，このような場合，ゼロ派生名詞は，行為の結果として生じた産物を表わす（**結果名詞**（result nominal）という）。

(60)　load, cram, pack, heap, pile, wad, swarm

これらは場所ではなく移動物を指す（Rappaport and Levin 1985, Maruta 1997）。例えば a heap なら，「積み重ねた場所」ではなく「積み重ねられたもの」という意味になる。

ゼロ派生名詞が場所ではなく移動物を表わすことは，次のように，前置詞 of で同格関係の名詞を継ぎ足すと明らかになる。

(61)　a. the (truck-)load of goods　　（（トラック）1台分の荷物）
　　　b. a pile of books　　（積み重ねた本）
　　　c. a swarm of bees　　（一群のハチ）

(62)　a. *the load of (the) wagon
　　　b. *a pile of (the) desk
　　　c. *a swarm of (the) garden

(61b)の a pile of books は「山のように積まれた本」という意味で，books は a pile（山）の中身を表わしている。他方，(62)のように，pile や load のあとに場所表現をつけることはできない。

load タイプのゼロ派生名詞が具体物を表わし，行為そのものは表わせないことは，次の表現が非文法的であることからも示される（Levin 1993）。

(63)　*the load of goods onto the wagon　（荷馬車に荷物を積むこと）

ちなみに，the load of goods on the wagon（荷馬車に積まれたひとまとまりの荷物）という表現は可能であるが，その場合の on the wagon は単に load of goods の所在を示す付加詞である。

日本語では，動詞から名詞を作る場合，動詞の連用形を転用することが多く，壁塗り構文の動詞の名詞形もこの形式に従う。動詞連用形が名詞として使用されるとき，移動物あるいは場所を表わす名詞と複合されることがある。その複合名詞は**出来事名詞**（event nominal）の解釈を持つ（Cf.

Kageyama 1980, Fukui, Miyagawa and Tenny 1985)。

(64) a. 場所名詞との複合
壁塗り，屋根葺き，床張り
b. 移動物名詞との複合
ペンキ塗り，瓦葺き，タイル張り

「瓦葺き，タイル張り」のような複合名詞は，連濁を起こして「瓦ぶき，タイルばり」と発音されることがある。この場合，複合名詞は，出来事ではなく実際の事物を指す結果名詞として解釈されやすい。ここでは，連濁の起こらない出来事名詞の場合だけを扱うことにする。

Kageyama(1980)で指摘されているように，場所と移動物の両方が名詞句内に現われた場合には，名詞の現われ方に一定の制限がある。このような場合，動詞と複合される名詞は，(65)のように移動物名詞であり，場所名詞は「の」で標示されなければならない。

(65) 壁のペンキ塗り，屋根の瓦葺き，床のタイル張り

(66)の不適格性が示すように，場所名詞を動詞と複合し，移動物を「の」でマークすることはできない。

(66) *ペンキの壁塗り，*瓦の屋根葺き，*タイルの床張り

一見，この一般化の例外のように思われるのは，「花の部屋飾り」と「部屋の花飾り」のペアである。しかしながら，この場合，「部屋飾り・花飾り」は，ある種の飾り物を指す結果名詞であるために，不可能であるはずの「花の部屋飾り」が可能になっている。

一方，壁塗り構文で現われる動詞が結果名詞になる場合には，もとの動詞によって選択される移動物や場所は属格（ノ格）によってマークされることになる。この場合も，英語とは異なり，属格によってマークされるのは移動物でもよいし場所名詞でもよい。

(67) a. 部屋の散らかり（＝散らかった状態）
b. おもちゃの散らかり

壁塗り構文に現われる動詞が，どちらのパターンの名詞形を作るかは，その動詞の性質によって決まるようである。「散らかり」という名詞の場合は，移動物とも場所名詞とも複合することができない。

(68) a. *部屋散らかり
b. *ごみ散らかり

逆に，「塗り」という名詞の場合は，もっぱら複合語が使われ，属格を用いた名詞句はできない。

(69) a. *壁の塗り
　　　 b. *ペンキの塗り

英語では，壁塗り構文に現われる動詞から派生された名詞は出来事ではなく移動物（結果名詞）の意味を表わす。他方，日本語では，動詞の連用形から転用された派生名詞は，結果名詞になる場合と出来事名詞になる場合とがある。日本語では，どちらの場合であっても，派生名詞に英語のような制限が課せられることはない。

## 4.6　省略可能性と形容詞的受身

壁塗り構文に現われる前置詞句は，省略が可能な場合があり，動詞の種類によって少なくとも3つのタイプが区別できる（Levin and Rappaport 1986）。(70)の load は，場所（onto the truck）と移動物（with hay）がともに省略可能な例である。

(70) a. John loaded hay (onto the truck).
　　　 b. John loaded the truck (with hay).

このパターンを取る動詞は，ほかに，pack, splash, spray などがある。

(71)は，移動物にあたる前置詞句が省略可能であるが，場所にあたる前置詞句が省略不可能な場合である。

(71) a. He crammed the food *(into the freezer).
　　　 b. He crammed the freezer (with food).

(71a)で，*(into the freezer) という表記は「into the freezer がなければ非文」という意味である。このタイプの動詞には，ほかに，crowd, dust, jam, flood, stuff などが含まれる（Fraser 1971によると，(71)のパターンをとる動詞は数が少ないようである）。

最後に(72)は，場所の前置詞句が省略可能であるが，移動物を表わす前置詞句が省略ができない場合である。

(72) a. John smeared paint (on the wall).
　　　 b. John smeared the wall *(with paint).

pile, spread, stack, dab, sprinkle なども同じタイプである。なお，Rappaport and Levin (1985) では，両方のタイプの前置詞句が義務的に表わさ

れなければならない動詞(brush, heap, plaster など)も報告されている。

前置詞句の省略可能性は，動詞から形容詞的受身(adjectival passive)を作るときにも関係する。形容詞的受身というのは，interest という動詞から作られる interested などを指し，構文的には名詞前位用法(73a)と叙述用法(73b)がある。

(73) a. 名詞前位用法：an interested reader/*an interested-in-the-book reader

b. 叙述用法：The reader remains interested (in this book).

名詞前位用法の場合は，形容詞単独で使われ，前置詞句を伴うことができないが，叙述用法のときは，前置詞句をつけることができる。

Levin and Rappaport(1986)は，まず，名詞前位用法を検討し，(70)(71)(72)において前置詞句が省略されて直接目的語だけになるのが可能な構文にのみ，名詞前位用法が許されることを指摘している。

第1に，(70)のように，もとの動詞において移動物の前置詞句と場所の前置詞句がともに省略可能な場合には，(74)のような形容詞的受身を作ることができる。

(74) a. the recently loaded truck

b. the recently loaded hay

次に(71)のタイプでは，移動物の前置詞句だけが省略できるから，それに対応する場合だけ形容詞的受身が成り立つ。

(75) a. *the crammed food

b. the crammed freezer

さらに，(72)のように場所前置詞句しか省略できない場合には，それに対応する形容詞的受身だけが許される。

(76) a. the recently smeared paint

b. *the recently smeared wall

このように前置詞句の省略可能性が形容詞的受身と関わってくるのは，前にも述べたように，名詞前位用法の形容詞は一般に前置詞を伴うことができないという制約があるためである。つまり，(75a)と(76b)のそれぞれに必要な前置詞句をつけても，英語として成り立たない。

(77) a. *the crammed food into the freezer

b. *the recently smeared wall with paint

しかしながら，形容詞が叙述用法で使われたときには，後ろに前置詞句をつけることができる。したがって，(77a, b)も叙述用法に書き換えると，正文になる。

(78) a. The food remained crammed in the freezer.
　　　b. The wall remained smeared with paint.

日本語では，連用形が転用された派生名詞が英語の形容詞受身とよく似たパターンを示す。例えば，「塗り直す」では，場所も移動物も省略が可能である。

(79) a. ペンキ屋さんは，ペンキを（壁に）塗り直した。
　　　b. ペンキ屋さんは，壁を（ペンキで）塗り直した。

「塗り直す」のような動詞の場合，派生名詞に伴う名詞句が1つだけ現われる場合には，その名詞句は移動物と場所のいずれでもよい。

(80) a. ペンキの塗り直し
　　　b. 壁の塗り直し

ただし，場所と移動物の両方が派生名詞と共起する場合には，場所名詞が移動物名詞よりも外側に現われることになる。

(81) a. 壁の，ペンキの塗り直し
　　　b.*ペンキの，壁の塗り直し

他方，移動物を省略できない動詞には，「山積みにする」や「山盛りにする」などがある。

(82) a. 先生は，本を（机に）山積みにした。
　　　b. 先生は，机を*(本で)山積みにした。

「山積み」のような派生名詞では，移動物は単独で「の」で標示できるが，場所は単独で「の」で標示マークできない。

(83) a. 本の山積み
　　　b.*机の山積み　（「机の上に本を積む」という意味で）

場所と移動物がともに現われる場合には，場所が移動物の外側に現われることが必要である。(84b)のように，順番を逆にすることはできない。

(84) a. 机の，本の山積み
　　　b.*本の，机の山積み

日本語においては，場所の省略が不可能な表現は少ない。不可能と思われるときでも，多くの場合，場所の省略が完全に容認不可とはならないよ

うである。

(85) a. {藍/蒼い染料}が??（布に）染まった。
b. 布が（{藍/蒼い染料}で）染まった。

「染まる」は，(85a)のように，場所が省略されると不自然になる（ただし，「うまく」のような副詞を入れると容認性は高くなる）。「染まる」の派生名詞の「染まり」も同じように移動物だけでは不自然である。

(86) a. 布の染まり
b. ??{藍/蒼い染料}の染まり

日本語においては，動詞と共起する名詞句の性質によって，省略の可能性が変わる場合もある。「にじむ」がその一例である。

(87) a. 血が（腕に）にじんだ。
b. 腕が*（血で）にじんだ。

主語が「腕」の場合の(87b)では，移動物を表わす「血で」を省略することができない。その派生名詞(88)も，このパターンと並行している。

(88) a. 血のにじみ
b. *腕のにじみ

これに対して，場所名詞が「紙」の場合には，(89a)で示されるように，移動物を表わす「インクで」を省略することもできる。

(89) a. 紙が（インクで）にじんだ。
b. インクが（紙に）にじんだ。

この場合，派生名詞は，どちらのタイプの名詞と共起してもよい。

(90) a. 紙のにじみ
b. インクのにじみ

以上のように，壁塗り構文において，日本語の派生名詞は英語の形容詞的受身とよく似た名詞の選択制限を示す。日本語の派生名詞において特徴的なのは，常に場所名詞が移動物より外側に現われるということである。

## 4.7 自他交替

英語において，spray/loadタイプの動詞は他動詞としての用法しかないものが多い。しかし，中には，使役交替（→第1章）を示し，自動詞としても使えるものがある。このタイプの動詞では，自動詞の用法は，移動物が目的語となった構文からのみ派生できる。

(91) a. John sprayed paint on the wall.
　　 b. Paint sprayed on the wall.
場所名詞を目的語とする構文からは自動詞を作ることができない。
(92) a. John sprayed the wall with paint.
　　 b. *The wall sprayed with paint.
ちなみに，(91)の自他交替は，splash, spray などの動詞でも可能だが，smear, daub のような動詞では起こらない（Hale and Keyser 1993）。spray, splash は移動物のようすを重点的に表わすから，動作主がなくても自動詞として成り立つが，smear, daub は塗りつけるための動作主を必要とするから，他動詞に限られる。

日本語の場合は，自動詞・他動詞の区別は接尾辞で明示されることが多いから，英語より幅広い自他交替が可能であり，(93)(94)に示すように，場所名詞でも移動物でも自動詞の主語になれる。
(93) a. 子供たちは，部屋をおもちゃで散らかした。
　　 b. 部屋がおもちゃで散らかった。
(94) a. 子供たちが，部屋におもちゃを散らかした。
　　 b. おもちゃが部屋に散らかった。

英語の clear タイプの動詞は，spray/load タイプの動詞とは異なり，ほとんどが自動詞としての用法を持つ。また，自動詞用法では，移動物が主語になっても場所名詞が主語になってもよい。
(95) a. The strong wind cleared the sky.
　　 b. The sky cleared.
(96) a. The strong wind cleared the clouds from the sky.
　　 b. The clouds cleared.

ただし，wipe タイプの動詞では，自他交替が許されない。(97b)も(98b)も非文法的である。
(97) a. Brian wiped the fingerprints from the counter.
　　 b. *The fingerpints wiped from the counter.
(98) a. Brian wiped the counter.
　　 b. *The counter wiped.

clear タイプと wipe タイプの違いは，前者が状態変化ないし位置変化の動詞であるのに対して，後者は接触を表わす働きかけ動詞であるという点

である。第1章で述べたように，変化結果が含意される動詞は自他交替のパターンに適合するが，接触や打撃の動詞は対象物の変化結果を含意しないから，自他交替を持たないのである。

## 5 まとめ

　壁塗り交替は，動詞がその語彙の意味として，移動物の動きを指定する意味と，移動の結果として場所に影響を及ぼすという意味との二面性を持つことができるときに可能になる。このような動詞には，sprayに代表される「塗装」の意味を持つ動詞や，loadに代表される「詰め込み」を表わす動詞，さらにclear, wipeのような「除去」の意味を表わす動詞があり，また，これらに対応するような自動詞も同じ構文交替に関わる。壁塗り交替は日本語より英語のほうがはるかに生産的であるが，それは英語では同じ1つの動詞に複数の意味構造を持たせることが活発に行なわれるということの反映であろうと推測できる。そのことは，第5章の二重目的語構文や第6章の結果構文からも裏づけられる。

## 6 さらに理解を深めるために

・Naoki Fukui, Shigeru Miyagawa, and Carol Tenny. 1985. Verb classes in English and Japanese.　[日本語と英語の壁塗り構文に現われる動詞（複合動詞を含む）の特性や生産性，形態的特徴に関する類似性や相違点について考察している。]
・Taro Kageyama. 1980. The role of thematic relations in the *spray paint* hypallage.　[日本語の壁塗り構文を中心に，なぜこのような変換が可能であるかを考察している。日本語と英語で起こる交替の現われ方の違いについての観察がある。]
・Steven Pinker. 1989. *Learnability and cognition*.　[主に言語習得の立場から，壁塗り構文のみならず，いわゆる項構造に関する現象に対する考察を行なっている。英語の壁塗り構文に対してのかなりまとまった要約と分かりやすい一般化が書かれている。]

〈岸本秀樹〉

# 第5章　二重目的語構文

◆基本構文
(A) 1. John *sent* a letter to Mary.
    2. John *sent* Mary a letter.
    3. ジョンはメアリーに手紙を送った。
(B) 1. John *sent* a letter to New York.
    2.*John *sent* New York a letter.
    3. ジョンはニューヨークに手紙を送った。
(C) 1. John *gave* Mary a kick.
    2.*John *gave* a kick to Mary.
(D) 1. John *gave* Mary a book.
    2. Mary *was given* a book.
    3. *A book *was given* Mary.
(E) 1. John *gave* a book to Mary.
    2. A book *was given* to Mary.
    3.*Mary *was given* a book to.
(F) 1. John *found* a job for Mary.
    2. John *found* Mary a job.
    3. ジョンはメアリーに仕事を見つけてあげた。

【キーワード】二重目的語，着点，受益者，直接目的語，間接目的語，与格構文，受益者構文

## 1 なぜ？

　中学・高校で英語を習ったときに，「誰かに物をあげる」という授与表現がなぜ，I gave a book to him. と I gave him a book. の2通りある の

だろうかと，おそらく誰もが不思議に思ったことだろう。しかも I gave a book to him. は第3文型(SVO)，I gave him a book. は第4文型(SVOO)という異なる文型に割り振られている。この2つの文型は，どんなときでも自由に選択できるわけではない。基本構文(A)では第3文型(1)と第4文型(2)の両方が成り立つが，(B)では第3文型(1)はよいのに第4文型(2)は間違いである。逆に，「〜を蹴る」という熟語の(C)では第4文型しか成り立たない。また，受身文にすると，(D)と(E)のような違いが出る。

　日本語では，一見したところ，英語のような2つの文型の書き換えはなく，「人に物をあげる」という構文が1つあるだけである。しかし(A)と(B)では単純に「〜に…を送る」と言えるのに対して，(F)では「メアリーに仕事を見つけた」よりも「メアリーに仕事を見つけてあげた」とするほうが自然である。なぜこのような違いが生じるのだろうか。

## 2　二重目的語構文とは

　現代英語学では，第3文型にあたる前置詞つき構文を**与格構文**(dative construction)，第4文型にあたる構文を**二重目的語構文**(double object construction) と呼んでいる（与格(dative)は「〜に」のように授与の相手を表わす格のことを言う）。

(1)　与格構文
　　a.　John gave a diamond ring to Mary.
　　b.　John found a good job for Mary.
(2)　二重目的語構文
　　a.　John gave　**Mary**　**a diamond ring**.
　　　　　　　〈間接目的語〉〈直接目的語〉
　　b.　John found Mary a good job.

(1a)と(2a)，(1b)と(2b)のように二重目的語構文と前置詞つき構文とが意味的に対応し交替することを**与格交替**(dative alternation) と呼ぶ。与格交替に関わる前置詞は，大きく分けると to か for のいずれかになる。ここでは，(1a)のように，to を伴う構文を to-与格構文，(1b)のように for を伴う構文を for-与格構文と呼ぶことにする。二重目的語動詞に to

と for 以外の前置詞が現われるのは，きわめて少ない。ask のように of を伴う動詞は例外的である。

(3) a. I asked a question of him./I wish to ask a favor of you.
b. I asked him a question./I wish to ask you a favor.

(3b)と比べると，of を用いた(3a)は古い感じがする。この of は，語源的には from（～から）という剥奪の意味を表わすが，from を要求する borrow などの動詞は二重目的語構文にならない。

(4) a. He borrowed a lot of money from my uncle.
b. *He borrowed my uncle a lot of money.

与格交替に関与する前置詞が，from ではなく to であるということは，take という動詞を見れば納得できるであろう。二重目的語構文(5a)が表わす意味は(5b)の to のほうであって，(5c)の from ではないからである。

(5) a. He took my uncle the money.
b. He took the money to my uncle.
（叔父にお金を持っていった）
c. He took the money from my uncle.
（叔父からお金を取り上げた）

また，動詞の中には，二重目的語構文にしか現われない動詞もある。

(6) a. It cost me five dollars.
b. *It cost five dollars {to/for} me.
(7) a. I envy you your good luck.
(＝I envy you for your good luck.)
b. *I envy your good luck to you.

二重目的語構文はかなり生産的で，新しく造語された動詞がこの構文に使用される例は多数報告されている。

(8) Please {xerox/fax/bitnet} him this document.

(8)の動詞は，1980年代後半からよく使用されるようになったと Gropen et al.(1989)や Pinker(1989)が報告している。これらの動詞は，機器の発明に伴って新しく作られたものであり，二重目的語動詞の生産性の高さを示している。しかしながら，どのような動詞が二重目的語構文に現われるかについては，話者の間でかなり判断の違いが見られる。例えば，Green (1974)，Oehrle(1976)，Goldsmith(1980)，Pinker(1989)ではそれぞれに

報告されている二重目的語動詞のリストにかなりの違いが見られる。特に，carry, choose, push, pull という日常的な動詞が話者によって許容度が異なる。また，(9)に挙げるような表現は，日本の英和辞書には to- 与格構文との書き換えが示されていることもあるが，*Collins COBUILD English Grammar*（p. 161)によると，現在の（イギリス）英語ではもっぱら二重目的語構文でのみ使われる傾向がある。

(9) a. I wish you good luck.
b. Mary allows her son only five dollars a month.
c. The bank refused the company a new loan.

こういった変動が，単に話者の個人差によるのか，それともアメリカ英語とイギリス英語といった方言差にまで広がっているのかは明らかでない。与格交替の研究として名高い Green(1974) と Pinker(1989) では，かなりの差異が見られるが，これは，著作の時期に15年の開きがあり，二重目的語構文をとれる動詞が歴史的に変化しているためであろう。

では，日本語はどうだろうか。日本語の二重目的語動詞は，英語の二重目的語動詞に相当する意味を表わす動詞であると考えられるが，日本語には，英語の与格交替にあたるような語順の入れ替えや前置詞の削除はなく，単純にニ格とヲ格で標示された2つの目的語をとるだけである。

(10) 政夫は恵子に本をあげた。

一見したところ，(10)でニ格目的語とヲ格目的語の語順を入れ替えても，あまり違いはないように思える。しかし実際には，英語の与格交替と同じような現象が日本語にも観察される（→4節）。

## 3 代表的な動詞

二重目的語動詞は，to- 与格構文と交替するものと，for- 与格構文と交替するものとに分かれる。ここで各々のグループの中で代表的な意味のタイプとその例を示しておく。

【to- 与格交替タイプ】

1. Verbs of Giving: feed, give, hand, lease, lend, offer, pay, rent, sell, serve／与える，提供する，払う，貸す，売る，贈る，出す
2. Verbs of Sending: forward, pass, send, ship, shoot, throw, toss／送

る，投げる，送付する，回送する，転送する，もたらす，回す
3．Verbs of Communication: e-mail, fax, mail, phone, post, radio, read, show, teach, tell, write /示す，教える，話す，（手紙を）書く，連絡する，見せる，告げる，言う
4．Verbs of Future Having: allocate, assign, bequeath, grant, guarantee, issue, offer, promise/保証する，約束する，割りあてる
5．Verbs of Carrying: bring, take/持っていく，持ってくる
6．Others: recommend, permit/推薦する，許す

【for-与格交替タイプ】
7．Verbs of Creation: bake, build, cook, make, sew, bake, fix, pour, knit, weave/作る，焼く，編む，建てる，彫る
8．Verbs of Performance: dance, draw, paint, play, recite, sing, whistle, write/演奏する，読む，歌う，演じる，書く，描く
9．Verbs of Obtaining: buy, earn, find, gain, get, order, rent, reserve, save/見つける，買う，注文する，借りる

【二重目的語構文のみ】
なお，与格交替を示さず，もっぱら二重目的語構文で用いられる英語の動詞には次のようなものがある。
10．bet, bill, cost, deny, envy, fine, forgive, owe, spare

## 4 問題点と分析

英語の二重目的語構文では，前置詞を伴わない目的語が2つ並ぶため，目的語が1つだけ現われる通常の他動詞構文とは異なり，さまざまな制約が見られる。本節では与格交替に関わる制約を意味(4.1節)，形態・音韻(4.2節)，情報伝達(4.3節)，統語(4.4節)の各方面から見ていく。

### 4.1 与格交替の意味的制約

2節で述べたように，二重目的語構文と交替する与格構文は通常 to または for という前置詞をとる。前置詞はほかにも on, at, toward, into, from など多数あるのに，なぜ to と for に限られるのであろうか。これは，to と for の意味を考えてみるとはっきりするであろう。目的語

(NP)の後ろに場所的な前置詞句(PP)をとる動詞を大別すると、(11)のように目的語名詞の物理的な位置変化だけを表わすものと、(12)のように位置変化が所有関係の転移を含意するものがある。

(11) 位置変化のみ
 a. Sue put a vase on the table.
 b. Mother poured milk into the glass.

(12) 位置変化＋所有関係の転移
 a. Bill gave his car to Mary.
 b. John mailed a letter to Sue.
 c. Mother baked a cake for me.

(11)は単に移動という物理的な位置変化だけを述べている。例えば、(11a)では、花瓶がテーブルの上に移動してきたということで、それ以上の含みはない。これに対して、(12)の例は目的語の移動以上のことを含む可能性がある。例えば、(12a)ではBillの自動車の所有権がMaryに移ったのであり、Bill gave his car to Mary, so she has the car now. ということで、物理的な場所移動よりむしろ所有権の移動を意味している。(12b)の場合は、必ずしも所有権の移動を意味しないが、ごく普通の状況では、手紙が届くことによって、Sueが手紙を「所有」することになる。(12c)についても、「私のためにケーキを焼く」ということは、通常「私がそのケーキを『所有』し、食べる」ということになる。このように、目的語名詞が単なる位置変化だけでなく、広い意味で「相手の所有物」になると想定される場合には、それに対応する二重目的語構文が成立することになる。したがって、putやpourのような物理的移動の意味だけを表わす動詞は、二重目的語構文と交替することができない。

(13) 目的語名詞の物理的な位置変化のみ
 a. *Sue put the table a vase.
 b. *Mother poured the glass milk.

(14) 目的語名詞の位置変化＋所有関係の転移
 a. Bill gave Mary his car.
 b. Mother baked me a cake.

このように、与格構文が二重目的語構文と交替するためには「**所有関係(possession)の発生**」が含意されるかどうかが重要である（Green 1974,

Oehrle 1976, Pinker 1989, Gropen *et al.* 1989, Goldberg 1989, 1992)。すなわち，間接目的語（人）を $O_1$，直接目的語（物）を $O_2$ とすると，二重目的語構文の意味は(15)のように表示できる。

(15)　　　S　　V　　$O_1$　　　　　　$O_2$
　　　　　　　　　　└────HAVE 関係────┘

　　　　（概念構造で表わすと，S CAUSE [$O_1$ HAVE $O_2$]）

以下では，二重目的語構文の HAVE 関係について，to- 与格構文と交替するタイプと for- 与格構文と交替するタイプに分けて説明していく。

　まず，to- 与格構文が二重目的語構文と交替する場合を見てみよう。

(16) a. John threw the ball {to/toward/at} Mary.
　　　b. John threw Mary the ball.

(16a)の動詞 throw は，to のほか，toward や at などの前置詞をとることもできる。しかしながら，toward または at にすると，それを含む句は「目標」の意味にしか取れず，(16b)の表わす意味とは大きく異なる。二重目的語構文と意味が近いのは，to を使った場合であるが，これは「目標」の意味にも，「受け取り」の意味にも解釈できるであろう。しかしごく普通の状況では，Mary は，ボールを受け取れば，一時的にではあるが，ボールを「所有」することになる。このように移動物が相手に渡り，相手が「受取人」ないし「所有者」になると想定される（あるいはそのように主語が意図する）場合には，二重目的語構文が可能となる。「意図された受取人」という含意は，次のような例ではっきりするであろう。

(17) a. It took two weeks to mail Charles a letter in Alaska.
　　　b. It took two hours to mail Charles a letter at the post office.　　　　　　　　　　　　(Tenny 1987: 233)

(17a)は「手紙が届くまで 2 週間かかった」ということで，実際に手紙が届いた時点で，"mail Charles a letter"という事柄が成立している。他方，(17b)は「Charles 宛ての手紙を郵便局で出すまでに 2 時間かかった」という意味で，投函し終えた時点で行為が完了すると考えられ，実際に Charles が手紙を受け取ったことまで含意していない。このことは，二重目的語構文は，間接目的語が意図された受取人であればよく，必ずしも，現実の受け取りが意味されるわけでないことを示している。

　to- 与格構文と交替する二重目的語動詞に関する意味的な制約で，しば

しば議論されるのは，間接目的語（to〜に対応する名詞）が有生名詞（生き物）でなくてはならないという制約である．

(18) a. John took the letter to Mary.
　　 b. John took Mary the letter.
(19) a. John took the letter to the mail box.
　　 b.*John took the mail box the letter.

(18b)と(19b)の違いは，単に生物か無生物かではなく，"$O_1$ HAVE $O_2$"という所有関係が読み込めるかどうかに起因している．Maryに手紙が届けば，通常，手紙が彼女の所有物となるが，郵便受けの場合は手紙を「所有」するとは見なせないからである．

しかし，単なる物理的な「移動」なのか，それとも「所有関係の転移」と見なせるのかという認識はたいへん微妙で，そのために，話者や方言の差異が生じるようである．例えば，throw, toss, kickなどの動詞がどの英語話者にとっても二重目的語構文に容易に現われるのに対して，carryやpull, push, lowerなどでは，二重目的語構文を許す話者（Green 1974, Levin 1993, Tenny 1987: 232, Jespersen 1927: Part III, 14.2）と，許さない話者（Gruber 1976, Pinker 1989, Gropen et al. 1989）に分かれる．

(20) a. John {threw/tossed/kicked} the ball to Mary.
　　 b. John {threw/tossed/kicked} Mary the ball.
(21) a. John {carried/pulled/pushed} the ball to Mary.
　　 b.%John {carried/pulled/pushed} Mary the ball.
　　　　（%印は話者によって許容度に違いがあることを示す．）

(21b)を認めないPinker(1989)やGropen et al.(1989)は，throw, toss, kickのように移動のきっかけだけを与える行為（ballistic motion）は二重目的語構文をとれるが，carry, push, pullのように主語が移動物といっしょに連続的に動いていく場合（continuous motion）は二重目的語構文をとれないとしている．つまり，carryなどの動詞は連続的な移動の部分に意味的な重点を置くために，その結果として品物が相手の所有物になるということまでは伝えにくいというわけである．

これに対して，一見，反例と思えるのがtakeとbringである．この2つの動詞は連続的移動を表わすのに，二重目的語構文がとれる．その理由は，takeとbringはその語彙的意味の一部として着点を直示的（deictic）

に定めている——つまり bring なら話者または聴者のところへの移動，take なら話者・聴者から離れていく移動である——から，所有関係の転移が語彙的に含意されるので二重目的語構文が可能となるのである。

「所有関係」という意味の性質によって，次の2文では the government という名詞句の解釈に違いが生じる。

(22) a. John sent the letter to the government.
　　　b. John sent the government the letter.

(22a)の the government は人間に準ずると考えられる団体・機関を指すことができる一方で，その建物あるいは場所を指すこともできる。これに対して，(22b)では前者の意味しかない。これは，政府という団体・機関にしか潜在的な所有者としての資格が認められないためである。

以上をまとめると，to-与格構文と交替する二重目的語構文は，次のような意味構造を持っていると考えられる。

(23) 　　　〈行　為〉　　　→　　　〈結果状態〉
　　　　S が $O_2$ を $O_1$ に移動させる　　$O_1$ が $O_2$ を「所有」する
　　　　S CAUSE [$O_2$ MOVE TO $O_1$]　　$O_1$ HAVE $O_2$
　　　　(John sent a letter to Mary)　　(Mary HAVE a letter)

(23)は，移動させるという〈行為〉によって，相手が物を所有するという〈結果状態〉が生み出されるということを示している。ただし，所有という結果状態が文字通りに成立するかどうかは状況によって異なる。しかし少なくとも，相手が受け取ることを「意図」して，行為が起こされることが必要となることは以下の例からも分かるであろう。

(24) The employer promised them a pay raise.

promise, offer, guarantee のように将来的な所有転移を表わす動詞では，約束した時点で結果状態が成立するわけではないが，少なくとも，発話時点では，成立を意図していたことになるからである。

動詞の中には二重目的語構文しか許さないものもある。許諾・剥奪の意味を表わす動詞 cost, forgive などがその代表的な例である。

(25) a. John forgave Mary her debts.
　　　b. *John forgave her debts to Mary.

forgive は，間接目的語にある種の権利を許すという「所有の発生」の意味を表わすが，その権利は主語から間接目的語へ「移動」するわけではな

く，この場合には to- 与格構文は成り立たない。

次に，主語が無生物名詞の場合を見てみよう。

(26)　a. *Lipson's textbook taught Russian to me.
　　　b. Lipson's textbook taught me Russian.

(26)の主語は道具であり，主語（textbook）から間接目的語（me）に物（Russian）が物理的に移動するとは考えられないために，与格構文(26a)は許されない。二重目的語構文(26b)のほうは，物の移動より「所有」という結果状態に重きを置くため，主語が無生物であっても成立する。

(27)も同様である。give という動詞は二重目的語構文と与格構文の両方をとる動詞の代表であるが，(27)では，主語が原因としての解釈しか許されず，Mary's behavior から John へ an idea が物理的に移動するとは考えられないので，与格構文(27a)は許されない。二重目的語構文(27b)は "John HAVE an idea" という結果を表現するので可能である。

(27)　a. *Mary's behavior gave an idea to John.
　　　b. Mary's behavior gave John an idea.

ただし，(28)の例では，二重目的語構文と与格構文の両方が可能である。

(28)　a. Mary gave an idea to John.
　　　b. Mary gave John an idea.

(27a)と違って，(28a)は，主語（Mary）が動作主であるから，Mary が John にアイディアを与えた（文字通りの移動）という解釈で成り立つ。他方，(28b)は，Mary が実際に John にアイディアを与えたという解釈のほか，Mary の行為や振舞いが原因（きっかけ）となって John にアイディアがひらめいたという解釈が可能である。後者の解釈は(27b)と共通する。

そのほかに，(29)のようなイディオム的表現が二重目的語構文しかとれないことも，同じ制限によって説明できる。

(29)　a. Give me a hand.（ちょっと手を貸してください）
　　　b. He gave me his cold.　（私は彼から風邪をうつされた）

これらの例で，2つの目的語の間には一種の「所有関係」の発生が含意されるが，主語から間接目的語に物理的な移動が起こらないと考えられるために，与格構文は容認されない。次のような軽動詞構文（light verb construction）も同じである。

(30) a. John gave Mary a kick.
　　　b. *John gave a kick to Mary.
(31) a. John gave the rope a pull.
　　　b. *John gave a pull to the rope.

軽動詞構文は，意味内容の軽い動詞（give）が形式的に文の動詞として用いられ，実質的な行為の意味内容は a kick, a pull という動詞由来の名詞によって表わされる構文である．この場合も，動詞は，主語から間接目的語への「転移」の意味を含意しないために，与格構文は不可能である．

次に，for- 与格動詞の説明に移ろう．to- 与格構文をとる動詞は，もともと「誰が，誰に，何を」という3つの項をとる動詞であるのに対して，for- 与格構文をとる動詞は，make, cook, sing などのように，本来なら主語と直接目的語だけをとる2項動詞である．このような動詞では，「誰のために」という意味を表わそうとすると，for- 与格がつく．

(32) a. John made a model plane for his son.
　　　b. John made his son a model plane.
　　　　→ his son HAVE a model plane

(32a)の for his son は「彼の息子にプレゼントするために」という意味だけではなく，「ジョンが代わりに作った」という「代理」の意味にも解釈できる．ところが，二重目的語構文(32b)になると，「代理」の意味はなくなり「息子が受け取る」という「所有」の意味に限定され，間接目的語は受取人または所有者としてのみ解釈される．

二重目的語動詞の間接目的語が「所有者」であるという制約は，次のような例文からも理解できる．

(33) a. John fixed the radiator for Mary.
　　　　（ラジエーターを修理した）
　　　b. *John fixed Mary the radiator.
(34) a. John opened the door for Mary.
　　　b. *John opened Mary the door.

(33)(34)の a 文の for Mary は「～のために」または「～の代わりに」という意味で，それぞれの行為をジョンが行なうだけで，Mary が所有者（あるいは受取人）となるわけではないから，b 文の二重目的語構文は不可能である．ここで注意したいのは，同じ動詞でも，意味が異なると，二

重目的語構文が可能になる場合があるということである。

(35) a. John fixed Mary sandwiches.
　　　（サンドイッチを作ってあげた）
　　b. John opened Mary a beer. （ビールの栓をあけてあげた）

(35a)では，Maryは作られたサンドイッチ，(35b)では，栓をあけたビールを受け取ることになり，二重目的語構文が可能となる。さらにおもしろい例は(36)である。

(36) a. John sang the song for his dead brother.
　　b. *John sang his dead brother the song.

(36a)は「亡くなった兄のために（慰霊に）歌を歌った」ということで，his dead brotherがその歌を実際に聞いたかどうかは関係ない。ところが，(36b)では，his dead brotherとthe songの間にHAVE関係が発生し，死者が歌を知覚する（受け取る）ということになり，おかしくなる。このように，二重目的語構文の成否を見るときには，動詞だけでなく目的語と合わせた意味を考慮する必要がある。

for-与格と交替する動詞句は，make a toy, build a house, fix a dinner, cook a dinner, bake a cake, call a taxi, knit a sweater, find a jobのような表現が典型的であり，基本的に，動詞が表わす行為によって何かが創り出されるという「作成」の意味を持っている。

(37) 〈行　為〉　　→　　〈結果状態〉
　　　Sが$O_2$を作る　　　$O_1$が$O_2$を「所有」する
　　　S MAKE $O_2$　　　$O_1$ HAVE $O_2$

for-与格と交替する二重目的語構文は，「主語が何かを作って，相手にあげる」という意味が基本である。この点で，for-与格動詞はto-与格動詞と異なる。to-与格動詞は，write, phoneのような伝達動詞を除くと，すべて，すでに存在する物を相手に渡すという意味である。

二重目的語構文の交替の取り扱いについては，Fillmore(1965)以来，統語構造の変形操作によるものとしてとらえられることが多い（Emonds 1972, Tremblay 1990, den Dikken 1995, Larson 1988, Aoun and Li 1989, Baker 1997等）。しかし，Oehrle(1975)やGoldsmith(1980)のように，この交替が動詞の下位範疇化規則でとらえられるべきものであると考える人や，Pinker(1989)やGropen et al.(1989)のように動詞に語彙的な規則に

より交替すると考える人，あるいは，Goldberg(1989, 1992)のように，もともと二つの構文（項構造）があり，交替が起こる場合は，単に両方の構文に同じ動詞が起こるためであると考える学者もいる。

　to-与格とfor-与格の違いは英語に特有のように思えるが，実は，それと類似する違いが日本語にも見られる。日本語で授与を表わす動詞は「送る，あげる，教える，伝える，見せる，投げる，売る，貸す」のように，もともと3項動詞（「～が～に～を」）であるが，これは英語のto-与格動詞と対応している。これに対して，sing a song, fix a dinner などfor-与格に対応する日本語動詞は基本的に2項動詞（「～が～を」）であり，単純に「～に」を継ぎ足すだけでは不自然である（「～のために」なら問題ない）。

(38) a. 姉は（??妹に）鶴を折った。
　　 b. 母は（*私に）おにぎりを握った。
　　 c. 直子は（??ボーイフレンドに）セーターを編んだ。

これらの例に「～に」という受取人をつけるためには，補助動詞「～てやる，～てあげる」をつけて，「妹に鶴を折ってあげた」「ボーイフレンドにセーターを編んであげた」のようにする必要がある。英語では，(37)のように「作成」という行為と，「所有」という結果状態とを意味構造で合成して1つの文として表わすが，日本語では，「焼いてあげる」のように補助動詞を用いて形態的に複雑な述語を作るのである（このような日英語の違いは本書の他の章でも観察される）。

## 4.2　形態的・音韻的制約

　与格交替に関わる諸条件のうちで，最も基本的なのは上述の「HAVE関係」という意味制限であるが，その制限を満たしていても二重目的語構文にならない場合がある。それは，形態的あるいは音韻的な制限として，ある程度，一般化することが可能である。

　歴史的に見ると，英語の語彙はゲルマン系をベースとして，その上に中世以降，フランス語から入ってきたラテン系の単語が積み重なっている。二重目的語構文は，古英語では，与格の格標示を持つ間接目的語が動詞の直後に現われ，そのあとに対格の直接目的語が並ぶという語順（S＋V＋Dative＋Accusative）で表わされた。そのため，本来の英語であるゲルマ

ン系の give, teach, send, tell, sell, get, buy などの動詞が最も適合しやすい。

　ゲルマン系の動詞は，典型的に1音節をとる。そこで仮に，二重目的語構文をとる動詞は1音節の語に限られるとすれば，tell, give, get が二重目的語構文をとるのに対して，意味的に類似した report, donate, obtain が二重目的語構文に現われないことは自動的に説明できる。

(39)　a.　John reported the news to Bill.
　　　 b.　*John reported Bill the news.
(40)　a.　John donated money to the church.
　　　 b.　*John donated the church money.
(41)　a.　Max obtained a ticket for Alice.
　　　 b.　*Max obtained Alice a ticket.

report, donate, obtain はいずれもラテン語系の2音節語であり，後ろの音節に第1強勢を持っている。これに対して，promise や offer はラテン系起源の単語であっても二重目的語構文で使われるが，アクセントは第1音節に置かれる。

(42)　a.　John promised her a present.
　　　 b.　John offered Mary a job.

そうすると，二重目的語構文をとる動詞は，1音節か，または2音節で第1音節に強勢を持つ動詞である，という音韻的な制約を仮定することができよう。実際，後ろに強勢がある donate でも，むりやり第1音節に強勢（アクセント）を置いて発音すれば二重目的語構文で許容する話者がいると，Pinker(1989: 46)は報告している。

(43)　a.　*IBM doNATed them some computers.
　　　　　（普通に NAT を強く発音）
　　　 b.　?IBM DOnated them some computers.
　　　　　（特別に DO を強く発音）

しかし，2音節で前に強勢を持つという制約からすると，assign, allow, award などは後ろに強勢を持つのに二重目的語構文で使えるから反例になる。これについては，第1音節の"a"があいまい母音（schwa）であるから音節数にはカウントされず，1音節と見なせるという説明をする学者もいる（Cf. Pinker 1989: 46）。しかし，それでも bequeath, guarantee, reserve, telephone, telegraph などは，語源に基づく説明に対しても音韻による説明に対しても反例となる。また，ゲルマン起源で1音節であるという条件が整っていても，二重目的語構文に現われない動詞もある。

(44) a. John shouted the news to Bill.
b. *John shouted Bill the news.

shout, scream, mumble, murmur, roar などの「発話様態」を表わす動詞が二重目的語構文をとれないことは，同じくゲルマン系の tell と say の違いを考えてみることで理解できるだろう。

(45) a. He didn't {tell/say} anything to me.
b. He didn't {tell/*say} me anything.

tell と say は，一見，同じ意味のように見えるが，tell は内容を相手に伝えることに主眼があり，間接目的語と直接目的語（発話内容）の間に HAVE 関係を意図するのに対し，say は音声を口から出せばよいのであって，間接目的語と直接目的語にそのような HAVE 関係が意図されず，二重目的語構文には現われないのである。shout や scream なども，say と同じ理由により二重目的語構文には現われない。

しかしそれでも片づかない例もある。(46)の choose は，目的語を2つとる動詞であるが，話者によっては，二重目的語構文を容認しない。

(46) a. %I chose her a dress.
b. I chose a dress for her.

類似の動詞には select や pick がある。(46a)を許容しない話者にとっては，「選択」の意味を表わす動詞は二重目的語構文にならない，という意味的な制限を設けることもできるであろう（Pinker 1989）。

## 4.3 談話情報の制約

次に，談話情報について触れておく。しばしば問題にされるのは，二重目的語構文で直接目的語が代名詞の場合に多くの英語話者は，(47)のように二重目的語構文を容認しないということである（Brittain 1971, Zwicky 1986）。

(47) a. *John gave Bill it.
b. *The commissioner gave the team him.

これに対して，直接目的語が him や it のような人称代名詞ではなく，

thatのような指示代名詞やoneのような不定代名詞の場合は容認される。

 (48) John gave Mary {that/one}.

ただし，代名詞の制約は与格構文では現われない。(49)の文は，どの話者にとっても文法的である。

 (49) a. John gave it to Mary.
    b. The commissioner gave him to the team.

この現象について広く行なわれている説明は，既知の古い情報（旧情報）と，初めて登場する新しい情報（新情報）とを区別する「情報の伝達機能」(談話情報)に基づくものである。例えば，倒置構文では，(50a)のように，強調したいもの（主語）を新しい情報として文末で焦点化(focus)する。

 (50) a. Up went the BALLOON. （風船が上にあがっていった）
    b. *Up went it.

これに対し，代名詞は本来的に意味内容の軽い旧情報で，わざわざ文末にもっていくには値しないから，(50b)は非文となる。

 これと同様に，情報の伝達機能に基づく説明では，(47)の二重目的語構文も，情報の少ない代名詞をわざわざ文末の焦点位置に持ってきているために，非文ということになる。しかしこの代名詞の制約がこれだけで完全に説明できるかどうかは，はっきりしない。英語話者（特にイギリス英語）の中には，(47)のような文を容認する話者もあり，その容認性の度合いも話者によってかなり異なるようである（Cf. Hudson 1992）。

## 4.4　統語的な制約

本節では，生成文法で論じられてきた二重目的語構文の統語的な制限のうち特に重要なものとして，受身の可能性(4.4.1節)，その他の移動の可能性(4.4.2節)，二次述語による叙述の可能性(4.4.3節)，項の省略(4.4.4節)，および間接目的語の階層構造(4.4.5節)を取り上げて解説する。

### 4.4.1　受身の問題

二重目的語構文が受身にできるかどうかはto-与格構文に対応する場合とfor-与格構文に対応する場合とで違いがある。一般に，能動文では動詞の直後にくる目的語が受身化されるから，to-与格構文と交替する二重目的語構文（give, offer, assignなど）でも，(51a)と(51b)が適切な受身

文となる。

(51) a. The book was given to John. ← He gave the book to John.
b. John was given the book. ← He gave John the book.
c. *The book was given John.
   (Cf. The book was given to John.)

直接目的語を主語にする(51c)のような受身文は，アメリカ英語では不可能である。ただし，イギリス英語では，(51c)は容認可能であるとされる (Hudson 1992, Quirk et al. 1985)。直接目的語の受動化も，間接目的語が代名詞となっている(52)のような場合は，アメリカ英語でも容認可能とする話者が多い（受身に関する方言間のばらつきについては，Czepluch 1982などを参照）。

(52) ?The book was given him.

for-与格構文に対応する二重目的語構文は間接目的語の受動化ができない場合が多い。(51b)が問題ないのに比べ，(53b)(54b)は許容度が低い。

(53) a. John found Bob a good job.
b. ?Bob was found a good job.
(54) a. Sam knitted Bob a sweater.
b. ?*Bob was knitted a sweater by Sam.

Pinker(1989)によると，(53b)(54b)のような受身文の許容度は動詞によって異なる。また，直接目的語の受動化に関しても，giveなどの動詞(51c)と同様にかなり方言差がある（Czepluch 1982などを参照）。

日本語でも，受動化に関して英語と同じような傾向が見られることがある。まず最初に，英語のto-与格動詞にあたる動詞を考えてみよう。「与える，提供する，渡す」などがその例である。

(55) a. メアリーがジョンに本を与えた。
b. メアリーがジョンに情報を提供した。

これらの動詞を受身形に変えた場合，ニ格目的語とヲ格目的語のどちらも主語にすることができる。

(56) a. 本がジョンに与えられた。
b. 情報が（メアリーから）ジョンに提供された。
(57) a. ジョンが本を与えられた。

第5章 二重目的語構文 143

　　　　　b. ジョンが（メアリーから）情報を提供された。

特に，(57)のように，ニ格目的語にあたる名詞句が受身文の主語になることができるというのは，それが単なる着点（goal）ではなく，受取人として機能していることを示唆している。「与える，提供する」といった動詞は，英語の二重目的語構文と同等の性質を持っていることになる。

　これに対して，同じ「～ニ～ヲ」の格パターンを取る動詞でも，「送る，投げる」のような動詞は物理的な移動（転移）の意味しか表わさない。

　　(58)　ジョンがメアリーに手紙を送った。

(58)では，ヲ格名詞は，他の他動詞構文と同様に受動化できるが，ニ格名詞は直接受身の主語となることはできない。

　　(59)　a. 手紙がメアリーに送られた。
　　　　　b. #メアリーが手紙を送られた。
　　　　　　　（#印は，求める意味では成り立たないことを示す。）

(59b)は，メアリーが被害を受けたという「間接受身」の解釈なら可能であるが，上の(57)に相当する直接受身の解釈では不適切である（ただし，同じ発音の「贈る」なら(59b)に適合する）。その理由は，(58)の「メアリーに」が受取人ではなく，物理的な移動の目標で，このニ格名詞が英語の与格名詞に相当するためである。このことは，「送る」がとるニ格が「ヘ」に置き換えられることからも確かめられる。

　　(60)　ジョンがメアリー{に/ヘ}手紙を送った。

一方，「提供する」の場合は，「所有の発生」の含意があるため「ニ」は間接目的語の格標示と見なすことができ，「ニ」を「ヘ」で置き換えることができない。

　　(61)　ジョンがメアリー{に/??ヘ}情報を提供した。

また，「提供する」のニ格名詞は通常，人間名詞であるのに対し，「送る」のニ格名詞は人間でも場所でもよい。このことも，「送る」のニ格名詞が単なる目標であることを示している。

　　(62)　a. *ジョンがニューヨークに情報を提供した。
　　　　　b. ジョンがニューヨークに手紙を送った。

「送る」は「所有の発生」の概念を表わさないから，英語の場所を表わす与格構文と対応するだけに留まり，二重目的語構文にはならないのである。

このように英語では，本来，転移（移動）の意味だけを表わし，所有の意味は含意しない send のような動詞でも，二重目的語構文で現われた場合には「所有の発生」の意味を読み込むことができる。英語の二重目的語構文は常に「所有の発生」の意味を含意するために，本来は所有と関係のない動詞であっても，その構文に現われた場合には所有の意味が強制的に読み込まれる。これに対して，日本語では，二重目的語構文と与格構文とが表面的に区別されないために，動詞の本来的な意味が保持され，「送る」のような動詞は与格構文でしか起こらない。

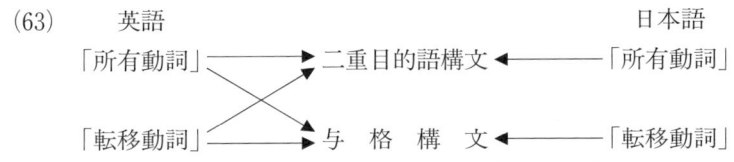

(63)　　英語　　　　　　　　　　　　　　　　日本語
　　　「所有動詞」　　　　二重目的語構文　　　「所有動詞」
　　　「転移動詞」　　　　与　格　構　文　　　「転移動詞」

したがって，英語では，(63)の図式で示されるように，所有および転移の意味を表わす動詞が二重目的語構文と与格構文の両方に現われることができるということになる。これに対し，日本語では，所有動詞は二重目的語構文のみに，そして，転移動詞は与格構文のみに現われる。

英語の for- 与格構文に対応する日本語の二重目的語構文はどうだろうか。英語で ?John was found a book. が不適格であったのと同じように，日本語でも受益者を表わすニ格名詞を直接受身の主語にできない。

(64)　a. #生徒が歌を歌われた。
　　　b. #メアリーが家を建てられた。

(64)の文には間接受身（被害の受身）の意味しかない。また，ヲ格名詞が直接受身の主語になった文は，動詞によって判断に多少の差が出るものの，一般に容認不可能と判断される。

(65)　a. ?*新しい家がメアリーに建てられた。
　　　b. *就職口が（教授によって）学生に見つけられた。

しかし(65)は，元になる能動文自体がそもそも不安定である。

(66)　a. ??彼はメアリーに新しい家を建てた。
　　　b. ??教授は学生に就職口を見つけた。

日本語の「建てる，見つける」は本来，直接目的語だけをとる動詞であり，ニ格目的語はとりにくい。このような場合，日本語では「あげる」「もらう」のような授与動詞を補助動詞として用いて，英語の二重目的語

構文に近い意味を表わす（Cf. Shibatani 1994, 1996）。
　　(67)　a. 彼はメアリーに家を建ててあげた。
　　　　　b. 教授は学生に就職口を見つけてあげた。
「あげる」はもともと授与動詞で，ニ格名詞は受取人を表わすから，(67)の補助動詞としての用法においてもその意味が生きている。例えば(67a)では，彼が家を建て，メアリーにあげたのである。この「メアリーに」は受取人を表わすが，「代理」の意味には取れない。もし，メアリーが家を建てるはずのところを，代わりに彼が建ててあげるときには，「メアリーに」ではなく「メアリーの代わりに」と表現する必要がある。「～てあげる」構文のニ格は単なる行為の受け手ではなく，実際に何かを受け取る受益者であるということは以下の例を見るとはっきりする。
　　(68)　a. 花子は太郎に{ケーキを/*ゴミを}焼いてあげた。
　　　　　b. 梅さんは宏に{寿司を/*ハンドルを}握ってやった。
(68)で，ニ格名詞がつくとおかしくなる場合，ニ格名詞とヲ格名詞の間に所有関係の発生が認められない（Cf. 三宅 1996a)。この制約は英語のfor-与格と対応する二重目的語構文に見られる制約とよく似ている。
　　(69)　a. *John closed Mary the door.
　　　　　b.?*ジョンはメアリーにドアを閉めてやった。
なお，(68)を受身化した場合，直接目的語が主語にならないのは英語と同じである。
　　(70)　a.*ケーキが太郎に焼いてあげられた。
　　　　　b.*A cake was baked John.
間接目的語の受身は，英語(53b)(54b)では不適格であったが，日本語では「もらう」という補助動詞を用いて，この意味を表現することができる。
　　(71)　a. メアリーはジョンにドアを閉めてもらった。
　　　　　b. 宏は，梅さんに寿司を握ってもらった。
しかし，もともと二重目的語構文が成り立たない場合にも，「～てもらう」構文は可能であるから，この「～てもらう」構文を二重目的語構文に対応する受身文と見なすことは適切ではないであろう。
　　二重目的語構文に対応する受身文については，これまでさまざまな分析が試みられてきた。英語について，例えばCzepluch(1982)は，動詞は構

造格を1つだけ与えることができ，動詞と隣接して現われる名詞にいわゆる構造格が与えられるために，間接目的語のみが受動化できると分析している。しかしこの分析は，日本語には適用できない。また，受身の可能性に関し，英語のようなタイプ以外にも，さまざまな言語で何種類かタイプがあることが観察されている。Dryer(1987)によれば，少なくとも，他動詞の目的語と二重目的語動詞の着点名詞が同じ振舞いをする主要目的語言語（primary object language）と，他動詞の目的語と二重目的語動詞の移動物名詞が同じ振舞いをする直接目的語言語（direct object language）とが存在する。

### 4.4.2 移動の可能性

英語では，受身文を作るとき以外にも，目的語が移動し，本来の位置とは異なる位置に現われることがある。例えば，目的語が長くなると，「重い名詞句の転移（heavy NP shift）」を受けて文末に置かれることがある（移動した名詞句がもともとあった位置を $t$ で示す）。

(72) a. John met Mary on Sunday.
　　　b. John met $t$ on Sunday *the girl who he hadn't seen for a very long time.*

二重目的語構文（SV $O_1$ $O_2$）では，直接目的語（$O_2$）が長くなった場合，その直接目的語が「重い名詞句の転移」を受けることができる。

(73) a. Fred gave Mary some flowers on Sunday.
　　　b. Fred gave Mary $t$ on Sunday *some flowers that he had bought at the supermarket the day before.*

これとは対照的に，間接目的語（$O_1$）は，どんなに長くなっても「重い名詞句の転移」を受けることはできない（Cf. Jackendoff and Culicover 1971, Whitney 1982, 1983）。

(74) a. *John sent $t$ a letter *every musician who belongs to the orchestra.*
　　　b. *John gave $t$ a book about roses *the man in the garden.*

しかし与格構文では，直接目的語が「重い名詞句の転移」を受けても問題がない。

(75) a. Max sent a letter to me.
　　　b. Max sent $t$ to me *the longest letter anyone had ever seen.*

一般的に言うと，二重目的語構文の間接目的語は，受動化によって主語になる以外は移動が不可能である。話題化（Topicalization），分裂文化（Clefting），Tough 移動（Tough Movement），Wh 移動（Wh Movement），関係節化（Relativization）なども間接目的語には適用することができない。

(76) a. *Philip, I gave a book about trolls.（話題化）
b. *It was Philip that I gave a book about trolls.（分裂文）
c. *Philip was tough to give books.（Tough 移動）
d. ??Who did you give a book about trolls?（Wh 移動）
e. *He was the man who I gave a book.（関係節化）

（ただし，Wh 移動に関しては方言差があり，許容する話者もかなりいる。）逆に，二重目的語構文の直接目的語は，受身化することはできないが，話題化などの移動は問題なくできる。

(77) a. That information, I did not tell the president.（話題化）
b. It was the information that I told the president.（分裂文）
c. The news is not important enough to tell the president.（Tough 移動）
d. What did you tell the president?（Wh 移動）
e. This is not the information which I told the president.（関係節化）

ちなみに，(78) のようなイディオム的な表現も，間接目的語の移動が通常の二重目的語構文の間接目的語と同じ制約に従うので，二重目的語構文を取っていることが分かる。

(78) a. John gave Mary a kick.
b. That noise gave Mary a headache.

このことは，間接目的語から，例えば，重い名詞句の転移や Wh 移動ができないということからも確かめられる。

(79) a. *John gave a kick the woman who he worked for.
b. ?*Who did that noise give a headache?

英語の移動現象における諸制約に対して，統語論ではいろいろな説明が試みられている。Culicover and Wexler (1980) は，移動を受けた要素の中からの取り出しができないという「凍結の原則（Freezing Principle）」に

よって説明しようとした。また，Larson(1988)は，間接目的語と動詞の間に再分析（reanalysis）が起こり，移動ができないとしている。しかし，受身での間接目的語の移動は可能なので，原理的な解決法であるとは必ずしも言えないであろう（Baker 1997では，間接目的語が空の前置詞でマークされているために抜き出しが不可能であるとしている）。

### 4.4.3 二次述語

通常，他動詞の目的語は結果二次述語あるいは描写二次述語（→第6章）によって叙述できるが，前置詞の目的語は二次述語による叙述が許されないということが広く観察されている。

(80) a. I put the fish on the table raw.
　　　b. *I put the fish into the oven hot.

(80a)では，「魚が生である」という解釈が可能であるが，(80b)では，「オーブンが熱い」という解釈は許されない。二次述語による叙述は，一般に前置詞を伴わない名詞句について可能である。

与格構文で起こる二次述語の叙述に対しては，上述の一般化があてはまる。与格構文では，動詞の目的語に二次述語を使用することができるが，前置詞の目的語には叙述が不可能である。

(81) a. John gave the fish to Mary raw.
　　　b. *John gave the fish to Mary hungry.

(81a)では「魚が生である」という解釈が可能であるのに対し，(81b)では「Maryがおなかが空いている」という解釈は不可能である。このような二次述語の振舞いは通常の他動詞構文と同じである。

しかしながら，二重目的語構文では，Williams(1980)やAnderson(1988)が指摘しているように，間接目的語は，前置詞を伴わないのに，二次述語による叙述が許されない。

(82) a. John gave Mary the fish raw.
　　　b. *John gave Mary the fish hungry.

(82a)では，「魚が生である」という解釈が可能だが，(82b)では「Maryがおなかが空いている」という解釈は不可能である。その点で，間接目的語は前置詞つきの名詞句と同じような特殊な振舞いをする。

### 4.4.4 項の省略

二重目的語動詞に現われる直接目的語・間接目的語は，しばしば省略す

ることができる。一般的に，省略が可能な場合には，直接目的語より間接目的語が省略できることが多い。例えば，give は着点を表わす間接目的語，sing は受益者を表わす間接目的語の省略が随意的である。

(83) a. The teacher gave the students the books.
　　　b. The teacher gave the books to the students.
　　　c. The teacher gave the books.
　　　d. *The teacher gave the students.

(84) a. John sang a song to Mary.
　　　b. John sang Mary a song.
　　　c. John sang a song.
　　　d. *John sang Mary.

しかし実際は，これ以外にもさまざまなパターンがある。例えば，write という動詞は，着点を表わす間接目的語も移動物を表わす直接目的語も随意的である (Cf. Pesetsky 1995, Dowty 1979b)。

(85) a. John wrote a letter to Mary
　　　b. John wrote Mary a letter.
　　　c. John wrote a letter.
　　　d. John wrote (to) Mary.
　　　e. John wrote.

(85d) で to を省略するのはアメリカ英語とされる。write の場合は，移動物と着点の省略に関して制限がないようであるが，feed の場合は，移動物の直接目的語は省略できるが，着点の間接目的語は義務的である。

(86) a. John fed the cow some hay.
　　　b. John fed some hay to the cow.
　　　c. John fed the cow.
　　　d. *John fed some hay.
　　　e. *John fed (last week).

二重目的語をとる動詞でも，loan のような動詞は，間接目的語も直接目的語も省略することができない。

(87) a. John loaned five dollars to Mary.
　　　b. John loaned Mary five dollars.
　　　c. *John loaned five dollars.

  d. *John loaned Mary.

  e. *John loaned.

省略のパターンは，動詞の意味によって変わってくるように思われるが，どうして動詞ごとに異なるパターンを示すのかについては，まだ，十分に解明されていない。

### 4.4.5　間接目的語と直接目的語の階層構造

 英語の二重目的語構文に関してしばしば問題となるのは，間接目的語と直接目的語のどちらがより構造的に高い位置にあるかということである。細かな技術的な問題を除けば，基本的に考えられる階層構造は，間接目的語が直接目的語よりも階層的に高い位置にある(88a)か，階層位置が逆の関係になる(88b)かのいずれかになる。

(88)　a.　　　　　　　　　　b.

   間接目的語　　　　　　　　　　直接目的語
     直接目的語　　　間接目的語

Larson (1988) は，Barss and Lasnik (1986) の以下のデータをもとに（少なくとも表層において）間接目的語が直接目的語よりも階層的に高い位置にある（(88a) の構造）と主張している。

(89)　再帰代名詞

  a. I showed John himself (in the mirror).

  b. *I showed himself John (in the mirror).

(90)　変項束縛

  a. I showed every friend of mine his photograph.

  b. *I showed its trainer every lion.

(91)　弱交差

  a. Who did you show his reflection in the mirror?

  b. *Which lion did you show its trainer?

(92)　優位性

  a. Who did you give which book?

  b. *Which book did you give who?

(93)　each ... the other

  a. I gave each man the other's watch.

  b. *I gave the other's trainer each lion.

(94) 否定対極表現の any
    a. I gave no one anything.
    b. *I gave anyone nothing.

生成文法では，(89)-(94)に見られる一連の現象は，通常，「先行詞が束縛される名詞より高い位置にあれば可能になる」とされている。Larson (1988)は，これらのデータをもとに，間接目的語が直接目的語より構造的により高い位置になければならないと主張している。なお，Larson (1988)は，VP シェルの分析を提唱し，二重目的語構文の間接目的語はもともと直接目的語よりも低い位置に生成されると主張しているので，間接目的語は，移動操作を受け，表層で直接目的語の位置よりも高い位置に現われることになる。このような分析を行なう理由は，1つには，着点は移動物（主題（theme））よりも低い位置にあるという Baker (1988) で仮定されている仮説をとり，間接目的語と直接目的語が与格構文の2つの内項（第6章162ページ）と同じ位置で意味役割を与えられると考えているからである。

これに対して，Aoun and Li (1989) や Kitagawa (1992) では，最終的な構造に関しては，Larson(1988)と同じ階層構造を持つとするが，Larson とは異なり，間接目的語は，直接目的語よりも階層的に高い位置にもともと生成されると主張している（Cf. Larson 1990）。

(95) a. The teacher assigned one problem to every student.
    b. The teacher assigned every student one problem.

その主な理由としては，(95a)において one problem と every student の数量詞のスコープが曖昧であるのに対して，(95b)では every student が one problem よりも常に広いスコープを取ることが挙げられている。この分析では，Larson とは逆に主題が着点よりも低い位置に生成されることになる。このような考え方とは全く対照的に，Jackendoff(1990b)や Napoli(1992)のように，構造的な階層関係ではなく先行関係（precedence)がこの容認性の違いを決めていると主張する研究者もいる。

## 5 まとめ

英語では，目的語を2つとる動詞は，しばしば，二重目的語構文と to-

与格構文ないし for- 与格構文と交替する。この交替の可能性は，間接目的語としていわゆる着点をとるか受益者をとるかによって変わってくる。二重目的語構文と与格構文は，自由に交替が許されるわけではなく，動詞が「移動」と「所有の発生」との両方の意味を表わすことができる場合に，この交替が許される。したがって，「所有の発生」あるいは「移動」の片方の意味しか表わさない動詞は，二重目的語構文と与格構文との間での交替を許さない。日本語では表面的にはこのような交替は見られないが，二重目的語構文と与格構文に相当するものが存在する。

## 6 さらに理解を深めるために

- Georgia M. Green. 1974. *Semantics and syntactic regularity.* ［初期の生成文法の枠組みで書かれた二重目的語構文に関する古典的な論考。かなり詳しい動詞のリストおよび分類がなされてデータも豊富である。］
- Richard T. Oehrle. 1976. *The grammatical status of the English dative alternation.* ［Green(1974)に対する批判も含め，二重目的語構文と与格構文の交替に関するかなり詳しいデータと考察がある。］
- J. Gropen, S. Pinker, M. Hollander, R. Goldberg and R. Wilson. 1989. The learnability and acquisition of the English dative alternation. ［幼児の言語習得の立場から意味論的に二重目的語構文を扱った論文。これに引き続いて Pinker (1989) *Learnability and cognition* を読むとよい。］

（岸本秀樹）

# 第6章　結果構文

◆基本構文
(A) She was burned *brown* by the sun.
（彼女は小麦色に日焼けした）
(B) The stained glass broke {*to pieces*/\**worthless*}.
（ステンドグラスが{粉々に/\*二束三文に}割れた）
(C) He pounded the metal *flat*. (\*彼は金属を平らにたたいた)
(D) She ran her sneakers *ragged*.
(\*彼女は運動靴をボロボロに走った)
(E) \*He ran *breathless*. (\*彼はクタクタに走った)

【キーワード】結果述語，非対格動詞，非能格動詞，行為連鎖

## 1 なぜ？

　基本構文(A)で，英語のbrown，日本語の「小麦色に」という表現は，主語が日焼けして肌の色がどうなったのかを表わしている。(B)では，to piecesと「粉々に」が，ステンドグラスが壊れてどのような状態になったかを描写している。しかし同じ(B)でto pieces,「粉々に」の代わりにworthless,「二束三文に」と表現すると，英語も日本語もおかしくなる。なぜ「粉々に」はよいのに「二束三文に」はおかしいのだろうか。
　このような結果状態を表わす「補語」は，日本語より英語のほうが発達している。「金属をたたいて，平らにのばす」という状況を表わす(C)では，英語はSVOC構文が成り立つのに，日本語では「金属を平らにたたく」とか「金属をペチャンコにたたく」というのはおかしい。(D)も英語と日本語の違いを示している。これは，「彼女がたくさん走ったので，履いていた靴がボロボロになった」あるいは「靴がボロボロになるぐらい走

った」という状況で，英語では自動詞の run を使って単文で表現できる点がおもしろい。

しかしこのような英語表現は全く自由に組み立てられるわけではない。(E)にあるように，「走ってクタクタになった」という場合に *He ran breathless. とは言えない。不思議なことに，再帰代名詞を加えて He ran himself breathless. とすると正文となる。いったいどのような仕組みで，このような英語表現は成り立っているのだろうか。また，日本語に訳したときに，言える場合と言えない場合があるのはなぜだろうか。

## 2 結果構文とは

基本構文の例にあるように，主動詞が表わす行為の結果として何らかの状態変化が生じることを表わす文を **結果構文**（resultative construction）という。ただし，結果さえ表わせば，どのような文でも結果構文かと言えば，そうではない。次の2文を比べてみよう。

(1) a. She blushed. （彼女は赤面した）
    b. She blushed *fiery red*.
       （彼女の顔は火のように真っ赤になった）

blush という動詞は，それだけでも「顔が赤くなる」という状態変化を表わすが，(1a)は結果構文とは呼ばない。結果構文と呼ぶためには，(1b)の fiery red（火のように赤く）のような表現が必要である。fiery red は，彼女が blush した結果，顔色がどうなったのかを具体的に記述する表現で，**結果述語**（resultative predicate）という。このような結果述語を伴って初めて「結果構文」が成り立つ。

もう1つの条件は，結果述語は主動詞と同じ単文の中で使われなければならないということである。

(2) a. She was burned *brown* by the sun.
       （彼女は小麦色に日焼けした）
    b. She was burned by the sun until she became *brown*.
       （彼女は日焼けして小麦色になった）

(2a)は，動詞(burn「日焼けする」)と結果述語(brown「小麦色に」)が1つの単文に収まっているから結果構文である。他方，(2b)のように接

続詞を使って，主動詞と結果述語を別々に表現した複文および重文は，結果構文に該当しない。

そこで，「結果構文」の基本公式をまとめると次のようになる。

(3) 結果構文の基本公式

**主語＋動詞[自動詞または他動詞]（＋目的語）＋結果述語**

a. 自動詞の例

The stained glass broke *to pieces*.

（ステンドグラスが粉々に壊れた）

b. 他動詞の例

She polished the mirror *to a brilliant shine*.

（彼女は鏡をピカピカに磨いた）

このように，結果構文では「結果述語」が重要である。結果述語の有無によって，単純なSV(O)構文と，SV(O)Cの結果構文とが交替する。結果述語は，結果二次述語（resultative secondary predicate）と呼ばれることがある。二次述語というのは一次述語と対照した呼び名で，一次述語というのは，文を構成するために必須の要素である。例えば(4)のfiery redと「火のように真っ赤に」は省略できないから，一次述語である。

(4) a. Her face became *fiery red*.

b. 彼女の顔は火のように真っ赤になった。

これに対して，二次述語は，(1b)のfiery redと(2a)のbrownのように，意味をより詳しく表わすための任意的な要素であり，省略してもよい（ただし，4.4節で述べる「派生的な結果構文」では，結果述語が二次ではなく一次述語の働きをする）。

結果述語は，たいてい(5)のような形で現われる。

(5) a. 英語の結果述語

・(in)to pieces, to a brilliant shine のような to/into の前置詞句

・black, breathless, dry, flat のような形容詞

b. 日本語の結果述語

・「平らに」「ピカピカに」のような「形容動詞/擬態語＋に」

・「赤く」「平たく」のような「形容詞＋く」

しかし，単純に形だけで判断するのは危険である。結果述語かどうかは，

あくまで文全体の解釈において「〜の結果，どうなった」という結果の意味を表わすかどうかで決められる。例えば(6)は形の上では(3)の公式に適合しているが，「歩いた結果，真っ直ぐになる」という意味ではない。

(6) He walked *straight*. （彼は真っ直ぐに歩いた）

「真っ直ぐに」というのは歩くときの様態を述べているだけの，単なる副詞である。

もう１つ間違いやすいのは，(7)の下線部のような表現である。

(7) a. He drove <u>drunk</u>. （彼はグテングテンで車を運転した）
    b. I ate the oyster <u>raw</u>. （私は牡蠣をなまで食べた）

drunk, raw は，運転するときの彼の状態，食べるときの牡蠣の状態を表わしているだけで，変化結果は意味しない（Rapoport 1993）。このような「〜の状態のままで」という意味の二次述語は，描写述語(depictive predicate)と呼ばれ，結果述語とは明確に区別される。

## 3 代表的な動詞

結果構文は動詞単独では成り立たず，結果述語との組み合わせが必要である。しかも動詞と結果述語の組み合わせは，無制限ではなく，かなり慣習化されている。代表的な動詞と結果述語の組み合わせを例示する。

【状態変化動詞と結果述語（日英語ともに成立）】

[英語] break (the glass *to bits/to pieces/into tiny pieces/into smithereens;* the piggy bank *open*), shatter (*into a million pieces*), split (*open*), tear (*to pieces*), cut (the melon *into small pieces/into halves;* the envelope *open*), bend (the wire *into a U/into a ring*), fold (the paper *into four/into the figure of a crane;* the door *shut*), dye (the dress *blue/a very pale shade of blue*), paint (the fence *green/red),* stain (the wood *yellow/dark brown),* bake (the potatoes *to a crisp*), boil (the egg *hard/soft;* the pot *dry*), burn (the toast *to a cinder;* the house *to ashes;* The saucepan burned *dry.*), fry (the potatoes *to a crisp*), dry (The clothes dried *wrinkled.*), freeze (*solid/ stiff/rigid*), polish (the mirror *clean/to a brilliant shine*), collapse (*into a pile of dust*), decrease (*to ten*), divide (*into halves/into two*), fade (The color faded *to a lifeless gray*.), melt (*to a liquid*)

[日本語]（粉々に）壊す/壊れる，（ペシャンコに）つぶす/つぶれる，（細かく）砕く/砕ける，（真っ二つに）割る/割れる，（細く）裂く/裂ける，破る，崩す/崩れる，（星形に）切る，（小さく）きざむ，ちぎる，（バラバラに）分解する，（U字に）曲げる/曲がる，（三つに）折る/折れる，（真っ赤に/赤く）染める/塗る，（カリカリに）揚げる/揚がる，温める/温まる，（小麦色に）日焼けする，（真っ黒に）焼く/焼ける，（カチカチに）凍る，（カラカラに）乾く/乾かす，（カラカラに）干上がる，（びしょびしょに）濡れる/濡らす，（ピカピカに/ツルツルに）磨く，（カチカチに）固める/固まる，（グスグスに）ゆるむ，（手がガサガサに）荒れる，（ガリガリに）痩せる，（ドロドロに）溶ける

【行為や活動を表わす動詞と結果述語（英語のみに成立）】

a. 押したり引いたりして力を加える他動詞: pound the metal flat, shoot the man dead, kick/hit the door open, pull the drawer open, push the door shut, swing the door open, fling the door open, bang the door shut, squeeze his eyes tight shut, wipe the counter clean, shake/kick him awake

b. 行為を表わす自動詞: shout/talk/cry oneself hoarse, sing/read a child to sleep, sleep himself sober, bark him awake, work oneself to death, run oneself out of breath, walk oneself into a state of exhaustion, run the soles off his shoes, cry one's eyes out, cry oneself to sleep

## 4 問題点と分析

結果構文が適切に成り立つためには，動詞と結果述語の組み合わせだけでなく，主語や目的語の性質も影響してくる。以下では，まず，一番分かりやすい目的語の制約（4.1節）から始めて，次に結果構文に2種類あることを述べ（4.2節），本来的な結果構文（4.3節）と派生的な結果構文（4.4節）を詳しく説明したあと，状態変化と位置変化（4.5節）の区別へと話を進めていく。

## 4.1 「内項」の制約

　結果構文は自動詞でも他動詞でも成り立つが，まず他動詞の場合を見てみよう。第1章で述べたように，一口に他動詞と言っても，目的語の状態変化を表わすもの，位置変化を表わすもの，対象物に対して何の変化ももたらさないものなど，いろいろな意味のグループに分かれる。結果構文の成否はその意味のグループによって決まってくる。結果構文に最も適合しやすいのは，目的語が何らかの状態に変化することを意味する動詞（状態変化動詞）である。例えば，他動詞としてのbreakは「物体が一体性を失ってバラバラの破片状態に変わるようにする」ということであり，meltというのは「熱を加えて固体を液体に変える」ということである。この種の動詞は，その「変化した状態」がどのようなものかを結果述語で表わすことができる。

(8) a. I melted the butter *to a liquid*. （バターをドロドロに溶かした）

　　 b. *I melted the steel *hot*.　　　(Simpson 1983: 143-144)

(8a)では，to a liquid（液状に）という結果述語は目的語（the butter）を修飾している。

　これと比べて，(8b)は，「私は鉄を溶かし，その作業の結果，私自身の身体が熱くなった」というように，結果述語（hot）が主語の状態変化を表わそうとしている文で，英語として通用しない。つまり，結果述語のhotは主語（I）を修飾できないのである。次の例も同じである。

(9) 　*I ate the food *full*.　　　　　(Simpson 1983: 144)

(9)は，「私はそれを食べてお腹がいっぱいになった」という意味には解釈できない。

　結果述語の修飾の仕方が主語と目的語で違うことは，日本語にもあてはまる。

(10) a. 彼女は**家族全員の靴**をピカピカに磨いた。
　　　b.\***彼女は**家族全員の靴をクタクタに磨いた。

(10a)は「彼女が靴を磨いて，その結果，靴がピカピカになった」と解釈でき，その場合，「ピカピカに」は目的語の「靴」を修飾している。とこ

ろが, (10b)は解釈不可能である。靴がクタクタになるというのはおかしい。彼女がクタクタに疲れたはずであるが,「クタクタに」が主語の「彼女」を叙述するとは解釈できない。

以上, 他動詞文で使われた結果述語は目的語を修飾することを見た。しかし, 目的語と言っても, 直接目的語と前置詞の目的語とでは著しい違いがある。結果述語が修飾できるのは直接目的語だけであり, 前置詞の目的語は対象にならない。

(11) a. He shot **the bear** *dead*. （彼はその熊を撃ち殺した）
  b. *He shot **at the bear** *dead*.

shoot（撃つ）という動詞は, shoot the bear（熊をしとめる）のように他動詞として使うことも, shoot at the bear（熊をねらって撃つ）のように前置詞 at を伴って自動詞として使うこともできる（→序「動能構文」）。しかし, 鉄砲の弾があたって熊が死んだことを表わす結果述語(dead)をつけることは, 他動詞文(11a)のときしか許されない。同じように, pound（激しくたたく）という動詞も他動詞用法(12a)と自動詞用法(12b)があるが, たたいた結果, 対象物がペチャンコになったことを表わす結果述語(flat) をつけることができるのは, 他動詞用法の場合に限られる。

(12) a. The silversmith pounded **the metal** *flat*.
  b. *The silversmith pounded **on the metal** *flat*.

         (Levin and Rappaport Hovav 1995: 41)

このような例から, Levin and Rappaport Hovav(1995)は,「結果述語は直接目的語を叙述する」という **直接目的語の制限**（Direct Object Restriction）を設けている。

それでは, 自動詞の場合はどうだろうか。自動詞は目的語を持たないから,「直接目的語の制限」からすると, 結果述語は自動詞にはつかないと予想される。実際, 自動詞でも, dance, work, play, talk, cry といった人間の意図的ないし生理的活動を意味する非能格動詞の場合には, 結果述語をつけることができない。

(13) a. ***They** danced *tired*. （彼らは踊り疲れた）
  b. ***The lecturer** talked *hoarse*.
   （講師はしゃべって声がかれた）
  c. ***The baby** cried *to sleep*. （赤ん坊は泣き疲れて眠った）

ここまでは「直接目的語の制限」がうまく適用するのだが，1つの重大な例外は break, burn, freeze といった「能格動詞」（第1章）である。能格動詞は，同じ形のままで自動詞にも他動詞にも使え，他動詞の場合は，すでに(8a)でも見たように「直接目的語の制限」があてはまる。

(14) a. They broke **the window** *to pieces*.
　　 b. She froze **the jelly** *solid*.
　　 c. The cook burned **the saucepan** *dry*.

しかし，(14)を自動詞文に換えても，結果述語は正しく成り立つ。

(15) a. **The window** broke *to pieces*.
　　 b. **The jelly** froze *solid*.
　　 c. **The saucepan** burned *dry*.

(15)の自動詞文では，結果述語は主語を修飾している。

動詞が使役交替を示す場合，結果述語は他動詞では目的語を，自動詞では主語を指すというのは，英語だけでなく日本語にもあてはまる。

(16) a. 彼らは**水晶玉を**粉々に砕いた。/**水晶玉が**粉々に砕けた。
　　 b. **食品を**カチカチに凍らせた。/**食品が**カチカチに凍った。
　　 c. **洗濯物を**パリパリに乾かした。/**洗濯物が**パリパリに乾いた。

(16)では，他動詞と自動詞の違いはあっても，結果述語が修飾する対象は同じものである。(16a)を例に取ると，他動詞文でも自動詞文でも粉々になったのは「水晶玉」である。英語の(14)と(15)でも同じことである。ここには何らかの一般的な法則が働いていると考えられる。

結果構文が最初に研究されたのは生成文法の統語論であり，そこでは次のような統語的な解決法が示された。まず，能格動詞では，他動詞の目的語にあたる名詞が自動詞の主語と同じ働きをする（第1章）。

(17) a. **The burglar** broke **the window**.
　　　　　［動作主］　　　　　　［対象］
　　 b. **The window** broke.
　　　　　［対象］

そこで，自動詞文の主語（the window）を目的語にあたる位置（動詞のすぐ後ろ）に置くと，(18b)のように表わすことができる。

(18) a. 他動詞: They broke **the window** *to pieces*.

第6章 結果構文

　　　　　　b. 自動詞: [　　] broke **the window** *to pieces*.
能格自動詞の主語は，もともとは（生成文法の用語では「深層構造またはD構造」で）動詞の直後の位置に生成されると仮定すれば，その段階(18b)で，結果述語は「目的語位置」にある名詞を修飾することになり，先ほどの「直接目的語の制限」は維持することができる。ただし，(18b)のままでは英語として通用しないから，空欄になっている主語の位置にthe windowが移動していく，というのが生成文法の考え方である。

　(19)　生成文法における名詞句移動
　　　　　　　[　　] broke **the window** to pieces.
　　　　　　　　　　　　　　　　　　（目的語位置の名詞が主語の位置に移動）

しかし，The window broke. という自動詞文でThe windowを「目的語」あるいは「目的語相当」と呼ぶのは抵抗がある。文法的には，やはり「主語」である。そこで，「主語」「目的語」という用語は，文構造における表面上の関係を指すことにして，結果述語が何を修飾するかというような意味のことを考える場合には，「外項」「内項」という用語で表わすことにしよう。簡単に言うと，**外項**(external argument) というのは意図的な動作主（Agent），生理的あるいは心理的変化の経験者（Experiencer），あるいは，何らかの事態を引き起こす原因（Cause）であり，**内項** (internal argument) というのは働きかけや変化を被る「対象物」である。

　(20)　a. 他動詞: **They** broke **the window** to pieces.
　　　　　　　　　［外項］　　　　［内項］
　　　　b. 能格動詞: [　　] broke **the window** to pieces.
　　　　　　　　　　　　　　　　　［内項］
　　　　c. 非能格動詞: **They** danced.
　　　　　　　　　　　［外項］

そうすると，「直接目的語の制限」は次のように「内項の制限」として言い換えることができる。

　(21)　内項の制限：結果述語は内項を修飾する。

内項というのは，他動詞の場合は目的語だが，能格自動詞の場合は主語にあたる。他方，talkやsleepといった非能格動詞の場合は，主語は意図的ないし生理的な行為者で，外項にあたるから，先に(13)で示したように，そのままでは結果構文が成り立たない。

ただし,英語では非能格動詞であっても,ある方策を講じることによって,結果述語を成り立たせることができる。その方策というのは,何らかの内項(目的語)を補うことである。先ほど非文法的として挙げた例(13)は,次のように内項として再帰代名詞を加えると,文法的になる。

(22) a. They danced **themselves** tired. (Cf.(13a))
b. The lecturer talked **himself** hoarse. (Cf.(13b))

(22)の結果述語は,直接に主語(外項)を指すのではなく,再帰目的語を修飾している。このように,一見したところ意味のない「見せかけの目的語(fake object)」を補うことによって,内項の制限が満たされる。生成統語論の考え方では,見せかけの目的語が可能になるのは,非能格動詞は主語(外項)しか持たず内項(目的語)の位置を空欄にしているから,その空欄に再帰代名詞を補うことができるためである。

ただし,この理屈は英語には通じるかもしれないが,日本語の場合は通用しない。(22)の英語を日本語に直訳すると,次のようなおかしな文になってしまう。

(23) a. *二人は自分自身をクタクタに踊った。
b. *講師は自分の声をカラカラにしゃべった。

(23)の日本語は,「自分自身を,自分の声を」という目的語を削除しても,不適格である。英語と日本語の,こういった違いを説明するためには,目的語とか内項とかいった名詞句の機能から離れて,動詞そのものの意味構造に踏み込んでいくことが必要になる。

## 4.2　2種類の結果構文

結果構文は,英語について非常に詳しく研究されているが,日本語や他の言語では,英語で成り立つ結果構文が必ずしも適切に成り立たないことが多い。例えば,次の(24a, b, c)と(25a, b, c, d)の英語文はすべて文法的であるが,それを日本語に直訳すると,(24a′, b′, c′)はよいが,(25a′, b′, c′, d′)は受け入れられない。

(24) a. The antique vase shattered into a million pieces.
a′. 骨董物の花瓶が粉みじんに壊れた。
b. He painted the fence white.
b′. 彼はフェンスを白く塗った。

第6章　結果構文　163

　　　　c. She polished the shoes to a brilliant shine.
　　　　c′. 彼女は靴をピカピカに磨いた。
　(25)　a. The earthquake shook the old houses to pieces.
　　　　a′.*地震が古い家々をバラバラに揺すった（揺すって壊した）。
　　　　b. The boxer knocked the man breathless.
　　　　b′.*ボクサーはその男をフラフラに打った（打ちのめした）。
　　　　c. He worked himself to death.
　　　　c′.*彼は（自分を）ヘトヘトに働いた（過労死した）。
　　　　d. He drank himself into a stupor.
　　　　d′.*彼は（身体を）グデングデンに飲んだ。

(25c)の to death は，あとでも説明するように，「死ぬほど」という強調の副詞の意味もあるが，ここでは文字通りの解釈を問題にしている。

　これらの英語文は，統語構造ではいずれも「内項の制限」に適合している。英語だけを扱った統語論研究では，(24)のような例も(25)のような例もひっくるめて「内項の制限」で処理されてきた。しかし，日本語と比較すると明らかな違いがあることから，影山(1996)は日英語に共通して成り立つ(24)のタイプと，英語では成り立つが日本語では不可能な(25)のタイプを区別し，それぞれの意味的性質が異なることを論じている（Washio 1997も参照）。

　以下では，(24)のタイプを「本来的な結果構文」，(25)のタイプを「派生的な結果構文」と呼び，各々の特徴を見ていく。この違いを理解するには，より深く意味の領域に入っていくことが必要になる。

## 4.3　本来的な結果構文

　(24)のような「本来的な結果構文」は英語でも日本語でも成り立つが，それを1つのグループとして扱うのは，単に日英語で共通するからではない。結果述語の性質が主動詞の意味と密接に関係するからである。冒頭の基本構文で「ステンドグラスが粉々に割れた」という例を出したが，「割れる」といっしょに使えるのは「粉々に」とか「真っ二つに」といった表現であり，「二束三文に」や「ツルツルに」は全くそぐわない(26a)。

　(26)　a. 骨董の壺が{粉々に/*二束三文に/*ツルツルに}割れた。
　　　　b. 髪を{茶色に/*ペシャンコに/*粉々に}染める。

c. The vase broke {to pieces /*worthless}.
　　　　　　　　　　　　　　　　　　　(Jackendoff 1990a: 240)

同じように，「染める」(26b)といっしょに使えるのは，「茶色に」などの色を表わす表現であり，「*ペシャンコに染める」や「*粉々に染める」は意味をなさない。その理由は，結果述語の表わす状態が，動詞そのものの意味と整合しないからである。「染める」というのは「色をつける」ということであるから，結果述語も色表現でなければならない。「割れる」というのは，対象物が元の一体性を失って分離した状態になることであるから，「二束三文に」や「ツルツルに」とは整合しないのである。(26c)の英語についても同じ説明があてはまる。

　このように，「本来的な結果構文」では，いっしょに使える結果述語の種類が個々の動詞の意味構造によって決まっている。つまり，本来的な結果述語は，主動詞の固有の意味の一部として含意される変化状態を具体的に描写するようなものに限られる。具体的な描写であるから，日本語では「ピカピカに」のようなオノマトペ（擬態語）が多い。

(27)　結果述語と動詞の意味制限
　　　　本来的な結果構文における結果述語は，主動詞そのものから含意される変化状態を具体的に表わすものでなければならない。

「主動詞そのものから含意される変化状態」ということを分かりやすく図解してみよう。例えばpolish（磨く）というのは，まず，ワックスなどを靴や床につけてこするという行為が行なわれ，それによって，靴や床の表面に変化が生じ，最終的にはその表面が汚れのない状態になる。

(28)　polish「磨く」の意味構造
　　　　〈x が y の表面　→　〈y が変化〉　→〈y が汚れのな
　　　　　をこする行為〉　　　　　　　　　 い状態になる〉
　　　　　　　　　　　具体的に表わすと　↓
　　　　　　　　　結果述語 shiny clean「ピカピカに」

polish（磨く）は，このように〈行為〉から〈変化〉，そして〈結果状態〉へとつながる一連の意味構造を内包し，結果述語はその連鎖の最後の部分を具体的に描写する。逆に言えば，〈変化〉→〈結果状態〉という意味構造を含まない動詞は，本来的な結果述語といっしょに使えないということになる。例えば「こする」という日本語動詞は，「磨く」と異なり，目的語の

第6章　結果構文　　165

状態変化を固有には含意しない。そのため,「床をピカピカに磨く」はよいが,「*床をピカピカにこする」は成り立たない。

以上では,主動詞に固有の意味性質によって決まる結果述語を「本来的な結果述語」として規定した。このタイプの結果述語は主動詞の意味を具体的に,より詳しく説明するものであるから,本来的結果述語の生起は主動詞に全面的に依存しているということになる。これは,Rappaport Hovav and Levin(1999)が言う時間的な依存関係（temporally dependent）も含んでいる。例えば The pond froze solid.（池が固く凍りついた）と言うとき,凍る(freeze)という出来事の進行と,池の表面が固く(solid)なっていく時間とは連動している。先に freeze が起こって,それからしばらく時間が経ったあとで急に solid になるということはない。水が液体から固体になるのは漸進的な変化であり,その最終的な到達点が solid（カチカチの状態）と表現されるわけである。Rappaport Hovav and Levin(1999)は,主動詞の時間的な進行と結果状態の発生との時間的な依存関係をこのタイプの結果述語の基本と見なしているが,それはむしろ,本来的な結果述語が主動詞の意味を敷衍（ふえん）するという機能から生じる副次的な性質であると考えるほうがよいだろう。

しかし英語では,結果述語は非常に複雑であり,主動詞に固有の意味を表わすと思えない場合もある。その1つが to death という表現である。

(29)　He {froze/burned/bled} to death.

to death を文字通り「死に至る」という意味に取れば,freeze（凍る）,burn（焼ける）,bleed（出血する）という動詞自体は必ずしも死ぬことを意味しないから,(29)の to death は主動詞の本来的な意味を具体化しているとは考えにくい。また,時間的な関係についても,freeze/burn/bleed という事態が起こって,しばらくあとに,それが原因で死に至るという状況では,主動詞の進行と結果への到達が時間的に一致しない。

このような to death は,本来的な結果述語ではなく,むしろ,freeze/burn/bleed という出来事に引き続いて起こる付随的な変化ととらえるのがよいだろう。つまり,freeze/burn/bleed に固有の意味構造に対して,もう1つ別の結果状態を継ぎ足すということである。

(30)　freeze: 〈変化〉→〈結果状態1〉→〈結果状態2〉
　　　　　　　　　　凍った状態　　to death

これは，〈結果状態1〉に〈結果状態2〉をつけ加えるという形になっている。ここで2つの出来事が組み合わされていることは，日本語に訳した場合，「凍死/焼死/出血死（する）」あるいは「焼け死ぬ，凍え死ぬ」といった複合語で表わされることからも推測できるだろう。

2つの結果が組み合わされる場合，順序は意味によって決まる。全体が1つの文であるから，〈結果1〉と〈結果2〉は当然，緊密に関係する内容でなければならず，さらに言えば，〈結果2〉は〈結果1〉の内容をより特定化するものでなければ情報的な価値がない。類似の例を挙げておこう。

(31) a. He pounded the dough **flat** *into a pancake-like state*.
b. The liquid froze **solid** *into a crusty mass*.

(Goldberg 1991b: 371)

pancake-like state（パンケーキのような状態）は flat という状態をより特定しているし，crusty mass（硬いかたまり）というのは solid をさらに具体的に述べている。英語では，結果構文以外でも，このように具体的な説明を後でつけ加えるということが可能である。

(32) a. John sent the book to New York *to Bill*.

(Gruber 1976: 85)

b. John ran into the room *to the blackboard*.

(Gruber 1976: 113)

(32a, b)では，先に「ニューヨーク，教室」という大きな場所を提示し，そのあとで，その場所の中の人や物をつけ足している。

このように考えると，(30)において〈結果1〉のあとに継ぎ足された〈結果2〉は，結局，主動詞から意味的につながっていることになる。このようなつながりが可能になるのは，主動詞が表わす状態変化が一瞬のうちにではなく，徐々に起こるためであると思われる。例えば freeze は，徐々に氷状態に固まっていくことであり，その行き着く先が to death なのである。

(33) freeze（徐々に凍った状態に変化）
――(solid)――――▶to death

これに対して，一瞬のうちに完了するような変化は，終了点が一点に特定できるから，それを to death のように引き延ばすことができない。物理

的な移動の場合でも，(32)の send, run は徐々に位置が動いていくから，着点の継ぎ足しができるが，arrive や reach のように一点への到着を表わす動詞では，さらに細かい着点表現をつけ加えることが難しい。

(34) *He {arrived at/reached} New York to the Statue of Liberty.
　　　（ニューヨークに着いて自由の女神像まで行った，という意味で）

　本節では，主動詞の意味に依存する結果述語を本来的な結果述語として扱った。次節では，主動詞の意味に依存しない結果述語を「派生的な結果述語」として説明していく。

### 4.4　派生的な結果構文

　本来的な結果構文では，主動詞は，それだけでも十分に状態変化の意味を伝えることができる。したがって，それに伴う本来的結果述語は，いわばアクセサリーのようなもので，取り外しが自由にきく。結果述語が「二次」述語と呼ばれるのは，そのためである。

　ところが，結果述語の中には，むしろ一次述語（つまり，文を構成するために絶対に必要）と考えられるものもある。代表例は，非能格動詞といっしょに使われれた結果述語である。

(35)　a. They danced *themselves* tired.（踊ってクタクタになった）
　　　b. The lecturer talked *himself* hoarse.
　　　　　（しゃべりすぎて，声がかれた）
　　　c. She laughed *herself* into a fit of coughing.
　　　　　（笑いすぎて咳き込んだ）
　　　d. The baby cried *herself* to sleep.（泣いて眠ってしまった）

先に(22)でも触れたように，非能格動詞は，通常は自動詞であるが，この構文では見せかけの目的語を伴って，表面的には他動詞として働く。このような特別の目的語は，再帰代名詞だけに限られない。

(36)　a. She cried *her eyes* out.（彼女は涙がかれるまで泣いた）
　　　b. He ran *his Nikes* threadbare.（彼はナイキの靴がボロボロになるまで走った）　　　　(Carrier and Randall 1992)
　　　c. The dog barked *them* awake.（犬が吠えて，彼らは目を覚ました）　　　　(Levin and Rappaport Hovav 1995: 36)

> d. The clock ticked *the baby* awake.（時計がカチカチと音をたてたので，赤ん坊が目を覚ました）

非能格動詞は意図的な行為を表わすことが多いが，(36d)のように無生物が音や光などを放出するという「活動」も含まれる（Levin and Rappaport Hovav 1995）。

さて，(35)(36)で重要なのは，目的語と結果述語の両方がそろう必要があるということである。どちらか一方を省略すると，成り立たなくなる。

> (37) a. *They danced tired./*They danced themselves.
> b. *The lecturer talked hoarse./*The lecturer talked himself.
> c. *She cried to sleep./*She cried her eyes.
> d. *The dog barked awake./*The dog barked the children.

したがって，(35)(36)の結果述語は「一次」述語の性格を帯びている。

では，どうしてこのような表現が可能になるのだろうか。意味の区切れから言うと，例えば The dog barked the children awake.（犬が吠えて，子供が目を覚ました）は，① The dog barked. と ② the children awake に分かれ，前者と後者は因果関係（CAUSE）でつながっている。

> (38) The dog barked　　　　the children awake.
> 　　　　①　　　　　CAUSE　　　　②

これを行為連鎖の意味構造にあてはめると，(39)のように表わされる。

> (39) 〈行　為〉　　　CAUSE 〈変化〉＋〈結果状態〉
> 　　　The dog barked　　　　the children awake.

「犬が吠える」という行為が原因となって，「子供が目を覚ます」という結果が生じる。the children は〈変化〉の主体であり，awake は〈結果状態〉を表わしている。このように考えると，the children awake の部分には，become あるいは get という変化動詞が隠れていることが分かる。

上の図式で，①すなわち〈行為〉の部分には自動詞がくるのが普通であるが，他動詞でも，目的語を省略して自動詞的に使えるものは同じ公式に適合する。

> (40) a. He drank　　　　　　himself asleep.
> 　　　　①彼が酒を飲む　CAUSE　②彼が眠る
> 　　　b. She sang　　　　　　her child to sleep.
> 　　　　①彼女が歌う　　CAUSE　②子供が寝る

drink, sing は目的語をとって他動詞にも使えるが，drink と言えばお酒を飲むことであり，sing と言えば歌を歌うことであるから，目的語を省いて自動詞的に使うこともできる。drink だけで「飲酒」という行為，sing だけで「歌唱」という行為を表わすから，その後に〈変化〉＋〈結果状態〉を継ぎ足すことができるのである。
　このように考えると，なぜ，(35)のような「意味のない」再帰代名詞が使われるのかが理解できる。再帰目的語をとる自動詞は，継続的な活動や行為を表わす非能格動詞で，これらはそれ自体では対象物の変化を意味しない。例えば，しゃべる（talk）という行動の結果，声がかれることもあるが，そうでないこともある。そのため，単に結果述語（hoarse）をつけただけでは，行為連鎖がつながらない。(41a)の意味構造では，途中の〈変化〉にあたる表現（目的語）が欠けているから，だれが変化を被ったのか分からない。そのため，*Bill talked hoarse. は非文となる。

(41) a. 〈Bill がしゃべる行為〉CAUSE〈? が変化〉＋〈かれた状態〉
　　　　*Bill talked　　　　　――　　　　hoarse.
　　 b. 〈Bill がしゃべる行為〉CAUSE〈Bill が変化〉＋〈Bill の喉が
　　　　　　　　　　　　　　　　　　　　　　　　　　　　かれた状態〉
　　　　Bill talked　　　　himself　　　hoarse.

他方，変化の対象を himself という再帰目的語で補うと，〈行為〉→〈変化〉→〈結果状態〉という連鎖がうまくつながる。このように，himself のような見せかけの目的語は，決して「見せかけ」ではなく，〈行為〉→〈変化〉→〈結果状態〉という連鎖を完成させるために意味的に必要な項なのである（Van Valin 1990，影山 1996）。
　では，もともと状態変化を意味する break などの自動詞はどうだろうか。これらは，主語自体が何らかの状態に変化することがそれぞれの語彙の意味として指定されているから，わざわざ再帰目的語をつけたり，あるいは，全く関係のない対象物を継ぎ足したりすることはできない。

(42) a. *The window broke *itself* to pieces.
　　 b. *The window broke *the children* awake.
　　　　（窓が壊れて子供たちが目を覚ました）
　　 b. *The lake froze *the fish* to death.
　　　　（湖が凍りついて魚が死んだ）

これまでは自動詞の例を見てきたが，もともと状態変化を意味する動詞が派生的な結果述語をとれないことは，他動詞の場合にもあてはまる。変化を表わす他動詞がとることができる結果述語は，それが語彙的に含意する結果状態を指すものに限られる。そのため，派生的な結果述語をとることができる他動詞というのは，それ自体では変化結果を含意しない動詞——典型的には shake, kick, pound といった物理的な働きかけを表わす他動詞——に限られてくる。

(43) a. She shook her husband awake.
　　　　（彼女は夫を揺り起こした）
　　　b. He {kicked/pushed} the door open.
　　　　（彼はドアを蹴り開けた/押し開けた）
　　　c. She pounded the meat flat.（彼女は肉をたたきのばした）

これらを図解すれば，次のようになる。

(44)　She shook her husband　　her husband awake
　　　　　　①　　　　　　CAUSE　　　②

①と②は因果関係にあるが，それが意図的かどうかは場合によって異なる。「揺り起こす」と訳せる場合は，起こすことを目的とした意図的行為であるが，次の(45)では主語が無生物であるから意図性はない。

(45)　The earthquake shook the building apart.

また，意図的な動詞でも，上記(35)のような例では，初めから結果の発生を意図しているわけではない。

　無生物名詞が主語にきた場合に話者によって判断が分かれることがある。Randall(1983)は(46)の例を認可している。

(46) a. The jackhammer pounded us deaf.　（削岩機の音が激しくて，耳が聞こえなくなった）　　　　　　　(Randall 1983)
　　　b. The alarm clock ticked the baby awake.　（目覚まし時計の針音で赤ん坊が目を覚ました）　　　(Randall 1983)

一方，Goldberg (1995: 193) は(47)を不適格としている。

(47) a. *The feather tickled her silly.
　　　　（頭がおかしくなるほど，羽根が彼女をくすぐった）
　　　b. *The hammer pounded the metal flat.
　　　　（金づちが金属を平らにのばした）

第6章　結果構文

Goldbergは主語が生物か無生物かという観点だけで説明しているが，より深く考えるなら，動作主が結果の発生を意図しているかどうかという違いに行き着くだろう。(45)(46)の例は意図的な行為ではない。主語と動詞が表わす出来事が原因となって，目的語の状態変化が生じたのである。そのような場合には，無生物主語でもかまわない。他方，(47)の「羽根を使ってくすぐる」「金づちを使ってたたく」というのは意図的な行為である。そのようなときは，意図性を表に出すために，道具ではなく動作主（人間）を明示する必要がある。

結果構文という名称を文字通りに受け取れば，「行為の結果」を表わすということだが，派生的な結果構文の場合，実際に変化した結果よりむしろ，「それほどまでに」という強調表現として用いられることもある。

(48) a. The joggers ran the pavement thin.

(Carrier and Randall 1992)

b. You shouldn't let him talk. He will talk your ear off.

Goldberg (1995: 184) によれば，(48a)は実際に道路の舗装が薄くなったという意味ではなく，それほどよく走ったという誇張表現である。(48b)の talk someone's ear off という熟語も同じことで，「聞いている人の耳がちぎれるほど，まくしたてる」ということである。

このような比喩的な用法が慣習化すると，結果述語が強調副詞に変貌することがある。

(49) a. I was bored *to death*. （死ぬほど（たいへん）退屈した）

b. He talked himself *blue in the face*.
（顔が青くなるまで（疲れはてるまでいつまでも）しゃべり続けた）

このような比喩的用法が可能になるのは，原因と結果が本来的な関係ではなく，意味構造の合成によって結びつけられたからであると考えられる。先に述べた本来的な結果述語の場合は，本動詞の進行と結果の発生との間に時間的な依存関係があった。

(50)　freezeする時間　　solidになる時点

ところが派生的な結果構文は，時間的な関係があるとはいうものの，行為の発生と結果の発生が一致するわけではない。

(51) a. He was stabbed to death.（彼はナイフで刺し殺された）
　　　　stab された時間　　死んだ時点
　　　　○ ------------------▶ ●
　　b. The dog barked the baby awake.
　　　　犬の bark　　　　●赤ん坊が目を覚ました時点
　　　　―――――――――・・・・・・▶

(51a)では刺されてから死に至るまで多少なりとも時間のズレがある。(51b)では，犬は，赤ん坊が目を覚ました時点で吠えるのをやめたわけではない。派生的な結果構文においては，〈行為〉と〈変化・結果〉は独立した事象であるから，本質的な時間の依存関係はない（temporally independent: Rappaport Hovav and Levin 1999）ということである。

　そうすると，〈行為〉と〈変化〉が同時に進行することも考えられる。

(52) a. 行為が結果より先行
　　　　He kicked the dog away. 　（犬を蹴って追い払った）
　　b. 行為と変化が同時進行
　　　　He slept the afternoon away.
　　　　（午後の時間を寝て過ごした）
　　　　They talked the night away. 　（語り明かす）
　　　　　　　　　　　　　　　　　　　　　　(Jackendoff 1997)

同じ away を使っていても，発生時間にズレのある(52a)では「結果」の解釈になるし，同時進行の(52b)では「〜しながら」という様態ないし付帯状況の意味になる。

　行為と結果の時間関係について興味深いのは次のような組である。

(53) a. He pushed the door open and went in.
　　b. He pushed open the door and went in. 　(Bolinger 1971)

Bolinger(1971: 83)の観察によれば，(53a)の push the door open は「彼が押すことによってドアが（多少とも）ゆっくりと開いた」ということで，push と open は連続しているものの時間的な幅を持っているのに対し，push と open が隣接した(53b)は，ドアを一気に押し開けたという状況を描いている。これは，日本語の複合動詞と似ている。日本語で「ドアを押し開ける」という場合，押すのと開けるのが同時である。複合動詞は形態的に１語になっているが，(53b)の pushed open も，形態的にひとま

第 6 章　結果構文　　173

とまりになっていると考えられる。なぜなら，(53a)では He pushed the door wide open. とか pushed the door halfway open. というように，open に修飾語をつけることができるが，(53b)では*He pushed wide open the door. や*He pushed halfway open the door. と言えないからである。一般に，複合語は，その内部に別の統語的な要素を割り込ませることができないという性質（「語の形態的緊密性（lexical integrity）」という）を持っているが，(53b)の pushed open もその条件に合っている。そうすると，英語の push open と日本語の「押し開ける」はどちらも形態的に複合語であるから，行為と変化・結果の一体性を意味するということになる。逆に言えば，(53a)のような SVOC 型の結果構文は，日本語の複合動詞とは本質的に違うということになる。

なお，push open のような「複合動詞化」ができるかどうかは個々の動詞と結果述語による。(54)は複合化ができるが，(55)はできない。

(54) a. He cut the tree down./He cut down the tree.
（切り倒した）
b. He drained the glass dry./He drained dry the glass.
（飲み干した）

(55) a. She shook her husband awake./*She shook awake her husband. （夫を揺り起こした）
b. She cried her eyes {out/dry}./*She cried {out/dry} her eyes. （目を泣きはらした/涙がかれた）

どのような場合に動詞と結果述語が複合できるのかは，まだ解明されていない。

以上述べたことを，意味構造でまとめてみよう。変化結果を含意しない動詞は，自動詞であれ他動詞であれ，〈行為〉の後ろに何らかの〈変化結果〉を継ぎ足すことができる。

(56) 意味構造の合成による結果構文の派生

〈行為〉　CAUSE 〈変化〉 → 〈結果状態〉
a. 非能格自動詞: The dog barked　the children awake.
b. 働きかけ他動詞: She shook $x_i$　her husband$_i$ awake.

〈行為〉という意味構造と，〈変化→結果状態〉という意味構造が合成されて，全体として〈行為〉CAUSE〈変化〉→〈結果状態〉という行為連鎖

を作り上げているわけである。

　このように，派生的な結果述語の成り立ちは意味構造の合成（conflation）という操作で説明できる。しかしこの意味構造というのは，直感的に思い浮かぶどのような意味でもよいわけではない。英語の動詞語彙によって定められた意味構造である。例えば，ギリシア神話のメドゥーサは凝視した相手を石に変えたとされるが，そのような状況を結果構文(57)として表現することはできない。

　　　(57)　*Medusa saw the hero into stone.　　(Simpson 1983: 146)

状態動詞の see は，行為連鎖の意味構造の中では右端の〈結果状態〉の部分だけを表わす。ところが，結果構文で合成されるためには，左端の〈行為〉を表わす動詞でなければならない。そのため，(57)は不適切となる。

　同じように，occur, happen, appear など，出現・発生を表わす非対格動詞も結果構文に使うことができない。

　　　(58)　a. *A big earthquake occurred many buildings apart.
　　　　　　b. *A monster appeared the children away.

大地震が起こったために多くのビルが倒壊したとか，怪獣が現われたために子供たちが逃げ去ったといった状況は現実あるいは架空の世界で十分にあり得るが，それを(58)のような結果構文で表わすことは不可能である。その理由は，occur, appear という動詞が〈変化〉→〈結果状態〉だけを表わし，派生的な結果構文に必要な〈行為〉を含まないからである。このことから，結果構文という言語表現と，現実ないし架空の世界で起こり得る出来事（単純な意味での外界認識）とが必ずしも一致しないことが分かる。

　さて，注意深い読者は，(44)と(56b)で shake の目的語（her husband）の位置が微妙に違うことに気づいたはずである。shake は他動詞であるから，(44)では She shook her husband. を〈行為〉とし，〈変化結果〉を her husband awake としたが，(56)では〈行為〉の目的語（x）を明示していない。先に(40)では，drink, sing が自動詞的に使われたときに新しい目的語を継ぎ足すことができることを見たが，同じように，shake, kick, wipe などの働きかけ他動詞も，目的語を表わさずに自動詞的に使うことができるから，これらが結果構文に使われたときは自動詞的な用法と見なすことができる。そうすると，非能格動詞と働きかけ他動詞は(56)

第6章　結果構文　　175

の同じパターンに統一することができる。
　派生的な結果構文に使われた他動詞が自動詞的である（つまり目的語を明示しない）ことは，次のような例からも分かる。

　(59)　I used my pocket knife to cut him *loose* (from his bonds).
　　　　（私はポケットナイフで縄を切って，彼を自由にした）

(市川（編）1995)

cut him loose というのは，彼の身体を切ったという意味ではない。cut したのは彼を縛っていた縄であり，それは表面上は出ていないが，意味構造では想定される。

　(60)　〈行為〉　　　　CAUSE　〈変化〉→〈結果状態〉
　　　　I cut (the rope)　　　　him　　loose.

この意味構造を見れば，cut him loose の him は，〈行為〉の部分ではなく，〈変化→結果状態〉の部分に関与していることが一目瞭然である。

　以上見てきたように，英語では〈行為〉を表わす動詞のあとに〈変化＋結果〉を表わす目的語と結果述語が継ぎ足される。このような意味構造の合成は英語では非常に発達しているが，日本語にはほとんど見られない。日本語では，直接に意味構造を合成するのではなく，「揺り起こす」(shake ... awake)，「蹴り開ける」(kick ... open) のように2つの動詞を形態的に合成して複合語を作るという方策がとられる。

　英語の結果構文はSVOCという統語構造を持つが，動詞と結果述語の組み合わせは語彙的あるいは意味的に制限される。例えば shoot ... dead はよいが，knife ... dead は不自然である。

　(61)　a. Jesse shot him dead.
　　　　b. *Jesse knifed him dead.　　　　　　　　(Green 1973: 258)

この違いは shoot と knife の意味に起因しているのではないかと思われる。dead は形容詞であるから，死亡状態という一点を表わす。shoot (61a) では即死ということが考えられるが，knife の場合は，死に至るまで時間がかかるから，dead という形容詞とはなじみにくい。実際，結果述語を to death に替えると，knife も shoot も成立する。

　(62)　Jesse {knifed/shot} him to death.

to death は，to という前置詞のために，死に至るまでの過程も含んでいるから，ナイフで刺し殺す状況にも合う。

ただし、形容詞はいつも瞬間的に達成される結果ばかりを表わすわけではないことを注意しておく。

(63) a. He cried himself {asleep/to sleep}.
　　 b. He drove fifty tires bald.

(63a)ではasleepとto sleepでほとんど違いはない。(63b)で、50個のタイヤがbaldになるにはかなりの時間がかかっているはずである。

具体的にどの動詞とどの結果述語が結びつくのかは慣習の問題で、個人差がある。Goldberg(1995: 192)はcryといっしょに使われる結果述語として最もこなれているのはto sleepであるとして、次の段階をつけている。

(64) a. 　She cried herself to sleep.
　　 b. ?She cried herself asleep.
　　 c. ??She cried herself {calm/wet}. 　（泣き疲れて静かになった/泣いた涙でグショグショになった）

Goldbergは、(64b)のasleepに？印をつけているが、Jackendoff(1990a)は同じ例を正文としているし、cry oneself asleepの例は『新編英和活用大辞典』(研究社)にも載っている。

主動詞と結果述語の組み合わせが慣習化された意味によって決まっていることは次の例からも分かる。

(65) a. John hammered the porcelain {cracked/to dust}.
　　 b. John hammered the fruit to a pulp.
　　　　　　　　　　　　　　　　　　　　(Verspoor 1997: 124)

日常生活の経験からして、磁器をたたくとヒビが入り、果物をたたくとpulp（すりつぶしたドロドロ状態）になることが多い。したがって、(65a, b)の言い方はそれぞれ固定されていて、結果述語を別のものと取り替えることはできない。

同じように、金属をたたくというと、通常、鉄工が熱した鉄をたたいて成形するようすを思い浮かべるから、hammer the metal flatという表現は一般的に定着している。

(66) John hammered the metal {flat/*safe}.
　　　　　　　　　　　　　　　　　　　　(Verspoor 1997: 128)

これに対して、例えばとがっていて危険な金属をたたいて安全なものに

する (hammer the metal safe) という状況は，あまり普通ではない。しかしながら，そのような特殊なコンテクストをつけ加えれば，(67)のhammer ... safe も容認されると，Verspoor (1997: 129) は述べている。

(67) In order to prevent further injuries, John hammered the metal safe.

(67)がどの英語話者にも受け入れられるのかどうかは定かでないが，語彙というものは固定的なものではなく，必要に応じて新しい言葉を造語できるということを考え合わせれば，(67)も納得できる。ただし，特殊なコンテクストにおいて作られた表現であるという点では，Lyons(1977)の言う「創造性」(本書 p.36) の例と見なすことができるだろう。

## 4.5 状態変化と位置変化

これまで扱った結果構文の例は，「粉々に」や「カチカチに」というような対象物の状態を表わしている。これに対して，対象物の物理的な位置の変化を表わす**使役移動構文**(caused motion construction) もある。

(68) a. Frank sneezed **the napkin** *off the table.*
(フランクがくしゃみをしたので，ナプキンがテーブルから落ちた)　　　　　　　　　　　　(Goldberg 1995: 154)
b. The audience laughed **the poor guy** *off the stage.*
(観客が嘲笑したので，かわいそうな役者は舞台から降りた)
c. I smoked one cigarette..., shaking **it** *out of the pack.*
(箱を振って，中からタバコを1本取り出した)
　　　　　　　　　　　　　　　　(影山・由本 1997)
d. He wiped **the dirt** *off.* (彼は汚れをふき取った)
　　　　　　　　　　(Rappaport Hovav and Levin 1998)

(68a, b)は自動詞（非能格動詞）を，(68c, d)は他動詞（働きかけ他動詞）を含んでいる。いずれも，主動詞が表わす行為の結果として，目的語が移動したことを表わしている。自動詞が本来，目的語をとらないことは明らかであるが，他動詞の場合も，目的語の it は shake の本来の目的語ではない。(68c)で shake したのは，タバコの入った箱であり，one cigarette そのものを振ったわけではない。(68d)の wipe (ふく) という動詞は通

常，wipe the table のようにテーブルなどの物体を目的語として取り，その表面を布などでこするという動作を表わす。wipe の本来の目的語はこする物体の表面であり，ふき取る物質を目的語にして，*He wiped the dirt.と言うことはできない。したがって，(68)はいずれも，〈行為〉と〈位置変化〉の合成と見なされる。(68a)と(68d)で例示すると次のようになる。

(69) 〈行　為〉　　　　　　　CAUSE　〈変化〉 → 〈結果位置〉
　　　Frank sneezed　　　　　　　　　　the napkin off the table.
　　　He wiped (the surface$_i$)　　　　　the dirt off (the surface$_i$)

ここでも，日本語の直訳は通じないことに注意したい。

(70)　a.*フレッドはテーブルからナプキンをくしゃみした。
　　　b.*彼はテーブルからほこりをふいた。

日本語なら，(68a)は「(くしゃみで) 吹き飛ばす」，(68d)は「ふき取る」のように複合動詞で表現することが必要である。

　さて，この使役移動構文と先に見た結果構文はどのような関係にあるのだろうか。この２つは，学者によっては別々に扱われるが，基本的には同じ現象と見なしてよいだろう。つまり，行為連鎖における〈結果〉の部分が，抽象的な状態か物理的な位置かというだけの違いである。

(71)　〈行為〉　CAUSE　〈変化〉 → 〈結果状態または結果位置〉

(71)では，〈結果〉の部分は１つしかないから，状態と位置のいずれか一方に限られ，両方を同時に表現することはできない。

(72)　a.　結果構文：Sam tickled Chris silly.
　　　b.　使役移動構文：Sam tickled Chris off her chair.
　　　c.　状態と位置の混交：*Sam tickled Chris silly off her chair.

(72a)と(72b)は適格な英語であるが，(72c)は非文である (Goldberg 1995: 82)。(72c)の非文法性を説明するために，Goldberg(1995)は一義的経路の制約 (Unique Path Constraint) というものを設けているが，(71)の図式を用いれば，〈状態〉と〈位置〉の不一致として説明がつく。次の例が結果構文として解釈できないのも同じ理由による。

(73)　a. #Willa arrived breathless.
　　　　　　　　　　　　　　(Levin and Rappaport Hovav 1995: 58)
　　　b.*旅人は，クタクタに（宿屋に）着いた。

第6章　結果構文　　179

(73a)は，breathlessが「息を切らせて」という描写述語の解釈ならよいが，「到着した結果，息が切れた」という結果述語の意味では成立しない。arriveは物理的な移動を表わし，arrive at the airportのように物理的位置を指定している。そのため，状態を表わす結果述語と矛盾する。(73b)の日本語も同様で，「着く」というのは物理的な場所を着点として要求するから，「クタクタに」という結果状態とは整合しないのである。

## 5 まとめ

　結果構文は，英語と日本語の表現法を理解するうえで重要である。日本語の結果述語は，本来的に状態変化を表わす動詞（自動詞または他動詞）としか結びつかないのに，英語では本来的な状態変化動詞だけでなく，元来は〈行為〉しか表わさない動詞に対しても新たな結果述語と目的語（再帰代名詞を含む）をつけ加えて，〈行為〉→〈変化〉→〈結果状態または結果位置〉という行為連鎖を完成させることができる。本章ではこの英語の独自性を「意味構造の合成」という考え方で説明した。一方，「*金属を平らにたたく」や「*靴をボロボロに走る」といった表現が不可能な日本語においては，意味構造の合成はないが，その代わりとして，「たたきのばす」や「はき古す」といった複合動詞が活用される。

　しかしながら，英語の結果構文と日本語の複合動詞が同じ性質かどうかは，さらに研究の余地がある。(74a)と(74b)を比べてみよう。

　　(74)　a. The *komusubi* pushed the *yokozuna* down.
　　　　　b. 小結は横綱を押し倒した。

「小結が横綱を押す」という〈行為〉の部分は日英語に共通しているが，〈変化結果〉の表わし方が違っている。英語の the *yokozuna* down というのは，The *yokozuna* fell down. ということで，the *yokozuna* と down の間に "fall" のような自動詞の意味が隠れている。これに対して，日本語では他動詞の「押す」のあとに続くのは，やはり他動詞の「倒す」である。つまり，日本語の複合動詞は「小結が横綱を押して，小結が横綱を倒す」というふうに，2つの他動詞を組み合わせている。もし，後ろを自動詞の「倒れる」に取り替えると，「*押し倒れる」という間違った表現になってしまう。ちなみに，中国語では「小結が横綱を押し倒れる（押したの

は小結で，倒れたのは横綱）」という言い方が可能であり，また，アフリカの言語にも"X push Y fall"という表現をする言語がある（影山 1993: 138）。このような言語間の相違は，意味構造と統語構造の関係を理論的に解明するうえで非常に興味深い。英語も中国語も，このアフリカ語もSVOという語順をとるが，日本語はSOVである。語順の違いが表現法の違いに関係しているのではないかと推測される。

## 6 さらに理解を深めるために

- 影山太郎．1996．『動詞意味論』［英語と日本語の実例に基づいて，本章で説明した「本来的な結果構文」と「派生的な結果構文」の区別を具体的に説明し，語彙概念構造によって分析している。］
- Beth Levin and Malka Rappaport Hovav. 1995. *Unaccusativity*. ［直接目的語の制約に基づいて，英語の結果構文を分析している。特に音声や光の発散を意味する動詞の分析が問題となる。］
- Adele Goldberg. 1995. *Constructions*. ［結果構文と使役移動構文が成立するための意味的な条件を種々検討し，構文文法（Construction Grammar）の観点から整理している。］
- Boas, Hans. 2003. *A constructional approach to resultatives*. Stanford: CSLI.
- Rappaport Hovav, Malka and Beth Levin. 2001. An event structure account of English resultatives. *Language* 77: 766–797.

（影山太郎）

# 第Ⅲ部
## 主語の特性を探る

　これまでは，動詞および動詞に伴う目的語・前置詞句を見てきたが，第Ⅲ部では，主語の特徴に注意をはらって考察する。とりわけ問題になるのは，This car drives well.（この車は乗り心地がよい）や Cotton shirts wash in cold water.（綿のシャツは水洗いがきく）といった中間構文（第7章）と，This book is hard to read.（この本は読みにくい）や My boss is pleasant to talk to.（私の上司は，話をしていて楽しい）といった難易構文（第8章）である。どちらの構文でも，動詞の目的語にあたる名詞が，表面上の主語になっていて，その名詞がどのような性質を持っているのかを述べている。

# 第7章　中間構文

◆基本構文
(A) 1. Ice cream *sells* well at this time of year.
　　　（アイスクリームはこの時期によく売れる）
　　2.*Ice cream *sells* well by the street vendors.
　　　（*アイスクリームは露天商人によって，よく売れる）
(B) These shirts *wash* in cold water only.
　　（このシャツは水洗い専用です）
(C) The synthetic lubricant *handles* cold well, too, pouring easily at 55 degrees below zero.（この合成潤滑油は低温でも扱いやすく，零下55度でも楽に注げます）
(D) 1.*This metal won't *pound*.（*この金属はたたけない）
　　2. This metal won't *pound* flat.
　　（この金属はたたいて平たくのばせない）

【キーワード】潜在的動作主，総称性，責任性，自発文，可能文

## 1 なぜ？

　基本構文に掲げた例文は，日本の英語教育の現場ではほとんど教えられていない。このような表現はそれほどひんぱんに目にするわけではないが，それでも，商品の使用説明書（B）や広告文（C）などに多く用いられ，近年の統語論・意味論の理論研究で盛んに取り上げられている。この種の表現の特徴は，動詞が他動詞であるのに，主語になっているのは行為を行なう動作主ではなく，動作を受ける対象であるという点である。例えば sell という動詞は，The street vendors sell ice cream.（露天商人がアイスクリームを売る）のように，主語－動詞－目的語の形で用いるのが基

本であるのに，(A1)では ice cream が主語に置かれ，しかも「売る人」は表現されていない。受身文なら，Ice cream is sold by the street vendors. のように，売る側を前置詞句 by 〜で表わすことができるが，この構文では，by the street vendors を入れると，非文(A2)になってしまう。同じことは，(B)の wash, (C)の handle, pour, (D)の pound にもあてはまる。さらに，pound（たたく）は，単独ではこの構文で使えないのに(D1)，たたいた結果として平たくなることを示す「結果述語」（形容詞の flat）をつけるとよくなる(D2)。なぜこのような条件がつくのだろうか。

## 2 中間構文とは

　基本構文に挙げたような例は，動詞の意味上の目的語（(A)なら ice cream）が主語として現われている点で，受身文と似ている。しかし一方で，動詞の形が受身形にならず，能動形のままであるという点では，受身文とは著しく異なり，むしろ能動文と似ている。
　(1)　a. 能動文：Nancy washed these shirts.
　　　 b. 受身文：These shirts were washed by Nancy.
このように，当該構文は，能動文と受身文の中間的な性質を持っているために，**中間構文**（middle construction: Keyser and Roeper 1984）と呼ばれることが多い。
　(2)　中間構文：These shirts wash in cold water only.
なお，学者によっては，能動受動態（activo-passive: Jespersen 1927）や被動者主語構文（patient-subject construction: Lakoff 1977, van Oosten 1977）と呼ぶこともある。
　中間構文というのは，一言で言うと，「形は能動，意味は受身」ということになる。その点では，第1章で述べた能格自動詞文（ergative construction: 以下，能格文と称す）とも類似している。
　(3)　a. 中間構文：This door opens easily.
　　　　　（このドアは簡単に開く）
　　　 b. 能格文：This door opened finally.
　　　　　（このドアがやっと開いた）
(3a)と(3b)は，どちらも，意味上の動作主を表わす前置詞句(by 〜) を伴

うことができないという点で，受身文とは明らかに違っている。

 (4) a. 受身文：This door was opened by John.
   b. 中間構文：*This door opens easily by John.
   c. 能格文：*This door opened by John.

しかしながら，(4b)と(4c)では by 動作主がつけられない理由が大きく違っている（詳しくは 4.1 節）。また，能格文が(3b)のように単純過去時制をとることができるのに対して，中間構文は通常，単純現在時制で現われる。このような動作主と時制の違いは，中間構文と能格文のそれぞれの基本的な働きの違いに由来している。次節からの具体的な議論に先だって，中間構文の特徴を簡単にまとめておこう。

---
1．動詞は他動詞が基本。
2．主語は，他動詞の意味上の目的語にあたる。
3．他動詞の意味上の主語（動作主）は表面に現われない。
4．時制は通常，単純現在形。
5．特定の時間に起こった出来事ではなく，主語の一般的な性質・属性を表わす。
6．easily, well などの副詞を伴うことが多い。

---

これらの基本的性質に加えて，さらに細かい制約がかかることがある。
【主語の性質にかかる制約】
 (5) a. This piano plays easily. （このピアノは演奏しやすい）
   b.*This sonata plays easily. （このソナタは演奏しやすい）
【動詞の性質にかかる制約】
 (6) a. This car sells well. （この車はよく売れる）
   b.*This car buys well. （この車はよく買える）
【修飾要素の付加にかかる制約】
 (7) a.*This paper reads. （この新聞は読める）
   b. This paper reads easily. （この新聞は読みやすい）
 (8) a. ?Fish doesn't keep well. （魚は日持ちがしない）
   b. Fish doesn't keep well, not even in a fridge.
    （魚は，冷蔵庫に入れても，日持ちがしない）

【文脈の付加にかかる制約】
(9) a. *Bread eats more easily than shoe leather.
（パンは，靴革よりも食べやすいものだ）
b. Keep these pills away from the baby. They're powerful, but they eat like they were candy. （この薬は，赤ちゃんの手の届かないところに保管してください。効き目が非常に強いのですが，キャンディのように食べやすいのです）

このように，中間構文を分析するにあたっては，中間構文そのものの性質を調べるだけでなく，それに関連する他動詞文(1a)，受身文(1b)，能格文(3b)との関わりにおいて，さまざまな角度から考察する必要がある。

## 3 代表的な動詞

どのような動詞が中間構文に用いられるのだろうか。Levin(1993)は，英語の構文交替に見られる種々の動詞を網羅的に挙げているが，その本の中でさえ中間構文に用いられる動詞として「中間動詞」といったはっきりした範疇は示されていない。それは，中間構文の成立には，動詞単独の性質だけではなく，主語になる名詞との意味的関係も強く影響しているからであると思われる。それでも，比較的よく使用される動詞の例を挙げることは可能である。以下に，代表的な動詞を列挙するが，参考までに，中間構文では用いられない動詞も示しておく。

【中間構文に可能な英語動詞】

[Roll Verbs] bounce, dribble, roll

[Bend Verbs] bend, float, fold, pound thin/flat, split, stand, tear

[Change of State Verbs] break, clean, close, erase, open, shut, cut, dice, saw, slice, wipe clean

[Change of Location Verbs] circulate, convert, lift, move, plant, transplant, transport

[Cook Verbs] bake, beat (泡立てる), cook, fry, peel, poach, pour, refrigerate

[Digestion Verbs] chew, digest, drink, eat, swallow

[Verbs of Manipulation] anneal, bore, button, cast, cover, develop, drive, fasten, grind, handle, hang, hook, iron, knot, pack, paint, photograph, plug in, press, put up, ride, row, scale, scoop out, screen, smoke, spray, steer, televise, tie, type, wrap up, write

[Verbs of Mental Manipulation] cancel, compare, decipher, govern, obtain, persuade, promise, rhyme, read, record, scan, solve, tell, translate, transcribe, trust

[Assemble Verbs] add up, adjust, assemble, bind, construct, order, screw on

[Floss Verbs] brush, launder, rub off, shave, stain, polish, trim, wash, wax

[Kick Verbs] kick down, knock out

[Sell Verbs] lend, pawn, rent, sell

[Kill Verbs] kill

[Frighten Verbs] astonish, discourage, frighten, insult, scare, shock, surprise

[Perception Verbs] feel, listen, watch, smell

[Bribe Verbs] bribe, seduce

【中間構文に起こらない英語動詞】

[*Contact Verbs] contact, hit

[*Creation Verbs] knit, build, draw, invent, make

[*Cognition Verbs] acquire, know, believe, learn, recognize, memorize

[*Fear Verbs] fear, hate

[*Perception Verbs] see, hear, taste (?)

[*Receive Verbs] inherit, receive, give, send

[*Motion Verbs] leave, reach, approach

[*Murder Verbs] assassinate, murder

[*Putting Verbs] put on, lift onto, pour into, throw, toss

## 4 問題点と分析

前節で挙げた動詞例を見渡すと、中間構文に適合する動詞としない動詞

が，おおむね，意味的にグループ分けされることが分かる。例えば状態変化の動詞（change of state verbs）は中間動詞として容認されるのに，接触の動詞（contact verbs）は容認されない，という傾向がある。また，一見したところ，同じように「殺害」を表わす動詞であっても，kill は中間構文に起こるのに，murder は起こらないといった違いもある。このような違いがなぜ生じるのかを解明するためには，動詞の意味を細かく分析していくことが必要である。また，1節でふれたように，中間構文の成立には，主語に立つ名詞の性質や，時制や副詞なども総合的に考察しなければならない。本節では，動作主の存在(4.1節)，主語の性質(4.2節)，総称性(4.3節)，動詞の意味範囲(4.4節)，副詞要素(4.5節)，中間構文に類似した構文(4.6節)，日本語の中間構文(4.7節)の順に説明していこう。

## 4.1　動作主の存在

　中間構文に関わる諸問題の中で，おそらく最も基本的なのは，動作主が存在するのかしないのかという点だろう。例えば，slice という動詞なら，典型的には(10a)のように，動作主である John を主語に，対象物である the onion を目的語にとって他動詞文を構成するのが普通である。

　　(10)　a. John sliced the onion easily.　（他動詞文）
　　　　　b. The onion slices easily.　（中間構文）

ところが，中間構文(10b)では，対象物（the onion）が主語として現われるだけで，動作主は表面に出てこない。動作主を by ～で表わすと，非文(11)になってしまう。

　　(11)　*This onion slices easily by {people/my mother}.

　しかしそれでも，中間構文に動作主が全く欠如しているわけではない。(10b)の意味を言い換えると，(12)のように表わすことができるから，解釈上は "people in general"（人々一般，だれにでも）という動作主が読み取れる（Fellbaum 1985）。

　　(12)　The onion can be sliced easily by people in general.

　中間構文において，表には現われないが意味的に含意される動作主（＝**潜在的動作主** implicit agent）が存在することは，この構文に用いられる動詞が自動詞ではなく他動詞であることからも推測できる。上例の slice（薄く切る）という他動詞が表わす動作が実現するためには，必ずその動

作を行なう人間が関わっているはずである。実際，3節で例示した中間動詞の例の多くは純然たる他動詞である。3節の例には，break, open のように自他両用の動詞も含まれているが，この種の動詞では能格文（第1章）と中間構文とで明瞭な意味の違いがある。

(13) a. 能格文：The door opened suddenly (*by John).
　　　b. 中間構文：This door opens easily (*by John).

能格文(13a)も中間構文(13b)も，特定の動作主を by ～で表示することはできないが，その理由は同じではない。第1章で説明したように，能格文は，主語がひとりでにそのような事態に陥ったことを表現する。(13a)では，あたかもドアが勝手に開いたかのように表現されている。(13a)の open は自動詞であるから，by John のような具体的な動作主が入り込む余地はない。ところが，中間構文(13b)の open は，解釈上，動作主を含んでいる。つまり，中間構文としての(13b)の解釈は，「このドアはだれでもたやすく開けることができる」ということなのである。

以上をまとめると，中間構文は「人々一般」という潜在的動作主を含意するが，能格文はそのような動作主を含まない。その結果，open のような自他同形の動詞では，能格文(13a)と中間構文(13b)のあいまい性が生じる。他方，slice のような動詞は，必然的に動作主を伴うから，中間構文(10b)には使えるが，能格文に使うことはできない (*The onion sliced.)。

では，中間構文の潜在的動作主は，単に意味の解釈から推測されるだけだろうか。これまでの研究では，潜在的動作主が実際に存在することを表だった形で示そうという試みがなされている。

まず，動作主は，by ～の形で現われることはできないものの，代わりに for～という前置詞句(14)で現われることができる (Stroik 1995)。

(14) This onion slices easily *for me*, but not *for you*.

この for 前置詞句は，第8章で扱う This book is easy for children to read. のような「難易構文」にも見られる。

次に，(15)のように道具表現（with ～）がつけられたり，(16)のように if 節の中に動作主が現われたりすることを，潜在的動作主の存在を示す証拠と考える学者もいる (Greenspon 1996)。

(15) a. The table polishes well with this cream.

　　　　　（このテーブルはこのクリームできれいに磨けます）
　　　b. The meat cuts easily with a knife.
　　　　　（この肉はナイフで簡単に切れます）
（16）a. This flower should transplant easily if I do it carefully.
　　　　　（この花は注意してすれば、簡単に植え替えることができるはずです）
　　　b. The chest will unlock easily if you try to.
　　　　　（この箱は、やろうと思えば簡単に鍵がはずせます）

(15a, b)の this cream, a knife などの道具を使うためには、必ず動作主がいるはずである。実際、能格動詞は動作主を持たないから、with〜という道具をつけることは難しい（*The window broke with a hammer.)。また、(16a, b)の if 節内では、「私/あなたがやれば」という意味合いで動作主が現われている。さらに if I do it というのは if I transplant this flower ということであるし、if you try to というのは、if you try to unlock the chest ということであるから、ここからも中間動詞の transplant, unlock が他動詞であり、動作主を含んでいることが裏づけられる。

　中間構文に動作主が存在するという仮定に対して、一見、問題になるのは willingly（すすんで），carefully（注意して），skillfully（上手に）といった副詞である。この種の副詞は、He repaired the car willingly/carefully/skillfully. のように、通常なら動作主の心的態度や動作様態を表わすから、もし中間構文に潜在的動作主があるのなら、これらの副詞を使って動作主を叙述してもよさそうなものである。しかし実際には、(17)のような表現は全く不適格である（Fellbaum 1985）。

（17）a. *The car drives willingly.（この車は喜んで運転しやすい）
　　　b. *This umbrella folds up skillfully.
　　　　　（この傘は上手にたためる）

(18)の例文は適格だが、その場合、willingly は、潜在的動作主（seduce する側）ではなく、表面上の主語（Sheila)の態度を表わしている。

（18）Sheila seduces easily and willingly. （シーラは、簡単に、
　　　　　そして自分からすすんで、誘いにのりやすい）(Fellbaum 1985)

この事実は、潜在的動作主の存在を否定することになるのだろうか。
　ここでは、潜在的動作主の性質を改めて考えてみる必要がある。先に

(12)で見たように，中間構文の潜在的動作主というのは「人々一般（people in general）」であり，「誰がやってもやりやすい/誰でもうまくできる」という一般的な性質を述べるのがこの構文の基本的な働きである。これに対して，willinglyタイプの副詞は，ある特定の状況における動作主の心的態度を表わすから，個別の状況における個々の行為者を描写することになる。ところが，ある動作をするのに，世の中のだれであっても，すべての人がそれを喜んで（willingly）あるいは注意して（carefully）行なうということは考えにくい。中間構文が持つ「一般的にだれでもできる」という総称的な性質と，willinglyやcarefullyが持つ「個々の動作主の態度」という一時的な性質とが整合しないために，(17)の文は排除されると考えられる。そうすると，(17)が非文だからといって，中間構文の潜在的動作主を否定することにはならない。

以上のように，中間構文を能格文から区別する重要な特徴の1つは潜在的動作主の存在である。潜在的動作主は必ずしも中間構文の本質ではないとする説（Massam 1992）もあるが，Hale and Keyser(1987)，Fagan (1992)，Ackema and Schoorlemmer(1994, 1995)，Iwata(1999)など多くの研究者がその重要性を認めている。

## 4.2　主語の性質

次に，中間構文の主語になる名詞について見てみよう。ここでは，**被動性**(affectedness) と **責任性**（responsibility）という2つの性質に注目して説明する。

まず，動詞の表わす動作を受けて何らかの影響を被る（状態変化を被る）ような対象物(affected argument)だけが中間構文に現われるという主張がある（Hale and Keyser 1987）。状態変化を被る対象物という考え方は，確かに，(19a, b)のような例にはうまくあてはまる。

(19)　a.　The meat cuts easily.　（この肉は簡単に切れる）
　　　b.　This fabric launders nicely.
　　　　　（この布地は洗い上がりがよい）
　　　c.　This book reads easily.　（この本は簡単に読める）
　　　d.　She photographs well.　（彼女は写真映りがよい）

しかし(19c, d)の例では，read, photograph（写真に写す）などは対象物そのものの状態を変化させるわけではないのに，中間構文が適切に成り立っている。さらに「被動性」ないし状態変化だけに縛られると，先に(6)で見たように，なぜ This book sells well. と言えて，*This book buys well. と言えないのかという問いに答えることができない。

　この問いについて注目されるのが，「動詞の表わす動作の遂行のために，何らかの責任を負うような性質を持つ対象物のみが中間構文の主語になる」という考え方である (Lakoff 1977, van Oosten 1977, Fagan 1992 など)。ここではまず，動詞が描く典型的な場面（あるいはフレーム）を考えてみよう。場面の中の何をクローズアップするかによって，言葉の表現が違ってくる。もう一度，slice の例を取り上げてみよう。

　　(20)　a. John sliced the onion easily.（=10a)
　　　　 b. The onion slices easily.（=10b)

「タマネギを薄切りにする」という場面を考えると，すぐに思い浮かぶのは包丁さばきのうまいジョンが，タマネギをさっさと切っている場合で，そのときは，包丁を扱うジョンが主役であるから，ジョンを主語にして(20a)のように表現できる。ところが，ジョンが不器用でうまくスライスできた試しがないという場合ならどうだろうか。その場合，たとえジョンの腕は悪くても，もしタマネギ自体がみずみずしく，包丁の通りがよく，誰がやっても（たとえ下手なジョンでも）うまく薄切りにできるとしたら，それを描写するのに(20b)の中間構文を使うことができる。この場合，包丁を持つのはジョンに限らず誰でもよいわけだから，薄切りが可能になることに対して責任を持つのはあくまで「タマネギの性質」なのである。さらに，包丁の切れ味がよい場合は，その包丁そのものが第一の責任を担うために，This knife slices easily. のように this knife を主語に立てて表現することができる(4.6節の「擬似中間構文」)。このように，「責任性」という概念を使うと，対象物あるいは道具などの役割をもつ名詞が中間構文の主語になる理由をとらえることができる。

　「責任性」という概念をさらに理解するために，van Oosten(1986: 98)が指摘する次の例を見てみよう。

　　(21)　a. *This applesauce will eat rapidly.
　　　　　　 （このアップルソースはテキパキと食べられる）

b. Keep these pills away from the baby. They're powerful, but they eat like they were candy. （＝9b）

同じ eat でも，中間構文で使える場合と使えない場合がある。(21a)の rapidly という副詞は動作主の動作を表わしているから適合しないが，(21b)のように like they were candy がつくと中間構文が成り立つ。その理由は，「キャンディのようにおいしい」という性質（味わい）を表面に出すことで，主語（the pills）に責任性を持たすことができるからである。

「責任性」の考え方を使えば，buy と sell の相違もうまく説明することができる（van Oosten 1986）。

  (22)  a. This book sells well.（この本はよく売れる）
        b. *This book buys well.（*この本はよく買える）

sell（売る）という行為を実行するときには，売り手の手腕とともに，売られる商品の品質（質がよい，人気がある，妥当な価格であるなど）が決定的に関わってくる。したがって，sell に関しては，その遂行を直接左右するような対象物の性質を特に主張するために，中間構文がよく使われる。一方，buy（買う）という行為を実行するときにまず問題となるのは，買われる商品ではなく，買う側の事情である。いくらほしい品物でも，買う側にそれだけの経済的な力が備わっていなければ，buy という行為は成り立たない。つまり，buy の場合は第1の責任が買う側の動作主にあるから，中間構文は成り立たないのである。

同じ考え方を用いて，Fellbaum(1986)は(23a, b)の違いを説明している。

  (23)  a. This piano plays easily.
        b. *This sonata plays easily.

(23)の piano, sonata はともに play の目的語に相当するが，「演奏」という場面での主語の性質には開きがある。「誰が弾いても」という尺度においては，おそらく「ソナタ」の持っている性質はそぐわないだろう（誰でも「ソナタ」を弾けるというわけにいかない）。それに比べれば，質のよい，よい音色の出るピアノであれば弾き手が初心者であっても簡単な曲だったらうまく聞こえるだろう。主語の責任性という点からすると，「演奏」に対して第1の責任を担っているのは，曲（ソナタ）より楽器（ピアノ）

であると考えられる。この説明はFellbaum(1986)によるものであるが，ただし，筆者が(23)の例文を英語話者にチェックしたところ，アメリカ人は(23a, b)の差を認める人が多いが，イギリス人では主語がピアノの場合でも容認されないという結果が出た。

対象物の責任性という概念がうまくあてはまる例として，最後に(24)を見ておこう。

(24) Reggie takes wonderful pictures too. Did you notice that?
He's very photogenic.　　　　　　　　(Greenspon 1996: 187)

最初のReggie takes wonderful pictures too. が中間構文であるが，この文は，Reggieが誰かの写真を写すというのではなく，Reggieは写真映りがよいという意味である。言い換えれば，"People take wonderful pictures of Reggie." ということであり，Reggieがtakeの直接目的語ではなくwonderful picturesの修飾語である点が，一般的な中間構文と異なっている。いずれにしても，このような中間構文が成り立つのは，写真を撮る人の腕前を抜きにして，Reggieの容姿が重要だからである。

## 4.3　総称性

4.1節と4.2節の説明をまとめると，要するに，中間構文というのは，①「誰でも (people in general)」という総称的な意味を持つ動作主をふせておいて，②代わりに対象物のほうに焦点をあててその名詞の特徴を際立たせる，という2つの特徴を持つ。では，この2つの特徴の間を取り持つのは何だろうか。それは可能性 (possibility) という概念である。

Fellbaum(1985)は中間構文の意味を理解する手がかりとして，次のようなパラフレーズ（言い換え）を示している（ただし厳密にはまったく同じ意味を表わすわけではない）。

(25) This car handles easily.（この車は運転しやすい）
　　　a. People, in general, can handle this car easily.
　　　b. This car can be handled easily by people, in general.

(25a, b)の書き換え文に用いられている"people in general"についてはすでに説明したが，もう1つ注意したいのは，法助動詞canが含まれていることである。このcanは，動作主 (people in general) の能力 (ability) というよりも，その文によって表わされる行為の起こりやすさ（可能性）

を表わしている。可能性であるから，実際にその行為が起こるとは限らない。Fagan(1992: 152)が指摘するように，

(26) This shoe organizer mounts securely on a door or against a wall. （この靴入れは，ドアにでも壁にでも安全にかけることができます）

(26)の例文（おそらく，靴入れの広告文）は，主語の This shoe organizer がどのような意図で作製されたかを説明するだけで，実際にこの靴入れはまだ1度も壁にかけられていなくてもよい。そして，「行為の成立の可能性」を左右するのは，中間構文で主語になる名詞が備えている特性である。

だれがやってもできるという可能性<br>
↓<br>
その可能性は対象物の特性に依存している（対象物の責任性）<br>
↓<br>
対象物の特性を描写するという働き

このようにして，中間構文は「対象物の特性（property）を描写する」という機能を持つことになる。

　この性質は，見かけは似ている能格文と比べると，いっそうはっきりする。能格文というのは，The door finally opened.（やっとドアが開いた）とか The car broke down yesterday.（きのう車が故障した）というように，実際の出来事の発生を述べる文である。したがって，finally とか yesterday といった時間関係を表わす副詞や，in this room といった特定の空間を表わす副詞を自由につけることができる。これに対して，中間構文は，出来事がいつどこで起こる（起こった）という事態の発生ではなく，誰がやってもその事態が起こり得るという一般的，恒常的な状態を表わしている。

　この性質のために，中間構文は，実際の事態の発生を意味する次のような諸構文（Keyser and Roeper 1984）には適合しない。

【命令文にならない】

(27) a. Greek translates easily. （ギリシア語は翻訳しやすい）
b. *Translate, Greek! （ギリシア語よ，翻訳できよ）
c. The floor waxes easily.

(この床はワックスがけがしやすい)

  d. *Wax, floor! (床よ，ワックスがけができよ)

【目的節と共起しない】

 (28) a. *Bureaucrats bribe easily to keep them happy.

   (官僚たちは，彼らを幸せにするために，買収されやすい)

  b. *This corn grinds easily to feed the chickens.

   (このトウモロコシは，ニワトリに食べさせるために，すりつぶしやすい)

【特定の時間を表わす要素となじまない】

 (29) a. *Yesterday, the mayor bribed easily, according to the newspaper.

   (新聞報道によれば，昨日，市長が買収されやすかった)

  b. *At yesterday's house party, the kitchen wall painted easily.

   (昨日の家でのパーティで，台所の壁が塗りやすかった)

【知覚動詞の補語に現われない】

 (30) a. *I saw bureaucrats bribe easily.

   (私は，官僚が買収されやすいのを見た)

  b. *I saw the floor wax easily.

   (私は，床がワックスがけしやすいのを見た)

ただし，中間構文が絶対に過去時制で使えないというわけではない。

 (31) The faucets turned on and off.（水道の栓が開閉できた）

(O'Grady 1980: 67)

「栓をひねる」という意味のturn on/offは通常，他動詞であるから，(31)は，例えば昨日の何時何分に水道の栓が開閉したという事態を表わす意味では不適格である。しかし，冬は厳しい寒さが続いたという状況において，「この冬は水道栓は凍りついて動かなかったか，それとも開閉できたか」というように，過去のある時間幅における長期的な水道栓の状態を問う場合には，過去形であっても(31)の中間構文が成り立つ。

 さて，特定の時空間における出来事の発生を意味するか，それとも主語名詞の恒常的な特性を表わすか，という能格文と中間構文の違いは，形容詞について指摘されてきた「個体レベル（individual-level）」と「事態レ

ベル（stage-level）」の区別と似ている（Carlson 1977, Diesing 1992）。個体レベルの形容詞というのは，intelligent, tall, big-eyed のようなもので，主語の恒常的な性質を表現する。他方，事態レベルの形容詞というのは，drunk（酔っぱらっている），available（利用できる），sick（病気だ）のように，ある時点，ある場所における事態（状態）を表わす。

(32) a. 個体レベルの形容詞
The doctor is {intelligent/tall/big-eyed}.
b. 事態レベルの形容詞
The doctor is {available/drunk/sick}.

(32a)は，「頭がよい／背が高い／目が大きい」という主語の特徴を表現するものであり，これらの特徴はいつ始まっていつ終わるという時間的な制限に縛られない。したがって，(32a)に now や this year などの特定の時間を表わす副詞はつけられない。時間副詞だけでなく，in this room などの特定の場所副詞も不可能である。これに対して，(32b)は「その医者はいま診てくれる／酔っぱらっている／気分が悪い」という一時的な状態を表わすだけで，いつからいつまでという時間の制限や，どこでという場所の制限を加えることができる。その意味で，事態レベルの形容詞は能格文と似ていて，個体レベルの形容詞は中間構文と共通している。

中間構文が主語名詞の特性を表わすということは，「**総称性**（genericity）」とも呼ばれる。通常，総称というのは，「ゾウ（というもの）は鼻が長い」の「ゾウ」のように，主語になる名詞の一般的な概念を表わす。中間構文においても，次のような例では，主語は総称である。

(33) a. Pine saws easily. （松は容易にノコギリで切れる）
(Fagan 1992: 148)
b. A person who isn't self-conscious photographs well.
（自意識の強くない人は写真映りがよい）
(Fiengo 1980: 50)

しかし中間構文では，主語がいつも総称名詞であるとは限らない。というよりむしろ，This book sells well. や This car handles easily. のように，これまで見てきたほとんどの例文が特定の指示対象を主語としている。したがって，中間構文における総称性というのは，主語名詞によるのではなく，潜在的な動作主（people in general）によるものであると考えるのが

正しいだろう（Fagan 1992）。潜在的動作主が総称であるために，時制も総称（すなわち，不変の事実を表わす現在形）になる（「総称性」という概念の規定をめぐる，さまざまなアプローチについては，Keyser and Roeper 1984, Fagan 1992, Diesing 1992, Matsumoto and Fujita 1995 などを参照）。

## 4.4　動詞の意味範囲

これまでの説明から，潜在的動作主と主語名詞の特性が重要であることが分かった。この2つは中間構文に用いられる名詞句に関わる性質であるが，動詞に関してはどのような制限があるのだろうか。これまでの章でもたびたびふれた〈行為（働きかけ）〉→〈変化〉→〈結果状態〉という意味構造で整理してみよう。

(34)　〈行為（働きかけ）〉　→　〈変化〉　→　〈結果状態〉
　　　　　↑　　　　　　　　　　　　　　　　　　↑
　　　潜在的動作主　　　　　　　　　　　　対象物の責任性

この意味構造のどの部分を表わすかによって，中間構文で使用可能な動詞が特定できる（影山 1996）。結果構文に最も適合しやすいのは，(34)の意味構造の左端から右端まで全体を意味範囲に含む動詞（要するに，使役変化を表わす他動詞）である。この意味構造を土台として，左端の〈行為（働きかけ）〉に関わる「動作主」を総称として表に出さず，代わりに，右端の〈結果状態〉に関わる対象物の責任性に焦点をあて，それを主語として表わすことで中間構文が派生される。

具体例として，break (35)，wash (36)，reach (37)を含む他動詞文，能格文，中間構文を考えてみよう（3節で挙げた代表的な動詞グループにあてはめると，break は change of state verbs, wash は floss verbs, reach は motion verbs にそれぞれ所属する）。

(35)　a. John broke the vase.　（他動詞文）
　　　b. The vase broke.　（能格文）
　　　c. This vase breaks easily.　（中間構文）
(36)　a. Mary washed the shirt.
　　　b. *The shirt washed.
　　　c. This shirt washes easily.

(37) a. Tom reached the top.
  b. *The top reached.
  c. *The top reaches easily.

　これらの動詞がそれぞれ，意味構造(34)のどの範囲を受け持つのかをテストしてみよう。(38)と(39)では，hit/break, wash/clean を含む出だしの文が，それぞれのあとに続く文と意味的に矛盾を起こさないかどうかをテストし，(40)では動詞の意味が出来事の「継続性」を反映する for an hour をとるのか，「完了」を反映する in an hour をとるのかを見る。

(38) a. I hit the window with a hammer. It didn't faze the window, but the hammer shattered.
  b. *I broke the window with a hammer. It didn't faze the window, but the hammer shattered.
(39) a. We washed the shirt, but we couldn't remove the stain.
  b. *We cleaned the shirt, but we couldn't remove the stain.
(40) a. *Tom reached the top for an hour.
  b. Tom reached the top in an hour.

打撃動詞の hit が表わす意味の範囲は，(34)の左端にある〈行為（働きかけ）〉の部分だけである。I hit the window. と言っても，その window がどのように変化したかは含意しないため，(38a)が成り立つ。break は働きかけ（窓への接触・打撃）に加え，その後の窓の変化とそれに伴う結果状態も意味に含むので，(38b)の後半部分と矛盾を起こし，容認されない。(39)の wash と clean では，wash がもっぱら働きかけの部分（つまり，シャツを水の中に入れて力を加える）を受け持つのに対し，clean はシャツの変化と結果状態までを含意する。ただし，wash は単に水に浸けるだけではなく，「きれいにするために」という目的を強く持っているので，水に浸ける行為から対象物がきれいになる状態変化までの意味拡張が抵抗なく行なわれ，その結果，中間構文(36c)が成立する。(40)では，reach が働きかけや継続的行為を含まず，変化と結果しか受け持たないことが分かる。break と wash が中間構文で用いられることから，中間動詞では，動作主による働きかけ行為を前提とし，結果状態の予測を可能にする達成部分までが含まれることが必要であることが分かる。

　次に，打撃動詞の hit, knock, pound, beat を考えてみよう。まず，hit

は，単独でも，結果述語を補っても，中間構文には使えない。

(41) a. *This kind of metal hits easily.
b. *This kind of metal hits *flat* easily.

hit は，基本的に1回の打撃を意味するだけで，しかも打撃の強さが不明である。したがって，たとえ flat のような形容詞を補っても，*He hit the metal flat. という結果構文（→第6章）がそもそも成り立たない。そのため，(41b)も不適格である。しかし，同じく1回だけの打撃でも，knock は強い衝撃を伴うから，out や down をつけて変化結果を表わす結果構文にすることができ，そこから中間構文(42b)が作られる。

(42) a. I couldn't knock my fighter *out*.
b. My fighter didn't knock *out* easily.　(O'Grady 1980: 59)

このように，本来は〈行為（働きかけ）〉の部分しか受け持たない動詞でも，結果状態を示す形容詞や小辞（particle）をつけ加えて結果構文にすることで，意味構造において変化から結果状態への拡張が行なわれる。類似の例を挙げると，wipe（ふく）という動詞はそれ単独では「こする動作」を表わすだけで，*This table wipes easily.（このテーブルは容易にふける）とは言えないが，This table wipes *clean* easily.（このテーブルは容易にきれいにふける）となると容認される。

次に，pound は「強く繰り返したたく」という意味であるが，それだけでは対象物の状態変化までは含意しないから，単独では中間構文に使えない(43a)。しかし，肉や金属の場合，繰り返し強くたたくことで状態変化が引き起こされることは，日常生活でしばしば経験する。言語上も，flat のような結果述語を付け加えることで行為から変化・結果の領域への拡張が明示される。この結果構文をベースにして中間構文を作ると，(43b)のような文が立派に成立する。

(43) a. *This kind of metal pounds easily.
b. This kind of metal pounds flat easily.
　　　（この種の金属は，容易にたたきのばすことができる）

さらに，beat になると，強く繰り返すだけでなく，「すばやく」とか「勢いよく」とかいった意味が加わるから，対象物の状態変化が pound よりいっそう，含意されやすくなる。特に(44a)では「かきまぜて泡立てる」という意味になり，beat 単独で対象物の状態変化を表わすことができ

きる。

(44) a. She beat the mixture well.
（彼女はその混合物を十分泡立てた）
b. These eggs don't beat well.
（この卵はあまり泡立たない）

そうすると，意味構造のすべての範囲をカバーすることになるから，結果述語がなくても，beat だけで中間構文(44b)ができあがる。

ここで問題になるのは，make や build などの作成動詞（creation verbs）である。家を建てたり，プラモデルを作ったりするときは，動作主の行為から変化結果まで，意味構造のすべての範囲をカバーしている。それにもかかわらず，この種の動詞は中間構文で使うことができない。

(45) a. *Japanese houses build easily.
b. *The model plane makes easily.

(45)が不適格な理由は，対象物の責任性で説明できるだろう。家を建てるとき，第1に責任があるのは動作主である。それに対して，「家」というのは，建てた結果として生じるものであり，もともとは存在しないものであるから，家そのものに「建てる」ことを可能にする責任性を求めることはできない。これに対し，意味は似ていても，assemble や construct などの assemble verbs は中間構文に現われることができる。これらは，前もって与えられた材料を組み立てるという行為によって，その材料が何らかの姿に変わっていく。プラモデルやプレハブ住宅を作るときを考えれば分かるように，素材ないしユニットとして与えられているものの性質が，組み立てのしやすさに大きく影響している。したがって，この場合は変化対象が第1の責任性を担っていると考えることができる。

以上をまとめると，中間構文を形成する動詞は，基本的には動詞の意味領域において働きかけから，変化，結果までを含む動詞が該当する。働きかけの部分だけを持つ動詞でも，結果述語によって変化結果をその意味範囲に取り込むことができれば，中間動詞としての資格を獲得する。認識動詞（cognitive verbs）と感覚動詞（perception verbs）のうち，働きかけ・変化の心的作用が働くものは，中間構文に起こることができる。reach のように，変化のみを表わす動詞は含まれない。逆に，働きかけから変化・結果までをカバーしていても，動作主の意義が大きく，対象物に

第1の責任性を持たせられないような動詞（作成動詞や，assassinate, murder などの殺人動詞）も中間構文にあてはまらない。

## 4.5　副詞要素

　これまで挙げた多くの例からうかがえるように，中間構文の大半は一定の副詞要素を伴う。実際，副詞要素がなければ容認されないことが多い。

　　(46)　a. *This book reads.（?この本は読める）
　　　　　b. *This car handles.（??この車は運転できる）

なぜ副詞が必要なのだろう。

　中間構文における副詞の在り方を考える際には，語用論的な性質に注目する必要がある。まず，手がかりになるのが，これまで見てきた「責任性」など，対象物そのものの特徴である。中間構文があえて能動文と受動文の中間に立つような特殊な形を取っているのは，それだけの理由があるはずである。中間構文は，意味上の動作主は表に出さず，対象物を主語に取り立てて，その性質を述べる構文であるから，中間構文を用いるときには，対象物の特徴的な性質を強調しようとする話者の意図が働いている。とすると，その内容は強調するに値する情報価値を持つものでなくてはならない。ところが，(46a, b)は，対応する日本語からも明らかなように，すでに聞き手に当然のこととして了解されている内容しか含んでいない。もともと本は読むものであり，車は運転するものであるから，それだけでは十分な情報価値をもたない。これらは，The book reads easily.（たやすく読める），The car handles smoothly.（なめらかに運転できる）のように副詞を加えることで初めて発言に値する文となり，「その本はだれもがたやすく読むことを可能にするような（分かりやすい，興味深い，おもしろいなど）特徴をもっている」という「対象物の特徴づけ」の機能を果たすものとなる。

　逆に言えば，主語と動詞だけで十分に価値のある情報を伝えていれば，副詞要素がなくても中間構文が成り立つことができる。

　　(47)　a.　This umbrella folds up.（この傘は折りたためる）
　　　　　　　　　　　　　　　　　　　　　　　　　　　　(Fellbaum 1986)
　　　　　b.　I thought we were out of gas, but the car DRIVES!
　　　　　　　（ガソリン切れだと思っていたけれど，この車は走るよ！）

c. This meat doesn't cut.（この肉は切れない）

(47a)において,「折りたたむことができる」というのは，その傘のセールスポイントであり，すべての傘に当然備わった特性ではないため，それだけで十分な情報価値を持つものと見なせる。同様に，(47b)は，driveに第1強勢（大文字で表記）を置くことによって，その車が止まってしまわずにまだ走っている，という予想外の発見を表わす。(47c)は，否定によって，本来なら当然切れることが予想される肉が，どうしたわけか切れないという意外性を表わす。これらは，それぞれ，動詞の部分だけで十分な情報価値を持つため，副詞要素を伴う必要がないのである。

中間構文に現れる副詞要素は，well, easily, with difficulty などの難易度を表わすものが典型的だが，そればかりでなく，場所を表わすもの(48a)や，比較の対象を表わすもの(48b, c)などもしばしば見られる（Fellbaum 1985, 1986, 1989など）。

(48) a. This umbrella folds up in the pocket.
（この傘はポケットの中にたためる）
b. This dog food cuts and chews like meat.
（このドッグフードは，肉のように切れるし，かめる）
c. Polyester cleans faster than cotton.
（ポリエステルは，綿より早くきれいになる）

これらの副詞的表現は，主語の特性（責任性）をより明確にすることによって，中間構文の成立を助けている。これに対して，先に(17)でもふれたwillingly, carefully, skillfully, proudly のような副詞は，動作主の態度を表わすだけで，対象物の特性を理解することに何ら貢献しないから，これらの副詞がついても，中間構文は成り立たないのである。

## 4.6　中間構文に類似した構文

ここでは，中間構文とは異なるが，意味・機能が似ている構文として，再帰中間構文と擬似中間構文を取り上げる。これらは，従来，あまり研究されていない構文であり，考察すべき点が多く残されている。

### 4.6.1　再帰中間構文

まず，(49)に示すような**再帰中間構文**（reflexive middle）を見てみよう。

(49) a. This door opens ITSELF. （このドアはひとりでに開く）
　　 b. Wool rugs clean THEMSELVES.
　　　　（ウールの敷物はひとりでにきれいになる）
　　 c. Foreign cars sell THEMSELVES.
　　　　（外車は放っておいても売れる）
　　 d. Simple problems solve THEMSELVES.
　　　　（簡単な問題はひとりでに解ける）

ここに現われる再帰代名詞は，強勢を伴って発音されるという点で，通常の再帰代名詞目的語(50a)ではなく，むしろ強調用法の再帰代名詞(50b)と共通する。

(50) a. They KNEW themselves.
　　 b. They knew THEMSELVES.

つまり，「自分で」という強調の再帰代名詞は強勢を置くことが必要だが，それと同じように，再帰中間構文の再帰代名詞も強勢を必要とする。しかし意味的には，通常の中間構文 (This door opens easily.) が，「このドアは（だれが開けても）簡単に開く」という総称的解釈を持つのに対して，この再帰中間構文 (This door opens ITSELF.) に対しては，「このドアはひとりでに開く」という自動ドアの解釈がまず優先的に与えられるといった違いが見られる。

　動詞の意味範囲としては，再帰中間構文も，上例(49)のように，open, clean などの自他交替を示す動詞と，sell, solve など対応する自動詞をもたない他動詞の両方から作られるが，一般に，動作主の関わりが強く含意されるような作成動詞との結びつきは容認度が低い。

(51) a. *My new sweater crocheted ITSELF.
　　　　（私の新しいセーターは，ひとりでに編めた）
　　 b. *Smooth surfaces paint over THEMSELVES.
　　　　（なめらかな壁面は，放っておいても塗れる）

しかし，作成動詞でも，次のような例は容認される。

(52) a. A good story, once clearly conceived, almost writes IT-SELF. （よい話というのは，最初の構想がはっきりしていれば，あとはひとりでに書けるものだ）
　　 b. With the latest synthesizer, this kind of music composes

ITSELF.（最新のシンセサイザーがあれば，この種の音楽は放っておいても作曲できる）

(52b)については，前置された道具名詞（the latest synthesizer）の特性を記述する文となっている可能性もあり，次に挙げる「擬似中間構文」とも関連する。

### 4.6.2 擬似中間構文

本来の中間構文では，他動詞の意味上の目的語が主語になるというのが基本的な公式であるが，道具あるいは場所を表わす名詞が主語にくる例もある。これを**擬似中間構文**（pseudo-middle）という。

(53) a. This knife cuts well.（このナイフはよく切れる）
　　 b. This type of pen writes scratchily.
　　　　（この種のペンはすべりが悪い）
　　 c. The washing machine doesn't wash.
　　　　（この洗濯機は汚れが落ちない）
　　 d. This spray kills instantly.（この殺虫剤はすぐに効く）
　　 e. This lake fishes well.（この湖はよく釣れる）
　　 f. This studio records well.
　　　　（このスタジオはうまく録音できる）

擬似中間構文と中間構文は主語の使い勝手のよさ，便利さを述べる点，そして，動作主を明示できない点で共通している。動詞との共起に関しては，cut, paint, write, wash などの他動詞との相性がよく，burn, open, break などの自他交替を起こす状態変化動詞との結びつきは容認度が低いようである。さらに read, translate などの知的生産を表わす動詞とも共起できない（熊谷 1994）。

(54) a. This brush paints poorly.（この筆はきれいに描けない）
　　 b. ?This pan burns easily.（このフライパンはすぐに焦げつく）
　　 c. *These brand-new spectacles for the aged read much better than usual ones.（この新型の老眼鏡は，普通のものよりずっと本が読みやすい）

この構文の性質については十分に解明されていない。一方では，通常の中間構文が道具や場所名詞にまで拡張されたという考え方があるが，もう一方では，これらは中間構文ではなく，単に，道具を主語にとる構文にすぎ

ないという考え方もある。後者の考え方では，例えば(53d)は，次の道具主語構文と変わりがないことになる。

(55) This spray kills cockroaches instantly. (Schlesinger 1995: 99)

しかし(53f)などは，そのような考え方では処理できないだろう。なお，(53e)は，fish the lake という，釣りをする場所を目的語にした他動詞構文に由来しているとも考えられる。

## 4.7　日本語の中間構文

前節までは英語の中間構文を見てきたが，ここで，日本語にこれに相当する構文があるかどうかを考えてみたい。本来的には他動詞であるものをそのまま自動詞として機能させるという英語の中間構文の形態的特徴は，日本語にはあてはまらない。日本語では，他動詞と自動詞の交替は何らかの接尾辞によって表示されるのが原則だから，自他の対応関係や形態の付加という点を考慮に入れて，2節の冒頭で述べた統語的・意味的特徴をもった文を対応させてみよう。フランス語やドイツ語の研究では動詞に付加する接辞(clitic)の se, sich を含めて中間構文として分析されるので，日本語でも接尾辞を含めた形で考察する。具体的には，意味上の動作主は「一般的な人々」を指し，対象物が主語となってその主語の特徴を述べるような文があるかどうかが問題になる。すぐに思い浮かぶのは「自発文」と「可能文」であるが，実際は，研究者によって提示される構文が分かれる。

まず，国広(1996)では次のような例を「再帰中間態」と呼んでいる。

(56)　a. 沖から高い波が寄せてきた。(＝波が自らを寄せる)
　　　b. 事がうまく運んだ。(＝事が自らを運ぶ)

これは，This book reads well. 型の中間構文ではなく，むしろ英語の History repeats itself. や A solution suggests itself. といった再帰構文に近い構文と考えられる。これは，さらに言えば，古代ギリシア語などにおける「中間態（middle voice）」ないし「再帰態（reflexive voice）」と共通するものと思われる。

阿部(1991)では，「総称的構文」の性格に注目して，他動詞文・自動詞文ともに総称的表現が作れることから，(57)のどの総称文が最も英語の中間構文に対応するかという点が議論されている。

(57) a. 絶対他動詞の総称文：この本は簡単に翻訳できる。
　　　b. 両用他動詞の総称文：この茶碗はすぐ割れる。
　　　c. 絶対自動詞の総称文：この釘はすぐさびる。

(57c)は自動詞しかないので中間構文には含まれない。(57b)も，これに対応する英語の文（This glass breaks easily.）が，自動詞(break)をもとに成り立っていて，日本語の「割れる」も同じように形成される総称的構文なので，やはり中間構文には含めていない。真の意味での中間構文には(57a)の他動詞用法だけを持つ動詞に可能形をつけた「受動的可能表現」だけが該当する，と主張されている。これらの文は，絶対他動詞が自動詞的に用いられているという点で日英語の平行性が保たれ，違いは日本語の表現に可能形式「られ」（または「できる」）が付加される点である。

一方，影山(1998)では，英語の中間構文は対象物の一般的な性質を描写するというのが特徴であるから，日本語では次のような例と比較するほうが妥当であると述べられている。

(58) a. 強化ガラスはなかなか割れない。
　　　b. 銅板は簡単に曲がる。

(58)の例は，実際に起こった出来事ではなく，主語の一般的・恒常的な性質を描写するという点で，英語の中間構文に近い。また，「誰がやっても」のような副詞節をつけることができる点でも英語（上掲(16)）と類似している。

(59) a. 誰がやっても，この枝は折れる。（やっても＝折っても）
　　　b. このドアは子供でも簡単に開く。
　　　　（子供でも＝子供が開けても）

しかし，(58)(59)のような日本語は，意味的には英語の中間構文と似ているものの，形態的な成り立ちが異なっている。つまり，英語では他動詞が基本で，動詞の意味構造においては動作主を保持しつつ，対象物の一般的性質に焦点をあてるが，(58)(59)の日本語では自動詞が用いられている。これは，もとが他動詞の場合は「破る→破れる」のようにいったん自動詞化したあとで，新たに潜在的な動作主を継ぎ足すという形で中間構文に相当する文が形成されるということである。

では，中間構文に相当する日本語の文は(57a)のような「受動的可能文」なのだろうか，それとも(58)(59)のような「自動詞文」なのだろう

か。ここで，寺村(1982)を参考にして考えてみよう。寺村は，能動的可能表現として(60)を，受動的可能表現として(61)を挙げている。

(60) a. この魚は木に登れる。
    b. 彼に（は）この瓦が割れる。
(61) a. この水は飲めますか？
    b. このキノコは食べられない。

(60)の能動的可能文と(61)の受動的可能文では明らかに意味が異なっている。(60)では能力を持つ主体が「魚，彼」で明示されているのに対して，(61)では主体の部分が「(一般的に)人々・我々・あなた(がた)にとって」ということを暗示している。つまり，動作の主体が表層から消え，主語の一般的な可能状態を表わす点において，英語の中間構文にきわめて近い意味と言えるだろう。さらに，寺村は，自他の対応とは別に「自発態」を立てている。「自発態」とは，「あるもの(X)が，自然に，ひとりでにある状態を帯びている，あるいは，あるXを対象とする現象が自然に起きるという意味を持つ」(1982: 271)と説明され，次の例がその範疇に入るとされる。

(62) a. 昨夜の火事で，家が10軒焼けた。
    b. ガラスが割れる。

自発と可能の相関関係について，寺村は，「可能態が，能力を持つ主体，または可能な状態にある『主体』を構成要素として持つときは，自発態との違いは明らかであるが，動作主が不特定の人，一般的な規準を表わす場合に文から姿を消し，受動的可能表現の形を取ったときには，自発表現と構文的には同じになる」と述べている。つまり，(60b)の「彼に(は)この瓦が割れる」の「彼」を消すと「可能」と「自発」の両方に解釈される。さらに，可能態というのは状態性の表現，自発態というのは出来事の表現であるが，否定になったときには，両者の区別がつかなくなる。

(63) この糸はなかなか切れない。

(63)は，「切ることができない」という意味にもとれるし，また単に，「切れる」という出来事が起きない，という意味にもとれる。このように，自発と可能は連続線上に位置する。この連続性については，Shibatani(1985)でも「自発」のパターンとして「自発→(否定)→可能」という拡張の過程が提示されている。

したがって，ここでは，英語の中間構文は，日本語の自発文と可能文の両方にまたがっていると考えておく。This fabric washes in cold water only. という文が中間構文であるなら，「この生地は冷水でしか洗えない」という可能文が適切に対応し，また，This door opens easily. に「このドアは簡単に開く」が相当するとなれば，自発文も適切にその範疇に含まれる。いずれにしても，「不特定の動作主」は文の表面に現われない。だれがやっても主語の性質がその行為遂行に責任を果たすという意味は，自動詞形があれば「自発文」の形で現われ，自動詞形がなければ「られ」という可能文の形で現われるということになる。

## 5 まとめ

中間構文と能格文は外見上，非常によく似ているために，一般の英和辞典ではどちらの動詞も単に「自動詞」と記されることが多い。しかし，能格文が具体的な出来事の発生を意味するのに対し，中間構文は主語に取り立てられた名詞の特性を描写するという独自の特徴を持っている。この特徴が基本となって，副詞や時制などのさまざまな制約が生じる。英語の中間構文にあたる表現は，日本語では可能態で表わすことが多く，また，ドイツ語やフランス語では再帰代名詞で表わす。再帰構文はさらに古代ギリシア語の中間態（再帰態）につながっていく。このように中間構文は一方では可能態と，他方では再帰態と密接に関係するから，今後は，さらに広く態（voice）という観点から考察を進める必要がある。

## 6 さらに理解を深めるために

- Christiane Fellbaum. 1986. *On the middle construction in English.* [中間構文の成立に関わるさまざまな制約を考察し，能格文や受身文との意味の違いを語用論的な視点を交えて考察している。]
- Sarah Fagan. 1992. *The syntax and semantics of middle constructions.* [中間構文を語彙的な派生ととらえて語彙規則と制約を提案し，英語とドイツ語の比較を行なっている。]
- 寺村秀夫．1982.『日本語のシンタクスと意味 I』[中間構文に限らず日本

語の単文が表わす事象を類型化し，述語と格助詞の結びつきを詳しく記述している。受動的可能表現は，第3章「態」で言及されている。]
・Bassac, Christian and Pierrette Bouillon. 2002. Middle transitive alternations in English: A Generative Lexicon approach. In *Many morphologies*, ed. Paul Boucher, 29-47. Somerville, MA: Cascadilla Press.

(松瀬育子・今泉志奈子)

# 第8章　難易構文

◆基本構文
- (A) 1. This book *is easy* for little children to read (*it).
   2. 小さな子供にはこの本が読みやすい。
- (B) 1. This post office *is easy* to send a package through.
   2. この郵便局（から）が小包を送りやすい。
- (C) 1.*I *am tough* to walk, because I am injured in the leg.
   　（足にけがをしているので，私は歩きにくい）
   2.*Japanese speakers of English *are easy* to confuse *l* and *r*.
   　（日本人は英語の発音で"l"と"r"を間違えやすい）

【キーワード】難易形容詞，経験者，動作主，自己制御性，主語の特徴づけ

## 1　なぜ？

　日本人が英作文をするときに間違いやすい表現の1つに，「～しやすい」「～しにくい」という構文がある。基本構文(A1)のような例では，あまり問題は起こらない。間違いが起こるとすれば，せいぜい to read のあとに目的語の代名詞（it）をつけることであるが，この構文では to 不定詞のあとに代名詞は不要である。いずれにしても，(A1)では，主語の This book は to read という他動詞の意味上の目的語にあたる。日本人が間違いやすいのは，次の(B)と(C)のような場合である。(B1)の意味は「この郵便局から小包を送る」ということであるから，主語の This post office は to send a package through の後ろから続いているはずである。そうすると，前置詞 through は後ろに名詞を伴わずに，単独で生起していることになる。どうして，前置詞が単独で起こることができるのだろうか。この

場合，日本語では(B2)のように，「この郵便局からが」と表現することもできるが，「から」を消して「この郵便局が」と言ってもよい。しかし，英語(B1)では前置詞（through）を削ることはできない。

(C)のような場合には，英作文の間違いが特に起こりやすい。(C1)，(C2)の日本語はごく自然であるのと比べ，それを直訳した英文は文法的に間違っている。なぜ日英語でこのような違いが生じるのだろうか。

## 2 難易構文とは

基本構文(A1)と(B1)のような文は，**難易構文**（*tough* construction）または難易文（*tough* sentence）と呼ばれ，行為のしやすさ（しにくさ）を表現する。英語の難易構文は一般に，次のような公式で現われる。

(1)　　主語名詞＋be動詞＋難易形容詞（＋for 人）＋to不定詞補文
　　　　This book　is　　easy　for children　to read.

この構文で使われる形容詞は行為の難易度を表わすものが多いので，「難易形容詞」と呼んでおく。これに該当するのは，典型的には，easy, hard, difficult, tough などであり，その中でも"tough"という言葉に代表させて，この構文を「tough 構文」とも呼ぶ。ただし，実際には，難易のほかにも，3節に挙げるように comfortable や important など，さまざまな意味の形容詞がこの構文に適合する。

(1)の公式の中，「for＋人」は2つの役割を担っている。1つは「誰にとってやさしい/難しいのか」を述べる働きで，(1)の例文なら「この本は子供にとってやさしい」ということである。この意味機能を「経験者」と呼んでおこう。for 句のもう1つの役割は，to 不定詞の意味上の主語（動作主）を表わすことである。

(2)　This book is easy **for children** to read.
　　　　　　　　↑＿＿＿＿＿｜ ｜＿＿＿↑
　　　　　　　子供にとってやさしい　子供がその本を読む

やさしいという認識は，普通はその行為をする本人にしか分からないから，for 句が2つの役割を担うのは自然なことである。なお，for 句を省略した場合には「誰にとっても」という総称的な主語が含意される。

「for＋人」の部分が不定詞補文の意味上の主語を表わすとすると，不定

詞補文の意味上の目的語を表わすのは，見かけ上，主語になっている名詞である。したがって，上の例は It is easy for children to read this book. と言い換えることができる。次の例も同じ形である。

(3) a. That kind of story is hard to believe.
(あの種の話は信じがたい)
Cf. It is hard to believe that kind of story.
b. My boss is tough to convince（私の上司は説得しにくい）
Cf. It is tough to convince my boss.

ただし，ここで「目的語」というのは必ずしも「直接目的語」に限られない。基本構文(B1)や，次の(4)のように，表面上の主語名詞が前置詞の目的語に対応することもある。

(4) a. My boss is easy to get along with.
(私の上司はつき合いやすい人だ)
Cf. It is easy to get along with my boss.
b. My teacher is pleasant to talk to.
(私の先生は話していて楽しい)
Cf. It is pleasant to talk to my teacher.

いずれにしても，英語の難易構文では，表面上の主語が to 不定詞補文の中で（前置詞の）目的語にあたるというのが重要な特徴となる。

次に，(1)の公式の「to 不定詞」に目を向けてみよう。難易構文は，難易形容詞と to 不定詞補文の両者が連携して主語名詞の性質を述べる構文である。easy, hard, pleasant などの形容詞は，Everything was easy/hard/pleasant. のように，単に名詞主語だけをとることもある。しかし名詞主語だけでは，難易形容詞の意味が漠然としすぎる。

(5) a. Mary is hard.（厳しい/冷酷だ）
b. Mary is easy.（人に甘い/御しやすい/ふしだらだ）

どういう点で easy (hard) なのかを明確にするためには，to persuade とか to get along with といった不定詞補文を補う必要がある。同じように，simple という形容詞が The design is simple. のように「単純だ」という意味で使われた場合は普通の SVC 構文であり，This question is simple to answer.（この質問は答えやすい）のように to 不定詞を伴って難易度を表わすと，難易構文になる。

これまでの説明では「主語名詞が不定詞の意味上の目的語にあたる」というように，解釈の仕方を述べてきたが，実際に主語名詞を不定詞の目的語として表現すると，(6b)と(6c)の2通りの構文が可能である。

(6) a. Mary is easy to please.（難易構文）
　　b. It is easy to please Mary.（外置構文）
　　c. To please Mary is easy.（文主語構文）

(6b)のように仮主語（it）を立てて表現するのを「外置構文」，(6c)のように to 不定詞全体を主語にもってくる形を「文主語構文」と呼ぶ。英語の一般的な傾向として，主語が長くなることは嫌われるので，文主語構文より外置構文のほうが自然である。学校文法では，難易構文(6a)と，外置構文ないし文主語構文は「書き換え」の関係として教えられるが，詳しく見ると，これらには意味の違いがある（→4節）。

難易構文というのは最初，英語の分析で取り上げられたものであるが，その後，日本語にも似たような構文があることが論じられている。

(7) a. 太郎には，小さな子供がからかいやすい。
　　b. 太郎が小さな子供をからかいやすい。

(7a)では，からかうという動作を行なう「太郎」が「には」で表わされ，動作を受ける「子供」はガ格で標示されている。この形式は，英語の The children are easy for Taro to tease. にあたる。他方，(7b)では「太郎」はガ格，「子供」はヲ格で表わされていて，これをそのまま英語に置き換えると，*Taro is easy to tease the children. となり，間違った英語になる。基本構文(C)も同じことで，日本語では補文の主語に相当する名詞句が難易構文の主語として表わされるように見える場合がある。日本語については4.5節で取り上げる。

難易構文がどのようなものかを見たところで，それと混同しやすい類似構文をいくつか紹介しておく。

(8) a. コントロール構文：Mary is eager to read this book.
　　　（メアリーはこの本を読みたがっている）
　　b. 主語繰り上げ構文：Mary is likely to pass the examination.
　　　（メアリーは試験に通りそうだ）
　　c. pretty 構文：Mary is pretty to look at.
　　　（メアリーは姿がかわいい）

これらは「主語＋be 動詞＋形容詞＋to 不定詞」という外観は難易構文と同じだが，意味上あるいは構文上，次のような点で異なっている。

まず，主語の名詞と to 不定詞との意味関係を考えると，難易構文の場合は，主語名詞は不定詞の意味上の目的語にあたる。同じことは，(8c) の pretty 構文にも言える。(8c) は We look at Mary. ということであるから，主語の Mary は to look at の目的語に相当する。ところが，(8a) のコントロール構文と (8b) の主語繰り上げ構文の場合は，Mary は to read, to pass という不定詞の意味上の主語にあたる。

もう 1 つの違いは，外置構文で書き換えられるかどうかである。難易構文が It is ... to 不定詞に書き換えられることは，(6b) で述べたが，(8) の中で仮主語で書き換えられるのは主語繰り上げ構文だけである（ただし It is ... to 不定詞ではなく，It is ... that 節になる）。コントロール構文と pretty 構文は外置構文での書き換えが不可能である。

(9) a. It is likely that Mary will pass the examination.
（主語繰り上げ構文）
Cf.*It is likely for Mary to pass the examination.
b. *It is eager for Mary to read this book.（コントロール構文）
c. *It is pretty to look at Mary.（pretty 構文）

以上のほかに，to 不定詞の前に for 句をつけることができるかどうかも，これらの類似構文を区別する基準になる。

(10) a. コントロール構文：Mary is eager for you to come.
b. 主語繰り上げ構文：*Mary is likely for her sister to pass the examination.
c. pretty構文：??Mary is pretty for her boyfriend to look at.

これらの諸構文の中で難易構文を取り上げるのは，主語名詞の特徴づけという，第 7 章で見た中間構文と似た働きを持つからである。

## 3 代表的な難易形容詞

難易構文に現われる英語の形容詞は，行為の難易度のほかに，comfortable, handy のような快適さ，important や useful のような価値評価，exciting, great のような感情判断を表わすものがある。

【英語の難易形容詞】
amusing, annoying, appropriate, attractive, bad, boring, cheap, comfortable, comforting, convenient, confusing, crucial, dangerous, delightful, difficult, disagreeable, disgusting, dreadful, easy, effective, enjoyable, entertaining, excellent, exciting, expensive, fascinating, good, great, handy, hard, inconvenient, important, impossible, interesting, nice, perfect, pleasant, %possible, practical, puzzling, refreshing, risky, safe, simple, stimulating, tough, troublesome, unhealthy, unpleasant, useful, useless, valuable, wonderful (possibleの前に%印をつけているのは，難易構文での使い方が限定されるからである（→4.3節）。）

なお，形容詞の代わりに次のような名詞が用いられることもある。

(11) a bitch（不快なこと，困難なこと），a breeze（容易なこと），a pleasure, a delight, a joy, a gas（愉快なこと），a pain in the ass/neck（嫌なこと）

(12) a. This problem was a breeze to solve.
（この問題は解きやすかった，解くのが簡単だった）
(Lasnik and Fiengo 1974: 562)
b. John is a bitch to work for.
（ジョンのために働くのは嫌だ） (Jones 1991: 156)

このような名詞はいずれも口語的ないし俗語的である。

# 4 問題点と分析

以下では，英語の難易構文を中心に，補文動詞の意味(4.1節)，for名詞句の働き(4.2節)，および主語名詞の特徴(4.3節)を見ていくが，最後に日本語の難易構文(4.4節)と比較する。

## 4.1 補文動詞の意味的性質

難易構文の不定詞補文には，どのような動詞が用いられるのだろうか。まず，2節で「難易構文の主語は，不定詞補文の意味上の目的語にあたる」と説明したように，不定詞に用いられる動詞は他動詞（あるいは自動

詞の場合なら前置詞句を伴うもの）でなければならない。

(13) The cooker is easy to clean ＿＿＿．

この例文では to clean という他動詞が使われていて，主語の The cooker は，意味的には to clean のあとの位置（下線で示した空白部分）に対応している。この「空所（gap）」に代名詞を補うことはできない。

(14) a. *The cooker is easy to clean it.
b. It is easy to clean the cooker.

もちろん外置構文(14b)では，to clean の目的語が明示される。

このように，不定詞補文が他動詞の場合，その目的語にあたる名詞は主語として現われるだけで，他動詞のあとに残ることができない。しかし，他動詞であるから，意味解釈上は目的語に相当するものがあるはずで，その部分が目に見えない空所になっている。

難易構文では不定詞の目的語が空所になっていることを確かめるために，能格動詞の解釈を見てみよう。能格動詞というのは，break や open のように自動詞と他動詞が同じ形で使役交替を示す動詞である。第1章で述べたように，能格自動詞は all by itself（ひとりでに，勝手に）という非意図的な行為を修飾する副詞句と共起できる。

(15) a. The boat sank all by itself.
b. The cotton dried all by itself.

ところが，sink, dry を難易構文に用いると，all by itself が使えなくなる。

(16) a. *The boat is easy to sink all by itself.
（そのボートは勝手に沈みやすい）
b. *The cotton is easy to dry all by itself.
（木綿は勝手に乾きやすい）

したがって，難易構文の不定詞は自動詞ではないということになる。

他方，同じ sink, dry でも，人間が意図的に行なう行為を表わす他動詞として用いられる場合には難易構文が成り立つ。

(17) a. The boat is easy to sink.（そのボートは沈めやすい）
Cf. 中間構文　The boat sinks easily.
b. The cotton is easy to dry.（木綿ものは乾かしやすい）
Cf. 中間構文　The cotton dries easily.

(17)の難易構文は，それに対応する中間構文とかなり似た意味を表わしている。つまり，中間構文が表に現われない潜在的な動作主を含んでいる（第7章）のと同じように，難易構文も意味的に動作主を伴う他動詞が基本であり，その動作主は for 句によって明示することができる。

(18) a. The cotton is easy for me to dry.
　　　b. The boat is easy for the army to sink.

このように，難易構文では不定詞補文が他動詞であるのが基本であり，その動詞の後ろに目的語に相当する空所が存在することが特徴となる。ただし実際には，不定詞は他動詞だけでなく，自動詞のことも少なくないが，その場合も，前置詞の目的語にあたるところに空所が必要である。

(19) a. John was depressed and hard to talk to ＿＿＿.
　　　b. Such pictures are hard to come by ＿＿＿. (come by ＝get)

(19a)の to talk は自動詞だが，「意気消沈していたジョンは，しゃべるのが嫌だった」という意味ではない。ジョンがしゃべるのではなく，周囲の人が彼に話しかけるのが難しかったという意味である。したがって，to talk to のあとに，John にあたる名詞が隠れている。(19b)の come by の場合はいっそうはっきりしていて，これは「手にいれる」という他動詞的な意味の熟語になっている。このように，前置詞の目的語が難易構文全体の主語にあたる場合は，その前置詞のあとに空所ができる。目的語がなくなって前置詞だけが残ることを**前置詞残留**（preposition stranding）という。

なお，同じ hard や easy であっても，外置構文なら「空所」がないので，自動詞でも他動詞でも自由に使えることに注意したい。

(20) a. It was not easy to become Segovia's pupil.
　　　b. It is awfully hard to walk in the water.

以上のように，難易構文では不定詞のあとに直接目的語ないし前置詞目的語に相当する空所が必要である。逆に言うと，空所が不定詞より前（つまり主語）にあるときは難易構文が成り立たないということになる。

(21) a. *My father is easy [＿＿＿ to forget people's names].
　　　　（父は人の名前を忘れやすい）
　　　b. *I am very hard [＿＿＿ to get up early in the morning].
　　　　（私は朝早く起きにくい）

第8章　難易構文　219

(21a)は My father forgets people's names., (21b)は I get up early in the morning. という意味であるから，それぞれ，to 不定詞の主語にあたるところに空所が想定できる。このような場合は非文になる。英語で正しく表現するには，It is easy for my father to forget people's names./It is hard for me to get up early in the morning. のように外置構文を使うか，あるいは，My father forgets people's names easily./My father is apt to forget people's names. や I have difficulty getting up early in the morning. のように別の構文で表わす必要がある。

さて，上述のような「空所」の位置に関する統語的な条件が満たされていても，難易構文が成り立たないことがある。そのような場合の多くは，**自己制御性**(controllability) という意味の性質が関わっている (Lasnik and Fiengo 1974, Nanni 1978)。自己制御性というのは，本人（つまりその動詞の主語）が意識して，その行為をコントロールできることであり，自己制御性のある動詞は try to や be able to のあとに続けることができる。例えば，understand や like は「状態動詞」と呼ばれるが，try to や be able to のあとに続けることができて，自己制御が可能である。実際，これらは難易構文に用いることができる。

(22) a. John {tried/was able} to understand the lecture.
b. John {tried/was able} to like your cousin.
(Nanni 1978: 93)

(23) a. The lecture was hard for me to understand.
b. Your cousin was difficult for me to like.
(Nanni 1978: 93)

他方，同じく状態動詞であっても，want, prefer, lack などは主語の意志で左右できないから，自己制御性を欠く。そのため，難易構文に使うことができない。

(24) a. *John {tried/was able} to want the coat.
b. *John {tried/was able} to prefer the hardcover edition.
c. *John {tried/was able} to lack the necessary funds.
(Nanni 1978: 93)

(25) a. *Expensive clothes were easy for Mary to want.
b. *The hard cover edition was hard for the teacher to prefer.

c. *The money was tough for John to lack.　(Nanni 1978: 91)

　自己制御性という概念は，不定詞が自動詞の場合にもあてはまる。自己制御性を持つ自動詞というのは，talk, work, walk といった非能格動詞である。これらが前置詞句を伴い，主文の主語がその前置詞の目的語に相当するのであれば，難易構文が可能である。

(26)　a. The mountain path is tough for me to walk along.
　　　　（この山道は私には歩きにくい）
　　　b. This sofa is comfortable to sit in.
　　　　（このソファは座り心地がよい）

　一方，自己制御性のない動詞（非対格動詞）の場合は，たとえ補文内に前置詞があり，主文の主語がその前置詞の目的語に相当する語句であっても，難易構文は不可能である。

(27)　a. *This lake is easy (for little children) to sink in.
　　　　（この湖は小さな子供が沈みやすい）
　　　b. *The veranda is easy (for the washing) to dry on.
　　　　（このベランダは洗濯物が乾きやすい）

（これらは，同じ自動詞の dry, sink を含んでいるが，主語が空所になっている(16)とは異なることに注意。）

　自己制御性（あるいは意図性）が前置詞残留の可能性を左右することは，擬似受身 (pseudo-passive) にも見られる。擬似受身とは，He was spoken to by a foreigner. のような，主語が能動態で前置詞の目的語に相当する前置詞つきの受動態のことである。「be＋過去分詞＋前置詞（＋by 名詞）」といった公式を含んでいる。Perlmutter and Postal(1984)が指摘する次の例では，意図的，自己制御的な非能格動詞(28)は擬似受身を許すが，意図性のない非対格動詞(29)はそれを許さない。

(28)　a. The desk was sat on by the gorilla.
　　　　← The gorilla sat on the desk.
　　　b. This hall has been played in by some of the finest orchestras in Europe.
　　　c. The bed was jumped on by the children.
(29)　a. *The desk was sat on by the lamp.
　　　　← The lamp sat on the desk.

    b. *The bed was fallen on by dust.

    c. *The bridge was existed under by trolls.

難易構文における前置詞残留と擬似受身における前置詞残留にこのように共通性が見られるのは興味深いところであるが、両者の可能性が厳密に同じかどうかは、さらに検討する必要がある。

　話を難易構文に戻すと、自己制御性の条件は、to 不定詞が受身形の場合にも適用する。まず、復習として、次のように難易構文の不定詞が受身形である場合は、非文になることを確認しておきたい。

　(30)　*John was hard [＿＿ to be examined by the doctor].
　　　　（ジョンは医者に診てもらいにくい）

(30)は、主語の John が補文の主語にあたり、to 不定詞のあとには何も空所がないから、難易構文として排除される。

　ところが、不定詞が受身形であっても、次のような場合は難易構文が適切に成り立つ。

　(31)　The doctor was hard for John to be examined by ＿＿.
　　　　（ジョンにとってその医者には診てもらいにくい）

(Nanni 1978: 92)

　　　　Cf. John tried to be examined by the doctor. (Nanni 1978: 94)

(31)では、主語（The doctor）に対応する空所が to be examined by のあとにあるから、統語的条件に合っている。そしてこの場合、自己制御性という意味条件も満たしている。つまり、be examined（診察を受ける）というのは患者が自ら病院に出向き、診察を受ける医者を選ぶことが可能な、積極的行為であるから、自己制御的と考えられる。

　次の(32)の例は、補文が受身で by のあとに空所があるにもかかわらず、不適格になる。この場合、be arrested（逮捕される）というのは否応なしに被る行為で、try to に続けられないから、自己制御性を欠く。

　(32)　*The police are easy (for John) to be arrested by ＿＿.［(for John) は筆者が加えた］　　　(Lasnik and Fiengo 1974: 553)

(33)も同様である。

　(33)　a. *John is unpleasant to be kicked by.

　　　　b. *That group is not easy to be accepted by.

なお、難易構文ではなく外置構文を用いると、自己制御性にかかわらず、

受身形が可能であることに注意したい。

(34) a. It is unpleasant to be kicked by John.
b. It is all too easy to be blinded by developments in digital recording.

上の説明は，不定詞補文が普通の be 受身の場合であったが，get 受身になると，難易構文が適格になることがある。

(35) a. The police are easy to get (yourself) arrested by.
(Lasnik and Fiengo 1974: 553)
b. MIT is tough to get hired by.

get 受身は，He tried to get (himself) arrested by the police. のように try to に続けることができるから，自己制御性を持っている。そのために，難易構文に生じることができると考えられる。

次に，難易構文の不定詞に完了形（to have＋過去分詞）が適合するかどうかを見てみよう。従来，完了不定詞は，アスペクトというよりも主節の時制と補文の時制が食い違う場合に用いられると言われてきた。例えば John is certain to have come to the party. は「ジョンがパーティに来た（過去）のは確かだ（現在）」という解釈で主文と補文の時制がずれている。ところが，難易構文の完了不定詞はそのような時制のずれを表わさない。次の例(36)は，「昨日，本を売った（過去）ときには気づかなかったが，今になって考えるとこの本は売りやすいと思う（現在）」というように，主節と補文の時制が異なるので非文となる。

(36) *These books are easy to have sold yesterday.

一方，この文の yesterday を by seven o'clock にかえると適格になる。

(37) These books were easy to have sold by seven o'clock.
（これらの本は 7 時までに売り終えるのは簡単だった）

by seven o'clock は，これらの本を売るという行為が完了する「締め切り時間」を表わしていて，その一時点だけで行為が起こるというわけではない。この場合，to have sold は時制というより，その時点までに完了するという「アスペクト」を表わしている。

このように，完了不定詞が過去の一時点を指す過去時制を表わしていなければ，難易構文で可能なことは，次の例文からも分かる。

(38) a. Tokyo is tough to have lived in for a long time.

b. John is difficult to have loved for a long time.

c. English is easy for me to have studied since childhood.

(38)の完了不定詞は，ある期間，継続している状態を表わしている。

まとめると，難易構文の完了不定詞は，過去の一時点に起こった出来事を表わすのではなく，ある期間に続く状態（継続）やある期間までに起こる出来事（完了）を表わすアスペクト表現である。これは，従来指摘されてこなかったが，興味深い事実である。

次に，不定詞補文が否定になる場合を見てみよう。難易構文の不定詞の直前に not をつけて不定詞を否定することは，普通できない。

(39) a. *John is easy not to please.

b. *The work is easy for me not to do.

このような文は，適切な文脈を想定すれば容認性が上がる。

(40) A: John is so often away that I have difficulty in making an appointment with him.

B: (?) Yeah, he's easy NOT to meet.

ただし，これは not に強勢が置かれる特殊な文で，多少ぎこちなく感じる話者もいる．

## 4.2 for 名詞句

難易構文では動作主ないし経験者を表わすのに「for＋人」を用いる。しかしこの for 句は実際には明示されないことが多く，また，文頭や文末に自由に置けることから，付加詞(adjunct) にすぎないとされてきた。

(41) a. John is easy for Bill to please.

b. For Bill, John is easy to please.

c. John is easy to please, for Bill.

これと比べて，for 句が明らかに to 不定詞の文法上の主語にあたる場合は，動詞の前に固定され，文頭や文末に移すことができない。

(42) a. I prefer very much for John to come to the party.

（私はぜひジョンにパーティに来てほしい）

a'.*For John, I prefer very much to come to the party.

b. Bill is eager for John to come to the party.

（ビルはジョンにパーティに来てほしがっている）

　　　　　b'.*Bill is eager to come to the party, for John.

(42a′), (42b′) が許されないのは, for John to come to the party が文法上, 1つのまとまり (**構成素** constituent) を形成するからである。逆に言えば, for 句を不定詞から切り離すことができる難易構文(41)では, for 句は to 不定詞と一体になっていないということになる。

　ところが, 奇妙なことに, for 句がない場合には, 難易形容詞と to 不定詞が統語的に一体となって, 1つのまとまりを構成するようである。

　　(43)　a. How easy to tease is John? ← John is easy to tease.
　　　　　b. How difficult to avoid was the problem?
　　　　　　← The problem was difficult to avoid.
　　　　　　　　　　　　　　　　　　　　　　(Nanni 1980: 570)

(43)の疑問文では, How easy, How difficult を文頭にもっていっているが, それに付随して to 不定詞もいっしょに移動しているから, easy to please, difficult to avoid がひとかたまりであるということになる。

　しかし, このような疑問文 (あるいは感嘆文) でも, for 句が間に介入する場合には, to 不定詞をいっしょに文頭に移すことは許されない。

　　(44)　a.*How easy for the children to tease is John?
　　　　　b.*How easy for the children to tease John is!
　　　　　　　　　　　　　　　　　　　　　　(Nanni 1980: 572)

このことは, easy for the children to tease 全体が1つのまとまりを形成していないことを示している。「形容詞＋不定詞」だけなら構成素を形成するが, for 句が介在すると, まとまりが崩れてしまうのである。

　では, この for 句は具体的にどのような働きを持っているのだろうか。難易構文は, 主文の難易形容詞と不定詞の2つの述語を含んでいる。難易形容詞に対しては, 「だれにとって, それがしやすいのか」といった難易や評価の判断をする人 (経験者 Experiencer) が関わっているし, to 不定詞に対しては, その意味上の主語である動作主 (Agent) が関わっている。したがって, 難易構文には「経験者」と「動作主」の2つの役割を担う人物が必要なはずである。実際, 外置構文の場合には, 経験者と動作主をそれぞれ別々の for 句によってはっきりと表わすことが可能である。

　　(45)　It is unpleasant **for Mary for her daughter** to date with
　　　　　　　　　　　　　〈経験者〉　〈不定詞の主語〉

the boy.

(45)の解釈は「メアリーにとって自分の娘がその男の子とデートすることが不愉快だ」ということである。このように2つのfor句が連続する場合，常に前が経験者，後ろが不定詞の主語を表わす。逆にfor Maryが不定詞の主語で，for her daughterが経験者と解釈することはできない。

さて，外置構文では2つのfor句を並べることができたのに，難易構文ではそれが不可能になる。上の(45)と，次の(46)を比べてみよう。

(46) *The boy is unpleasant **for Mary for her daughter** to date
　　　　　　　　　　　　　　　〈経験者〉　〈不定詞の主語〉
with.

(46)は非文法的である。一般的に，難易構文では，形容詞（unpleasant）の経験者と不定詞（to date）の主語が同一人物であることが多い。しかしながら，この2つはいつも同一人物でなければならないとは言い切れない。次のように経験者と不定詞の主語を分離すると，容認度が高くなる。

(47) ?**For Mary**, hoodlums are unpleasant **for her daughter** to
　　　〈経験者〉　　　　　　　　　　　　　　〈不定詞の主語〉
date with.

(47)は，若干ぎこちないと感じる話者もいるが，for句が連続する(46)と比べると，かなり容認できる。したがって，(46)が許されないのは，意味ではなく，何か文法的な理由があるものと思われる。

今度は，for句が1つだけ現われている文を考えてみよう。

(48) That machine is dangerous for Bill to operate, but he doesn't think so. （ビルがその機械を操作するのは危険だが，ビル自身はそう思っていない）

この例では，but he doesn't think soという文が続いていることから，for Billはdangerousだと判断する経験者ではない。「Billがこの機械を操作するのは危険だ」と判断しているのはこの文の「話者」である。そうすると，for Billはto operateの主語としての働きしか持たないことになる。難易構文は，to不定詞の主語が明示されると成立しないと主張する学者もいるが（Berman 1974），(48)の例からは，不定詞に主語がついていても，難易構文が可能であることが分かる。

ただし，補文の不定詞がpleaseのような心理動詞の場合は，意味から

考えて，for 句は心理動詞の主語であると同時に形容詞に対する経験者でなければならない。John is easy (for me) to please. という場合，easy to please と判断できるのは，実際に喜ばせている本人だけのはずであるから，2つの役割の同一性を否定するような文脈を作ると，不適格になる。

(49) *John is easy for Mary to please, but she doesn't think so.
（メアリーにとってジョンを喜ばせることはたやすいが，メアリー自身はそう思っていない。）

(49)の前半だけを見れば，あたかも，for Mary が難易構文の成立を阻んでいるように見えるのである。

しかし同じ easy を用いても，不定詞を心理動詞でない動詞に変えれば，for 句は必ずしも経験者でなくてもよい。例えば to solve (the problem) なら，easy と判断するのは，問題を解いた当人でなくてもよい。

(50) The problem is easy for Mary to solve, but she doesn't think so. （私は，メアリーがこの問題を解くのは簡単だと思うが，メアリー自身はそう思っていない。）

(50)の例では，問題を解く動作主は Mary であるが，その問題が容易かどうかを判断しているのは Mary ではなく「話者」である。このように経験者と動作主が異なる場合は，不定詞に主語がついていても難易構文は成立するのである。

to 不定詞の主語が明示されると難易構文が成立しないと考える根拠の1つとして，Berman(1974)は，for 句に虚辞(expletive; 形式主語のこと) の it や there が現われることができないことを指摘している。

(51) a. *The soup would be unpleasant for there to be a fly in.
b. *St. Patrick's Day is impossible for it to rain on.
(Berman 1974: 264)

しかしこれは，すでに述べたように，難易構文の不定詞は動作主が自分でコントロールできる動詞でなければならず，存在を表わす there + be 動詞や，天候の rain がそのような意味条件に合わないからである。

形式主語に限らず，無生物も for 句に現われることができない。

(52) The slick surface was tough {for me/*for the paste} to stick to. (Nanni 1978: 22)

(52)で for me が使われた場合は，その人が stick（くっつく）という行

第8章 難易構文 227

為を制御できるが，the paste は意志がないから制御できない。

　ここで再度，強調しておきたいのは，自己制御性という意味の性質が関わるのは名詞を主語にした難易構文の場合だけで，形式主語 (it) を用いた外置構文には関係しない，ということである。

(53) a. It would be unpleasant for there to be a fly in the soup.
　　　b. It is impossible for it to rain on St. Patrick's Day.
　　　c. It was tough for the paste to stick to the slick surface.

不適格な(51)(52)に対して，(53)は問題なく成り立つ。なぜなら，外置構文で現われる for 句は経験者ではなく to 不定詞の文法的な主語を表わし，そのため，自己制御性などの意味制限を受けないからである。

　最後に，難易構文における for 句を，中間構文に現われることができる for 句と比較しておこう。中間構文では動作主を by 句ではなく，for 句として表わすことがある（第7章）。しかし，難易構文と違って，中間構文の for 句は必ず強勢を置いて発音され，対比の意味を表わす。

(54) This book reads easily FOR ME.
　　　（この本は私には読みやすい）

つまり，難易構文で for が明示されるのはそれほど珍しくないが，中間構文の for 句は特殊であるといえる。

## 4.3　主語の特徴づけ

　難易構文の基本的な働きは，中間構文と似ていて，主語にくる名詞の性質・特徴を述べることである。この性質は，変形文法の入門書でよく出てくる2つの類似表現を見れば，容易に理解できる。

(55) a. John is eager to please.（コントロール構文）
　　　b. John is easy to please.（難易構文）

(55a)の eager 構文は，人を喜ばせたい（人の気に入られたい）というジョンの現時点での気持ちを述べているが，その気持ちは一時的なもので，すぐに変わるかもしれない。コントロール構文で用いられる形容詞をほかに挙げると，willing, reluctant, anxious, careful, happy, glad, sad, delighted, surprised などであるが，いずれも，ある行為を行なう時点での主語の心的態度を表わしている。これに対して，(55b)の難易構文は「ジョンは喜ばせやすい人だ」つまり「気難しくない」というジョンの性

格を述べている。性格というのは，普通は恒常的なものととらえられ，そうひんぱんに変わるものではない。difficult, hard, tough, pleasant, impossible, comfortable, dangerous, interesting など，難易構文で用いられる他の形容詞も同じように，主語の恒常的な性格ないし特徴を描写する。

この性質を逆手にとると，次のような表現が可能になる。

(56) John is being easy to please. (Lasnik and Fiengo 1974: 543)
　　　 Cf. John tries to be easy to please.

(56)の例は，ジョンは通常は頑固者なのだけれど，今だけ，わざとお人好しのふりをしているという意味になる。

難易構文が主語の性格ないし特徴を表わす構文であることは，それに対応する外置構文との違いからも理解できる。

(57) It's impossible to talk to Joe because
　　　a. he is as stubborn as a mule.
　　　b. he is out of town.
(58) Joe is impossible to talk to because
　　　a. he is as stubborn as a mule.
　　　b. *he is out of town.　　　　　(van Oosten 1977: 468)

It's impossible to talk to Joe という外置構文を使った(57)では，その理由を「ジョーは頑固だから」と言うことも「今出張中だから」と言うこともできる。これに対して，Joe という人物を主語に立てた難易構文(58)では，「今出張中だから」という理由は成り立たず，「彼は頑固者だから」というように Joe の性格を理由にしなければならない。

このように考えると，possible という形容詞の特異性が理解できる。2節で難易形容詞の一覧表を挙げたときに，possible の使い方に注意が必要であることを述べたが，具体的に言うと，possible が難易構文で使えるかどうかは，否定などの要素にかかってくる。

(59) a. *John is possible to live with.
　　　　（ジョンとはいっしょに住める）
　　　b. John is barely possible to live with.
　　　　（ジョンとは，とてもいっしょに住めない）
　　　　　　　　　　　　　　　　　　(Akatsuka 1979: 3)

(59b)は，possible を barely で否定することによって "extremely difficult" あるいは "almost impossible" という意味になるから，John の嫌な性格を鮮明に表わすことになる。このことは，不定詞をつけずに He is impossible. とだけ言うと，「彼はどうしょうもない男だ。我慢のならない男だ」という意味になることと関係している。一方，(59a)は，「いっしょに住むことが可能だ」と言うだけで，ジョンの性格を具体的に描写していない。その結果，(59a)は不適格だと判断される。

　生成文法では，難易構文をどのように派生するのかが論じられてきたが，初期の分析では，対応する外置構文あるいは文主語構文から，目的語の名詞句を単純に主語位置に移動させるという考え方があった。

(60) 　初期の変形文法: [　　　] is easy to please John.
　　　　　　　　　　　　↑_____|
　　　　　　　　　　　　　目的語の繰り上げ

これによって，It is easy to please John. と John is easy to please. の同義性が説明されると考えられていた。

　しかしながら，上記(57)と(58)で端的に示されるように，外置構文と難易構文は同じ意味ではない。難易構文は，具体的な名詞を主語に立てて，その名詞の性質を特徴づける働きを持っている。そのことは，次のようなイディオムが難易構文に生じることができないことからも分かる。

(61) 　a. *Tabs were easy to keep on Mary.
　　　　　Cf. Tabs were kept on Mary. (～を監視する)
　　　b. *Attention is difficult to pay to boring lectures.
　　　　　Cf. Attention was paid to boring lectures.
　　　　　(～に注意をはらう)
　　　c. *The baby would be easy to throw out with the bath water.
　　　　　Cf. The baby was thrown out with the bath water.
　　　　　(大事なものを無用なものといっしょに捨てる)
　　　　　　　　　　　　　　　　(Lasnik and Fiengo 1974: 541)

keep tabs on の tabs という名詞は，何を指すのか実体が分からない。attention はそれだけで独立して使うことができるが，(61b)のように，「退屈な授業に向けることが難しい」というような特徴を attention に与えることは考えられない。(61c)の The baby も具体的な赤ん坊を指すわ

けではないから，その性格づけを行なうことはできない。なお，これらは受身文でなら使うことができる。変形文法では，受身文の主語は目的語の位置から移動してくると考えられている。そうすると，(61a, b, c)の難易構文は，受身と同じ名詞句移動では分析できないことになる。

難易構文が主語名詞の性質を述べるという働きは，不定名詞句が主語にきたときの適否にも関係する。

(62) a. *A truck is hard to park in Manhattan.
b. Trucks are hard to park in Manhattan.

(62a)の主語（A truck）はどのトラックを指すのか分からない不定の名詞句である。実体が特定できないものを hard to park のように叙述することはできない。他方，(62b)の Trucks という複数形は，トラック一般を表わす総称である。総称というのは，具体的にどれと特定はできないものの，それが表わす一般的なイメージを頭の中で想起することができる。

以上のような考察から，難易構文の主語は，It is ... to 不定詞という外置構文の補文の中から移動してきたのではなく，もともと主語の位置に生成されると考えるのが妥当である。しかしそうすると，補文の中の空所をどのように扱うべきかが問題になる。生成文法では，補文内の名詞句が単純に削除されるという考え方（Lasnik and Fiengo 1974）のほか，Chomsky (1977)の wh 移動分析や，目に見えない目的語が演算子（operator）として補文内で移動するという分析（Clark 1990）などがある。

難易構文が持つ「主語名詞の特徴づけ」という機能は，時制にも関係する。物の性質や特徴というのは，ある一時点だけ成立するのではなく恒常的に続くから，難易構文は現在時制で用いられることが多い。この現在時制は，現在の一時点を指すというより恒常性を表わす。この性質のために，特定の過去の一時点における出来事を表わすのに難易構文を使うことは難しい。

(63) a. ?Yesterday, the mayor was easy to bribe, according to the newspaper.
b. *Yesterday, the mayor bribed easily, according to the newspaper.

(63b)は中間構文で，不適切な文である。これほどではないが，(63a)の難易構文も不自然である。

しかし，過去時制が難易構文で全く用いられないわけではない。

(64) The book was easy to sell yesterday.
  a. 昨日，同じタイトル・内容を持つ本が何冊か容易に売れた。
  b. 昨日まで，ある本が売りやすかった。

過去時制を用いた(64)の例には2通りの解釈が可能である。1つの解釈は「昨日1日の間に，ある同じ書名の本が数冊容易に売れた」という反復の意味であり，もう1つの解釈は yesterday を until yesterday という意味に取って，「昨日までその本がよく売れた」という継続の解釈である。いずれの場合も，ある特定の時間における唯一の出来事を指すのではなく，ある時間の間に成立する複数の不特定で反復される出来事や継続の状態を指しているのが特徴である。

(65) John was easy to please on Friday.
  ((ある理由があって) ジョンは毎週金曜日は気さくだった)

(64)では，主語が the book のような単数名詞でもその印刷物が世界に複数存在する場合だったが，(65)の主語(John)は，特定の人物を指す固有名詞であるから，複数の存在という解釈は普通できない。それにもかかわらず(65)が適格なのは，on Friday が特定の1日を指すのではなく，every Friday または on Fridays という意味に取られ，文全体として「ジョンはかつて毎週金曜日は（金曜日が給料日だったとかの理由で）機嫌がよかった」という過去における習慣ないし繰り返しの解釈で読みとることができるからである。たとえ世界にただ1つしか存在しないと解釈される固有名詞が主語であっても，特定の一時点ではなく，ある一定の期間における状態・性質を表わしている場合なら，過去時制の難易構文が許されるのである。逆に言えば，主語名詞句が唯一の事物を表わし，過去の一時点を表わす表現と共起している次のような文は不適格となる。

(66) a. *The picture by Hiro Yamagata was easy to sell at three o'clock yesterday.
  b. *When John was 14, the first date was pleasant (for him) to have.

以上の説明からすると，次の(67)は，固有名詞の主語と過去の一時点を表わす last Friday が共起しているのにもかかわらず適格と見なされるので，何らかの説明が必要である。

(67) John was easy to please last Friday.

この文は「ジョンは，普段は気難しいけれど，先週の金曜日は意外と気さくだった」というふうに解釈でき，「意外性」を表わしている。これはかなり特殊な状況であるが，通常の難易構文が特定の時点における状態を述べることが難しいという一般的な法則を意図的に破ることによって，「皮肉」といった修辞的効果をねらっているのである。話者の真意は「ジョンは普段気難しい」というところにあるだろう。

最後に，難易構文に対応する複合語について触れておこう。主語名詞の特徴を叙述するという働きが高まると，「形容詞＋to 不定詞」の部分が複合語のように扱われることがある。

(68) a. the new, light, strong, *easy-to-operate* trailers
b. convenient, *easy-to-spot* packages
c. a *hard-to-please* young man

(68a, b)のような表現は商品の広告文などによく見られるが，広告だけでなく，(68c)のように日常的な英語でも用いられる。Nanni(1980)は，このようにハイフンでつながれた難易形容詞と to 不定詞の連鎖が，もはや「句（phrase）」ではなく，普通の形容詞と対等の「単語（word）」になっていることを証明している。

(69) a. an easy-to-clean room/*an easy-to-*quickly*-clean room
b. a tough-to-please boss/*a tough-*for-us*-to-please boss

単語の内部には副詞や前置詞などが割り込めないという一般法則がある。例えば darkroom というのは「暗室」という意味の複合語であるから，dark に very という副詞をつけて*very-darkroom としたり，dark を比較級に変えて*darker-room としたりすることは不可能である。(69a, b)で右側に示した英語が不適格であるのも，これと同じ理由による。

このように，〈難易形容詞＋不定詞〉が1語の形容詞として名詞を修飾することができるというのは，そのもとになる難易構文が「主語の恒常的な性質を特徴づける」という働きを持つからである。このことは，見かけ上は同じ構文をとっていても，eager to please のようなコントロール構文や，likely to come のような主語繰り上げ構文はハイフンつきの複合語にはなることができない，ということから裏づけられる。

(70) a. *an eager-to-sing boy

　　　　b. *the likely-to-win candidate

なお，これらの形容詞も，不定詞を伴わずに，an eager boy（熱心な少年），the likely candidate（有望な候補者）とするのはよい。

## 4.4　日本語の難易構文

　英語に難易形容詞が多数あるのと比べると，対応する日本語の形容詞は「-やすい」「-にくい」のほか，「-難い」「-づらい」など数が限られている。これらの難易形容詞は単独で用いられず（あるいは単独用法と意味が異なり），動詞の連用形につく必要がある。

　(71)　a.　この問題が{解きやすい/解きにくい}。
　　　　b.　私には，彼の言うことが信じ難い。
　　　　c.　先生は，老眼のために，小さな字が読みづらいようです。

英語の難易構文の統語的な特徴は，主語名詞が不定詞補文の中の目的語（あるいは前置詞の目的語）にあたるということであったが，(71)の日本語例も，同じように，主語名詞は連用形動詞の目的語に相当しており，この点で英語と日本語は共通している。

　ところが，日本語では，主語名詞が，補文（連用形動詞）の主語にあたる場合もある。冒頭の基本構文(C)に挙げたのがその例であり，このような場合は英語に直訳すると間違いになる。

　(72)　a.　足にけがをしているので，私は歩きにくい。
　　　　　　*I am tough to walk, because I am injured in the leg.
　　　　b.　日本人は英語の発音で "l" と "r" を間違えやすい。
　　　　　　*Japanese speakers of English are easy to confuse $l$ and $r$.

(72)の日本語文から「にくい/やすい」を取り去ると，「私が歩く」「日本人が "l" と "r" を間違える」ということになり，「私/日本人」は文全体の主語であるのと同時に，補文動詞の意味上の主語でもある。

　この用法の「やすい」は行為の容易さより，事態が発生する傾向 (tendency) を表わすとされる (Inoue 1978: 122-154)。しかし，容易さの意味と傾向の意味の境界はあまり明瞭ではない。実際，英語でも，It is ... to 不定詞という外置構文を使えば日本語と同じ意味を表わすことができる。

　(73)　a.　It is tough for me to walk.
　　　　b.　It is easy for Japanese speakers of English to confuse $l$

and r.

同じ tough, easy という形容詞が，It is tough/easy to please John. では「傾向」を表わすが，He is tough/easy to please. では「難易」を表わすというように，意味を二分してしまうより，むしろ，形容詞そのものの意味は不変であり，それが用いられる構文によって解釈が違ってくると考えるのが妥当だろう。外置構文が「傾向」と解釈されるのは，この構文が自己制御性などの意味制限を受けないからであり，難易構文が「難易」を表わすのは，目的語に取り立てられた主語名詞の性質を描写するからである。

以上をまとめると，日本語の「〜しやすい」は，英語の難易構文にあたる場合と，外置構文にあたる場合とがある。英語の難易構文に対応する場合は，補文の目的語が「主語」としてガ格で標示され，また，経験者が「に（は）」という表現で現われる。他方，外置構文に対応する場合には，ガ格やヲ格の標示は補文だけのときと変わらない。

(74) a. 難易構文（John is easy (for me) to convince.）に対応する日本語：(私には) ジョンが説得しやすい。
b. 外置構文（It is easy to forget appointments.）に対応する日本語：彼が約束を忘れやすい。

そうすると，(74a)のように，「に（は）」をつけることができる場合だけが，純粋な難易構文ということなる。(74b)は，英語の外置構文と同じように，補文内に統語的な「空所」を持たない構造である。後者の場合，「彼が約束を忘れる」という補文全体に「-やすい」がついているだけで，目的語は主語（ガ格）に取り立てられてはいない。

そこで，まず，純粋な難易構文にあたる場合を見てみよう。この構文は，動作主/経験者が「に（は）」という形で現われるのが特徴である。これは動作主/経験者であるので，必ず人間（あるいは生き物）でなければならない。

(75) a. {太郎には/*焼却炉には} この紙が燃やしやすい。
b. {そのコンピュータには/*そのコンピュータにとっては} この言語が処理しやすい。

(75a)では，「太郎には」はよいが，無生物の「*焼却炉には」は不適格である。ただし，無生物でも，(75b)の「コンピュータ」は人間並みに自ら

動作することができるから，適格と見なされる。しかし，「コンピュータには」を「コンピュータにとって」に置き換えると容認できなくなる。「～にとって」という表現は，単純に動作主ないし経験者を表わすというよりむしろ「～の立場にたって考えると」という意味合いを持つから，「コンピュータにとっては」というと，まるでコンピュータの身になって発言しているようでおかしくなるのではないかと思われる。

(75)の例では，補文の動詞が「燃やす，処理する」という意図的な行為を表わす他動詞であり，この種の他動詞が難易構文に最も適合しやすい。この点は，英語の難易構文と共通している。では，他動詞であっても，意図的な行為でない場合はどうだろうか。例えば，「挫折感を味わう」や「風邪をひく」といった表現である。

(76)　a. エリートは強い挫折感を味わいやすい。(Inoue 1978: 130)
　　　b. 彼は風邪をひきにくい。
(77)　a.*エリートには，強い挫折感が味わいやすい。
　　　b.*彼には，風邪がひきにくい。

これらは意図性を欠くから，外置構文に相当する(76)では可能であるが，「～には～が」構文(77)では使うことができない (Cf. 井上 1976: 138, Inoue 1978: 122)。

「なくす」「忘れる」といった動詞も同じように意図性を欠いている。

(78)　a.*太郎には{財布がなくしやすい/時計が忘れやすい}。
　　　b. 太郎が{財布をなくしやすい/時計を忘れやすい}。

(78a)の「～には～が」パターンは不適格である。同じことを表現しようとすると，(78b)のように「外置構文」に対応する構文を使うしかない。「財布をなくす」「時計を忘れる」というのは，命令文 (*財布をなくせ/*時計を忘れろ) が不自然なことからも分かるように，普通は積極的，意図的に行なう行為ではない。しかし，否定形の命令文を用いて，「財布をなくすな」「時計を忘れるな」と言えるから，自己制御的な性質は持っているといえる。その結果，日本語の「忘れる」などと違って，英語のlose, leave, forget は外置構文だけでなく難易構文も可能である。

(79)　a. It is easy for John to lose his watch.
　　　b. It is easy for John to leave his watch at home.
　　　c. It is easy for John to forget appointments.

(80) a. This watch is easy for John to lose.
　　 b. This watch is easy for John to leave at home.
　　 c. Appointments are easy for John to forget.

日本語の難易構文(78)は補文動詞の「意図性」によって決まるが，英語の難易構文(80)は補文動詞の「自己制御性」に依存する，という違いがあるようである。

　では，補文の動詞が自動詞の場合はどうだろうか。4.1節で見たように，英語の難易構文では，意図的，自己制御的な非能格動詞は適合するが，自己制御性のない非対格動詞は排除される。日本語の場合も，これとほぼ等しい制限が観察される。

(81) a. 私には，このホールが踊りやすい。
　　 b. 私には，この靴が歩きにくい。
　　 c. 若者には，この町が住みやすい/暮らしやすい。

非能格動詞は「～には～が」の構文で使われることができ，その場合，場所や道具などの表現がガ格で標示される。これは，英語で前置詞の目的語が難易構文の主語になるのと平行している。例えば，(81a)の「このホールが」は，本来なら「このホールで踊る」という場所を表わす表現が主語に取り立てられたものである。これは，英語で前置詞の目的語が主語になっている場合（This hall is easy for me to dance in.）に相当する。日本語は英語のような後置詞残留が許されないために，「で」が現われない。ただし，基本構文(B2)のように，「この郵便局からが」のように格助詞「から」にさらに「が」がつくというケースもまれにある。

　一方，意図性のない非対格動詞は「～には～が」構文に適合しない。

(82) a. *お年寄りには，急な階段が転びやすい。
　　 b. *子供には，都会が成長しにくい。
　　 c. *子供には，プールより海のほうが水死しやすい。

これは，英語（前掲(27)）で非対格自動詞の場合に前置詞残留が起こらないのと似ている。

　以上，他動詞の目的語がガ格で表わされる場合を見たが，目的語がヲ格のままで残る構文には意図性はどのように関わっているだろうか。例えば「自慢する」は，自己制御的な解釈と文脈によって自己制御不可能な解釈のどちらでも可能である。

(83) a. 太郎はわざと自分の息子を自慢する。
　　 b. 太郎は知らず知らずのうちに自分の息子を自慢している。

ところが，ガ格目的語を含まない難易構文にこの動詞が現われると，非意図的な，自己制御が不可能な解釈しか得られない。

(84) a. ?太郎はできの悪いのを承知で，自分の息子をわざと自慢しやすい。
　　 b. 太郎は知らず知らずのうちに自分の息子を自慢しやすい。

「自慢する」が意図性において中立であるのなら，「わざと」と「知らず知らずのうちに」のどちらとも共起してもおかしくないはずである。むしろ，「自慢する」は，本来，非意図的な，無意識の解釈よりも，意図的，自己制御的に用いられることのほうが多い。この事実を考慮すると，「目的語の繰り上げ」を含まない難易構文は，主語の意図性云々は抜きにして，出来事や状態を客観的に記述する構文であると言えるだろう。つまり，意図的な動詞であっても，この構文に現われると，その意図性が抑制されて表面に現われなくなる，ということである。

## 5　まとめ

　本章では，英語の難易構文の性質を，to 不定詞，for 句，主語名詞の性質という観点から整理し，日本語の対応構文と比較した。この構文は，主語名詞の性質を特徴づけるという点で中間構文と似ている。しかし中間構文が動詞 1 語に依存するのに対して，難易構文は形容詞，for 句，to 不定詞を統語的に組み合わせることで，より幅の広い表現を作ることができる。例えば，make や build などの作成動詞は中間構文に起こらないが，難易構文なら，Model planes are easy to make. のように，自由に用いることができる。さらには，The problem was tough to talk to Bill about. のように前置詞が残留することは，中間構文では不可能であるが，難易構文では許される。これらの違いは，中間構文は語彙的な表現であるから種々の制限が課され，他方，難易構文は統語的な構文であるから自由度が大きい，ということを示している。

## 6　さらに理解を深めるために

- Howard Lasnik and Robert Fiengo. 1974. Complement object deletion.［英語の難易構文は，主語が不定詞の目的語の位置から移動したのではなく，目的語が削除された構文であると分析した変形文法の研究。Pretty 構文も扱っている。］
- Akira Ikeya (ed.) 1996. *Tough constructions in English and Japanese.*［英語と日本語の難易構文を，生成文法，LFG，HPSG，機能文法，ダイナミックモデル文法の観点から分析した論文を収録。］
- Kazuko Inoue. 1978. *Tough* sentences in Japanese.［日本語の難易構文を取り扱った最初の論文で，4つのタイプを区別している。］
- シュピツァ・ドラガナ. 2005.「日本語における『-eru 難易構文』をめぐって」*Kansai Linguistic Society* 25: 304-314.

（三木　望）

# 第IV部
## 動詞の造語力を探る

　これまでの章では基本的に，1つの動詞をもとにした諸構文を扱ってきたが，本書の締めくくりとして，動詞をもとにして作られた複合語や派生語の意味と用法を取り上げる。第9章では「名詞（または副詞）＋動詞」という型の複合語を，第10章では，tie → untie, eat → overeat のような接頭辞派生の複雑述語を分析し，日本語との比較を行なう。この分野は伝統的には「形態論」と呼ばれるが，これらの章では意味構造の観点から新しい切り口を提示する。

# 第9章　名詞＋動詞の複合語

◆基本例
(A)　目的語＋動詞
「○○を－すること」　treasure-hunting, dish-washing, story telling
　　　　　　　　　　宝探し，皿洗い，ゴミ拾い，手紙書き
「○○を－する人」　　beer drinker, truck driver, story-teller
　　　　　　　　　　酒飲み，花売り，嘘つき
「○○を－する道具」　dish-washer, can opener, hair dryer
　　　　　　　　　　缶切り，鉛筆けずり，手ふき
(B)　副詞＋動詞
「(様態で)－すること」　fast walking, hardworking/*quick-making
　　　　　　　　　　　早歩き，ただ働き/早食い，にわか作り
(C)　主語＋自動詞
「○○が－すること」　*land sliding/*dog barking, *child crying
　　　　　　　　　　胸やけ，地すべり/*犬吠え，*子泣き
(D)　主語＋他動詞
「○○が－した」　　　child-constructed, tailor-made, expert-picked
　　　　　　　　　　*子供作り，*仕立屋作り，*プロ選び
(E)　道具＋他動詞
「○○で－した」　　　handmade, pencil-written, machine-knit
　　　　　　　　　　手作り，鉛筆書き，機械編み

【キーワード】複合，複雑述語，動詞由来複合語，逆形成，派生動詞

## 1　なぜ？

「宝探し」とか treasure-hunting といった表現は，英語でも日本語で

も日常的によく使われる。このような表現は複合語(compound word)と呼ばれ、「～を－すること」とか「～で－すること」のように言い換えることができる。例えば、「宝探し」は「宝を探すこと」、「ただ働き」は「ただで働くこと」である。英語でも同じように、beer drinking は to drink beer, hard worker は someone who works hard と言い換えられる。しかし複合語の内部には「を」や「で」といった助詞が現われないし、また、英語では、文の語順が SVO であるのに複合語の中の順序は「X＋動詞」に統一されているから、主語なのか目的語なのか、あるいは副詞なのか、といった区別が形の上ではつけられない。外見の手がかりがないのに、どうして私たちは複合語の意味を即座に理解できるのだろうか。

基本例(A)から分かるように、「～を－する」という他動詞と目的語の組み合わせは英語でも日本語でもたいへん多いが、(B)に示したような副詞と動詞の組み合わせは、英語では基本的に自動詞に限られる。(C)に挙げた*landsliding から分かるように、英語の -ing 形の動詞由来複合語では、「～が－する」という主語の関係は全く不可能である（-ing をつけずに landslide とするとよい）。これに対して、日本語では「地すべり、胸やけ」のように「主語＋動詞」が可能である。それでも、「犬が吠える」を「*犬吠え」と言ったり、「子供が（何かを）作る」を「*子供作り」と言ったりすることはできない。「～が何かを作る」というのは、英語では(D)の tailor-made のように、動詞の受身形を使って表現される。受身形は(E)の handmade などにも現われるが、日本語では受身形（*手作られ）ではなく能動形（手作り）が使われる。なぜこのような違いがあるのだろうか。

## 2 複合語とは

複合語(compound word)というのは「筆＋箱→筆箱」、book＋shelf → bookshelf のように、(単)語と(単)語が結合してひとまとまりの意味をもつことによって形成される(単)語である。複合語は、英語でも日本語でも複雑な概念を表わす方法として重要な役割を担っている。

最初に、複合語の組み立てについて述べておこう。複合語を作る際には、「語＋語」という形で必ず2つの要素から成るという性質がある。例えば、「古本市」という語は、「古」「本」「市」の3語が同等に並んでいる

のではなく，まず「古」と「本」が複合して「古本」という複合語を作り，それに「市」が複合して「古本市」となる。また，student film societyは[[student film] society]（学生制作映画の協会）とも[student [film society]]（学生の映画協会）とも解釈されるが，どちらの意味でも要素が2つずつ結合している。これを図解すると次のようになる。

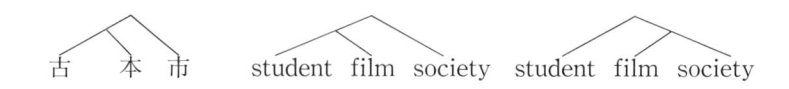

　　　　古　本　市　　student film society　student film society

複雑な単語を作るときに，基本となる要素が2つずつ組み合わされることを**二分枝分かれ制約**（Binary Branching Condition）という。

　2つの要素が組み合わされるとき，「右側の要素が主要部になる」という一般法則がある。主要部（head）というのは，複合語全体の品詞や意味を決定する要素である。例えば，「意地悪い」（名詞＋形容詞）は右側要素の品詞から複合語全体も形容詞になり，「悪知恵」（形容詞＋名詞）は名詞になる。また「パソコン机」は「机」の一種，「蒸し暑い」はある種の「暑い」状態を指すことになる。

　**右側主要部の規則**（Right-hand Head Rule)には2種類の例外がある。「親子，手足」など「○と△」という意味の複合語は「並列複合語」と呼ばれ，語が対等に結合していてどちらかを主要部とすることができない。また漢語熟語のうち，動作や出来事を表わす複合語は中国語の「動詞＋目的語」の語順を反映して「読書」「消火」など左側が主要部になるものが多い。しかし，漢語でも4文字熟語では「実態調査，意識改革」のように「目的語＋動詞」という形をとって，右側が主要部になる。

　右側主要部の規則は日本語や英語を含め世界の多くの言語の複合語にあてはまる一般的法則である。さらに，複合語だけでなく，接辞を伴う派生語にも適用するとされる。接尾辞(child-ish, kind-ness, 水-っぽい，美し-さ)が品詞を変えるのに対して，接頭辞（un-happy, re-write, 真-水，お-名前）は品詞を変えないという傾向が見られるが，これは右側主要部の規則のためである。

　さて，複合語には「名詞＋名詞」（日傘，夏服），「形容詞＋名詞」（長イス，強火），「動詞＋名詞」（流れ星，焼き魚）など，さまざまな品詞の組

み合わせがある。複合語の意味は構成要素の間の関係で決まるが,「名詞＋名詞」の複合語ではそれが予測しにくいことが多い。例えば「紙皿,くだもの皿, 絵皿」では主要部の「皿」に対する修飾関係が, 素材（紙皿＝紙でできた皿）, 用途（くだもの皿＝くだものを盛るための皿）, 特徴（絵皿＝絵がかかれた皿）と異なっている。これに対して, 動詞は文中でどのような項をとるかが決まっているから,「名詞（または副詞）＋動詞」という形の複合語は一般に動詞句に対応した解釈を持つ。「ゴミ拾い」なら「ゴミを拾う」,「早歩き」なら「早く歩く」といった具合である。本章では,「名詞（または副詞）＋動詞」の形式を持つ**動詞由来複合語**(deverbal compound)を取り上げ, その特徴を見ていく。なお, 日本語については和語を中心的に扱い, 漢語は参考程度にふれるに留める。

複合語というのは, 個々の言語に特有の表現であり, 何の法則もなく丸暗記されると思われがちである。本章では, 複合語の形成には英語と日本語に共通した一般原則が働いていることを明らかにする。

## 3 動詞由来複合語の主な用法

動詞由来複合語の多くは, 名詞としてモノやコトに名前をつける機能を持ち, 次のようなさまざまな意味カテゴリーの名詞として使われる。

(1) a. 行為：apple-picking, child rearing, dish-washing, churchgoing

　　　リンゴ狩り, 子育て, 皿洗い, 図書館通い

　　・I enjoy apple-picking in the fall.

　　・秋にリンゴ狩りに行くのは楽しい。

b. 動作主：stamp collector, taxi driver, cello player, fast learner

　　　風船売り, ご用聞き, 船乗り, 人形使い, チェロ弾き

　　・She bought a morning paper from a newspaper seller on the street.

　　・彼女は街角の新聞売りから朝刊を買って読んだ。

c. 道具：can opener, hair dryer, rice cooker, potato masher

　　　缶切り, ねじ回し, ハエたたき, ミルク沸かし

  d. 産物：卵焼き，梅干し，野菜いため，鉢植え，人相書き
    （Cf. writing, painting, drawing, cooking, finding）
  e. 場所：水たまり，車寄せ，もの干し　（Cf. sleeper, diner）
  f. 時間：夜明け，夜更け，夕暮れ　（Cf. daybreak, sunset）

行為，動作主，道具を表わす複合語(1a-c)は，日本語にも英語にも多数存在する。日本語では同じ形の複合語が産物，場所，時間(1d-f)などを表わす例も若干あるが，(1d-f)のCf.で示すように英語ではこれらは派生名詞(1d, e)や-ingなどの語尾のない複合語(1f)で表わす。

 また次に示すように，形容詞的に使われて状態・性質を表わすものも少なくない。

(2) a. 特徴：hardworking, good-looking, easygoing, fast-moving
   もの知り，かんしゃく持ち，大酒飲み，遅咲き
  b. 結果状態：handwoven, oven-grilled, quick-frozen, snow-covered
   機械織り，直火焼き，二つ折り，泥まみれ，薄切り

さらに，(3)に挙げるように，日本語の動詞由来複合語の多くは「する」をつけて動詞として使うことができる。英語では(1)(2)で挙げた複合語から語尾の-ing, -er, -edをとって動詞として使われるものが若干見られる。

(3) —する：水洗い，ななめ読み，値上げ，びん詰め，のりづけ
   chain-smoke, team-teach, breast-feed, air-condition, proofread

英語では，名詞をそのまま動詞として用いる名詞転換動詞(denominal verb)がよく使われるが，これらの一部は(3)で挙げた日本語の「箱詰め，のりづけ」などの複合語の動詞用法に対応している。

(4) 名詞転換動詞：box, glue, butter, shelve, nurse, bicycle
  ・They sorted the apples and boxed the large ones for sale.
  ・リンゴを選り分けて大きいものだけを箱詰めした。

## 4　問題点と分析

本節では「名詞（または副詞）＋動詞」型の複合語の性質を，複合語内部の意味関係と統語機能(4.1節)，複合語のアスペクト(4.2節)，形容詞的

な働きの複合語(4.3節)，動詞として働く複合語(4.4節)，英語の名詞転換動詞(4.5節)という順序で説明していく。

## 4.1 複合語内部の意味関係

「レポート書き」なら「レポートを書く」，hard worker なら someone who works hard のように，動詞由来複合語では，語の内部の意味関係が文中の補語と動詞の関係と平行している。そこで，この種の複合語が文の構造に基づいて作られるという考え方が多くの研究者によって取られてきた。代表的なものとして，Roeper and Siegel(1978)，Selkirk(1982)，Lieber(1983)などによる英語の動詞由来複合語の研究が挙げられる。

英語の基本語順は SVO であるが，生成変形文法で明らかになったように，主語(S)，動詞(V)，目的語(O)は 3 つが並列に並んでいるのではなく，階層的な枝分かれ構造を作っている。

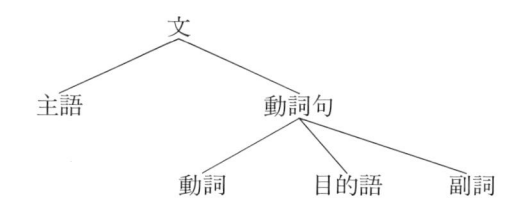

```
           文
         /    \
       主語   動詞句
            /  |   \
          動詞 目的語 副詞
```

目的語は動詞のすぐ後ろに置かれるが，主語はそれより 1 段上の階層にある。主語はどのような動詞にも必要であるが，目的語や副詞は動詞によってとるものととらないものとがある。したがって，1 つの動詞の特徴を知るには，どのような目的語や副詞をとるのかが分かればよい。このことから Roeper and Siegel(1978)は，「動詞由来複合語を作るときには（主語を除く）目的語や副詞などの要素のうち動詞に最も近いものが選ばれる」という**第一姉妹の原則**（First Sister Principle）を提案した。(5)の例で説明すると，下線で示した要素，つまり他動詞なら「直接目的語」が動詞に一番近く，また自動詞なら「副詞（付加詞）」または「補語」が一番近い。したがって，それらが複合語の前要素として選ばれることになる。

(5)　a.　他動詞

　　　　・動詞　直接目的語　付加詞

　　　　　make <u>pasta</u>　　fast　→　pasta maker, *fast-maker

```
・動詞   直接目的語   間接目的語
 give    a gift       to the child    →   gift giving,
                                           *child-giving
```
　　b. 自動詞
```
   ・動詞   付加詞
     work   hard         →    hard worker
   ・動詞   補語
     go     to a party   →    party-going
```
(go to a party は，party-going となり，*to-party going とはならない。複合語の中には前置詞や冠詞は現われないという一般法則がある。)

　第一姉妹の原則によって，他動詞では直接目的語が複合し(6a)，間接目的語(6b)や付加詞(6c)は許されないこと，そして自動詞は付加詞（前置詞句や副詞）と複合できること(6d)がうまく説明される。

　　(6)　a. pasta-maker, letter-writing, potato-baking
　　　　b. *child-giving（＜give x to the child），*student-handing
　　　　c. *fast-maker, *hand-making, *pen-writing, *shelf-putting
　　　　d. fast runner, hard worker, off-season trading

　さらに動詞の受身形では，動詞の本来の目的語は主語になっているから，受身形に最も近くなるのは道具や結果状態を表わす付加詞である。

　　(7)　受身形
```
     ・動詞-ed   付加詞
       made     by hand   →    handmade
       sliced   thin      →    thin-sliced
```
　このように，第一姉妹の原則は動詞由来複合語に関して，かなり正しい予測をすることができる。だがその一方で，この分析の大きな問題として，動詞の「選択要素」にかかる規則とされているにもかかわらず，付加詞の複合(6d, 7)がその射程に入っているという点を指摘できる。特にfast は fast car, fast ball のように直接，名詞を修飾することもできるので，fast runner という例では，fast は動詞 run ではなく runner という名詞を修飾しているとも考えられ，そうすると fast runner は動詞由来複合語ではないことになる。ただ，副詞との複合語の中でも hard worker は，*the worker who is hard は言えないから，副詞が動詞を修飾してい

る（work hard）としか分析できない。このような例もあるので，いちがいに付加詞の複合語を動詞由来複合語から排除することもできない。

　第一姉妹の原則のもう1つの問題点として，3項動詞（主語，直接目的語，間接目的語または必須の前置詞句という3つの項をとる動詞）についての事実がとらえられないことが指摘できる。「動詞に一番近い」という条件からすると，3項動詞の直接目的語は複合できることが予測されるが，実際には，(8)から分かるように，直接目的語以外に必ず間接目的語または前置詞句を必要とする hand, put のような動詞は，目的語を取り込んだ複合語を作ることができない。

　(8)　a. hand a toy to the baby　→　*toy-handing (to the baby)
　　　 b. put a book on the table　→　*book-putting (on the table)

(8)は，*toy-handing, *book-putting が単独で成り立たないだけでなく，その後ろに必要な間接目的語（to the baby）ないし場所前置詞句（on the table）をつけてもダメである。このことから，Selkirk(1982)は「主語以外の必須要素はすべて動詞由来複合語の中に現われなければならない」という一般化をしている。この一般化によると，3項動詞が複合される場合には，直接目的語と並んで間接目的語（hand a toy *to the baby*）または必須前置詞句（put the book *on the table*）も一緒に複合語に入らなければならないことになるが，両方が複合語内に現われることは，2節で述べた「二分枝分かれ制約」によって禁止される。

　(9)　*toy baby handing, *table book putting

　また Selkirk(1982)の一般化は，主語が複合語に入れないことも明示的に述べている。次に示すように，英語では自動詞でも他動詞でも -ing で終わる複合語は決して主語を第1要素にできないのである。

　(10)　a. 主語＋自動詞：*bird singing, *population growing,
　　　　　 *snow falling
　　　　 b. 主語＋他動詞：*child eating, *government supporting,
　　　　　 *expert picking

英語の動詞由来複合語の第1要素に関するこれらの制約は，複合語の機能という観点から次のようにとらえることもできる。これらの複合語はある動作をひとまとまりの概念として名前をつけたり表現したりする働きをしているので，その表わす内容はあるモノ（動作主，道具など）やコト

（動作，状態）として理解できるものでなければならない。動詞由来複合語を作る接尾辞（-ing, -er, -ed）は，複合語固有のものではなく，それぞれ単純動詞から動作名詞(cooking)，動作主名詞（singer），形容詞(baked (potatoes)) を作る働きがある。これらの接辞はもともと名詞化，形容詞化による名づけ（「料理すること，歌う人，焼けた状態」）の機能を持っている。その際，cook は他動詞だが対象が食物であると分かっているので cooking だけで「料理」という動作の名前として意味を持つことができる。しかし，make のように対象を選ばない動詞は，making という名詞を作っても特定の動作を指すことはできないので，film making のように目的語があって初めて動作の名前として使うことができるのである。

　また目的語以外の必須要素を持つ動詞でも，put, hand のように直接目的語以外に場所や相手を要求する動詞が複合語を作れない（*book putting）ことはすでに(8)で見た通りである。しかし Selkirk の一般化に反して，3項動詞である give が複合語に現われる場合がある。それは相手が総称的である場合（gift-giving, advice-giver）や慣習で特定される場合（結婚式での ring-giving）である。このことは複合語を動名詞に置き換えて "I like ～ing." のような文脈に入れてみると，より分かりやすい。I like cooking. とは言えるが，*I like making. はおかしいし，I like giving gifts. はいいが，*I like putting/handing books. という文は意味を成さない。このように考えると，「動詞に最も近い要素」という原則も「必須要素がすべて含まれること」という制約も，いわば「ある動作を特定して名詞（名前）や状態として複合語で表現するために必要な要素を含まなければいけない」という制約としてとらえ直すことができる。そのような要素は，典型的には意味的に最も強く動詞と結びついている目的語であるが，動詞によっては前置詞句内の名詞（party-goer）や様態副詞（quick learner）が動作を特定する働きをするのである。

　以上では，英語の例にそって動詞由来複合語が補語の役割によって制限されることを見てきた。次に，日本語の場合を見てみよう。日本語の動詞由来複合語は，表1にまとめるように，和語・漢語両方で英語と一部異なった振舞いが観察される。

　直接目的語との複合は英語・日本語ともに可能で，用例の数も多く，また新語もよく作られる。間接目的語については，英語は不可能であるのに

対して，日本語はここに挙げたような例が存在する。ただし，「親類預け（〜に預ける）」の第1要素は間接目的語（受け手）というより場所に近く（「倉庫預け」など参照），「神頼み，人頼み」などは「－に○○を頼む」ではなく「〜を頼む（助けを乞う）」という意味を持ち，直接目的語と考えることもできる。また「人任せ」も「運任せ，風任せ」などの用例や，動作として使わない（「人任せに/*をする」）という点を考えると，純粋に間接目的語と言えるかどうか疑わしい。日本語においても間接目的語は複合語を作りにくいと考えるのが妥当だろう。ニ格補語でも，目的地を表わす場所名詞と動詞の複合は可能で「塾通い，墓参り」などは動作の名前として使われ，目的語＋動詞の複合語と基本的に同じ性質を持っている。

　日本語と英語の際だった違いは，「にわか作り」と*fast-makingの例から分かるように，他動詞と付加詞の複合語の可否である（影山1993, 杉岡1998）。英語でも，他動詞が目的語を省略して自動詞的に使える場合

|  | 英語 | 日本語 |
| --- | --- | --- |
| 直接目的語＋他動詞 | ○<br>pasta-making | ○<br>石投げ，花見，酒飲み，草刈り，読書，挙式，投石，法律改正 |
| 間接目的語＋他動詞 | ×<br>*child-giving | △<br>*学生渡し，親類預け，神頼み，人任せ，他言，業者委託 |
| 付加詞＋他動詞 | ×<br>*fast-making | ○<br>にわか作り，2度塗り，のりづけ，銃殺，常備，武力弾圧，単独採決 |
| 付加詞＋自動詞 | ○<br>quick-running | ○<br>1人歩き，夜遊び，若死に，朝寝，力走，安眠，不法滞在，単身赴任 |
| 主語＋他動詞 | ×<br>*kid-eating | ×<br>*職人焼き，*母親作り，*プロ選び |
| 主語＋自動詞 | ×<br>*landsliding<br>Cf. landslide | ○/×<br>地すべり，胸やけ/*犬吠え<br>開花，地盤沈下/*犯人逃亡 |

［表1］　日英語の動詞由来複合語

は，付加詞と複合する例が見られる。例えばeatは基本的には他動詞だが，食べ物という目的語が省略されて自動詞としても使える。他動詞用法では(11a)のように目的語（pasta）が，自動詞用法では(11b)の付加詞（fast）が第1要素になる。

(11) a. pasta-eating
b. fast eater
c. quick learner, impulse buying, team teaching, spring cleaning

(11c)のような例も，同じように他動詞が自動詞的に使われていると考えられる。例えば，quick learnerはShe learns quickly.（彼女は覚えるのが早い），impulse buyingはHe always buys on impulse.（彼はいつも衝動的に買い物する）というような文に対応する。

(11b, c)に含まれる動詞が自動詞として使われていることは，これらの複合語が項の受け継ぎによって外側に目的語を表わせないことからも明らかである（複合語内部にあるはずの要素がその外部に現われることを項の受け継ぎ（inheritance）という）。

(12) *fast eater of pasta, *quick learner of new words, *impulse buying of expensive goods

これに対して日本語の付加詞を含む複合語は，次に示したように直接目的語をその外側にとることもできるので，上で見た英語のfast eaterのように他動詞の自動詞用法ではないことが分かる。

(13) a. 原稿のワープロ書き
b. ラーメンを早食いする
c. バーゲンで靴下をまとめ買いする

この日英語の違いは，動詞由来複合語が形成されるレベルの違いとして説明することができる（杉岡 1998）。英語の動詞由来複合語は，Roeper and Siegel(1978)やSelkirk(1982)も指摘するように，動詞の目的語や補語といった統語的な選択に基づいていると考えられる。それに対して，日本語の「付加詞＋動詞連用形」の複合語は動詞の意味構造のレベルで形成されると考えられる。ここで言う意味構造というのは，これまでの章でも繰り返し述べてきた〈行為〉→〈変化〉→〈結果状態〉という構造で，この意味構造のうちのどの部分を副詞が修飾するかによって，異なるタイプの複合

語ができてくる。

例えば,「卵を釜で徐々に固くゆでる」という文を考えると,ここには「釜で」「徐々に」「固く」という3つの副詞が関わっているが,それぞれの働きは次のように図示できる。

(14)　〈行為（ACT）〉→〈変化（BECOME）〉→〈結果状態（BE）〉
　　　　　　↑　　　　　　　　↑　　　　　　　　　↑
　　　　　釜で　　　　　　 徐々に　　　　　　　 固く

「釜で」というのは「卵を釜（の水）に入れる」という下準備の行為を表わし,「徐々に」は卵がゆでられる変化過程を指し,最後に「固く」というのはでき上がったゆで卵の状態を表わす。そこで,「ゆでる」という動詞と,この3つの副詞のいずれかを複合すると,「釜ゆで」,「固ゆで」という2種類の複合語ができる（「*徐々ゆで」は言わないが,「早ゆで」などは文脈によって可能である）。

では,個々の複合語を具体的に見ていこう。まず,動作・行為を表わす概念をACTと表記すると,これを「様態」や「時間」が修飾する。例えば「歩く」という動詞の意味構造は次のように略述できる。

(15)　[x　ACT　（様態）（時間）]
　　　　[例] 1人で/ぶらぶら/早く/早朝に　歩く

カッコ内の付加詞（様態,時間）は修飾要素として随意的に動作（ACT）といっしょに表われる。複合語形成にあたっては,「歩く」→「歩き」のように動作動詞が名詞化したあとで,付加詞と複合する。

(16)　a.　[x　様態−ACT]　[例] 1人歩き,そぞろ歩き
　　　 b.　[x　時間−ACT]　[例]夜遊び,昼寝

意味構造の中で,xは動作主を表わす。「深夜の1人歩きは危険だ」「早歩きは健康にいい」のように,動作主は現われなくてもよいが,表示するときには,次のように主語として現われる。

(17)　花子が早寝する。/若者が夜遊びする。/若者の夜遊び

他動詞を含む動作の場合も同様で,意味構造(18)から動作動詞と付加詞の複合によって,(19)が形成される。

(18)　[x ACT-ON y　（様態）（道具）]
　　　　[例] ビールを一気に飲む,ワックスでふく
(19)　a.　[x　様態−ACT-ON y]　[例] 一気飲み,早食い

　　　　　　b．［x　道具－ACT-ON y］　［例］ワックスぶき，水洗い

xは主語，yは目的語に対応し，複合語が名詞(20a)として使われても，「－する」を伴って動詞(20b)として使われても，主語（x）と目的語（y）が複合語の外側に現われることができる。

　(20)　a．新入生（x）のビール（y）の一気飲みを禁止する。
　　　　b．花子（x）がセーター（y）を水洗いする。

　このような複合の操作を理解する上で重要なのは，(16)(19)のような意味構造における付加詞と，主語や目的語にあたる項（x, y）の役割の違いである。付加詞は動詞（述語）の修飾要素として働くので，「早歩き，一気飲み」など，動詞と複合すると意味はより複雑になるが，語全体の述語というカテゴリーは変わらないので，(20)のように外側に項をとることができる。つまり意味構造における動詞と付加詞の複合は，**複雑述語**(complex predicate)を作るのである。

　これに対して，「目的語＋動詞」の複合語は，ある動作や出来事をひとまとまりの概念（名前）として表わす。例えば「木登り」なら「木に登る動作」。そしてそれは，動作の名前だけでなく，その動作から連想される人（花売り）や道具（缶切り），あるいは場所（車寄せ）や時間（日暮れ）などの名前としても使われる。したがって，日本語の動詞由来複合語では，事物の名前を表わす「目的語＋動詞」タイプと，述語としての意味を持つ「付加詞＋動詞」タイプの2つに大別することができる。一方，英語では，前要素が項であっても付加詞であっても，動詞由来複合語は常に動作・状態や動作主・道具の「名前」として機能し，述語として働くことはない。

　以上述べてきたことは，(21)のように整理できる。要するに，日本語の動詞由来複合語は名詞としても述語としても働くが，英語のほうは名詞の機能しかない。述語として働く場合にだけ，項の受け継ぎが起こる。しかし実のところ，英語でも複合語が述語として働くように見えることがある。それを(21)の表では「？」で示しているが，これについては，4.4節と4.5節で説明する。

　次に，「主語の排除」について考えよう。すでに見たように英語では-ingで終わる複合語の第1要素に主語が入ることはできない（*bird singing, *population growing）。日本語では(22)にも挙げたように主語が自動

(21)

| | 日: ボール投げ, 酒飲み<br>英: beer drinking, partygoer<br>hard worker, early riser | 早食い, 水洗い<br>? |
|---|---|---|
| 内部構成 | 項/付加詞＋動詞 | 付加詞＋動詞 |
| 機　能 | 行為などの名づけ | 複雑述語の形成 |
| 項の受け継ぎ | ない | ある |

詞と複合しているケースが相当数見られるが，その一方で自動詞の主語が入れないケースも多く見られる。

(22) a. 雪どけ，胸やけ，ガスもれ，雨降り，山くずれ，
　　　　心変わり，耳鳴り，地すべり，日照り，地響き
　　b. *犬吠え，*子泣き，*子さわぎ（Cf. 胸さわぎ）

これらの違いは，「雪どけ」と「*犬吠え」の第1要素の意味役割の違いによって説明できる。(22a)の複合語は自然・生理現象を表わし，「雪どけ」の主語「雪」は意志を持たず，出来事の主体というより「とける」という変化の対象になっている。「とける，やける」など(22a)の複合語に含まれる自動詞は非対格動詞（自然発生的な状態変化などを表わす自動詞）なので，その主語は内項ということになる。それに対して，(22b)の不可能な複合語の主語「犬」「子」などは，意志を持つ生き物であるから，「吠える」などの非能格動詞（意図的な活動を表わす自動詞）の外項である。したがって主語が内項であれば複合が可能で，主語が外項の場合は複合が不可能だという一般化ができる。なお，「カエル泳ぎ」のように，一見すると非能格動詞が主語と複合しているように見える例も，意味を考えると「カエルが」ではなく様態副詞句の「カエルのように（泳ぐ）」であることが分かる。また他動詞の場合は主語はすべて外項なので，表1 (p.251)でも示したようにやはり複合は許されない（*母親作り）。

これらの観察から影山(1993)は，日本語で動詞と複合されないのはすべての主語ではなく，非能格動詞の主語つまり外項であると結論づけている。非対格動詞の主語は，他動詞の目的語と同じ内項で，意味役割としては動作の主体よりも変化の対象を表わすので，主語ではなく外項が複合できないという一般化は，項の意味役割の面からも自然なものと言える。日本語の「内項＋動詞」の複合語は出来事(EVENT)の名前として使われ，

「他の項＋動詞」の複合語と同様，「する」をつけて動詞として用いることは一般的にできない（「山崩れが起きた/*山崩れした」）。「花子が心変わりした」などの例については4.3節の最後でふれる。

　英語でも接辞が -ing 以外の派生名詞は内項の主語と複合語を作り，ある出来事を表わすことができる（heart failure, snowfall, population growth など）。また英語の古い文献では sunrising, earthquaking のような内項の主語が複合している例が存在すること，オランダ語のそれらに対応する N＋V-ing 複合語が可能であることなどから見ても，現代英語の N＋V-ing 複合語で主語がすべて排除されることは英語の特殊性だと言える（影山 1999）。この点についての明確な説明はまだなされていないが，この章で述べてきた複合語の機能という観点からは次のように考えられる。目的語と動詞の複合が「動作(ACT)」を表わし，内項主語と動詞の複合が自然・生理現象などの「出来事(EVENT)」を表わすとすると，現代英語の -ing という接辞には動作は表わせても出来事に名前をつける機能がないと仮定することができる。そうすると，対応する派生名詞との複合は可能でも，*heart failing, *snow falling のような出来事を表わす -ing 複合語は排除されることになる。

## 4.2　複合語のアスペクト

　日英語の動詞由来複合語が形の上で明らかに違うのは，日本語の場合はすべて動詞連用形で終わっているのに対して，英語の場合は意味によって，「動作」なら -ing,「動作主・道具」なら -er,「状態」なら -ed というように異なるという点である。日本語なら，例えば同じ「○○切り」という形で，「缶切り」は道具，「輪切り」は状態（「輪切りにする」），「重ね切り」は動作，「辻切り」は人間（動作主）と多様な意味を持つ。特に動作（重ね切りする）と状態（輪切りだ）ではアスペクトが異なるのに動詞の形が変化せず，英語が -ing で動作（doll painting），-ed で状態（hand-painted）を表わすのと対照的である。

　ここでアスペクトの異なる複合語に現われる付加詞の種類に注目してみると，様態や道具の付加詞が複合すると動作の意味を持ち，結果状態を表わす付加詞がつくと状態の意味になるということが観察される。それぞれの具体例を見てみよう。

(23) a. 動作：「－する」
・様態＋動詞：早食い，一気飲み，べたぼめ，ななめ読み
・道具＋動詞：鉛筆書き，機械編み，手洗い，ワックスぶき
b. 結果状態：「－だ，－の○○」
結果＋動詞：薄切り，黒こげ，固ゆで，4つ割り，白ぬり

「様態＋動詞」は「ラーメンを早食いする」のように動作述語として使われるが，「?早食いのラーメン（＝早食いしたラーメン），?立ち読みのマンガ（＝立ち読みしたマンガ）」が不自然なように，状態述語として使うのは難しい。逆に，「結果＋動詞」は「*タバコで畳を黒こげする」「*リンゴを4つ割りする」が不可能なように，直接，「する」をつけて動作を表わすことはできない（「黒こげに／4つ割りにする」ならよい）。したがって，付加詞の種類と複合語のアスペクトの間には相関関係があると考えられる。

このような特徴は，日本語の付加詞を含む動詞由来複合語が派生されるもととなる意味構造から説明できる。(14)でふれたように，付加詞はそれが表わす意味によって，異なる意味述語を修飾すると考えられる。

(24) 意味述語        複合される付加詞
　　 ACT（動作）    様態，道具，時間
　　　　　　　　　　 （早く歩く，手で書く，昼に寝る）
　　 BECOME（変化） 原因　（水でふくれる，日に焼ける）
　　 BE（状態）     結果　（黒くこげる，薄く切る）

ここですべての種類の付加詞について見ることはできないので，(23)の例で見た動作と結果状態の対立にしぼって話を進めよう。

様態副詞は前節の(18)(19)で見たように，動作（ACT）という意味述語を意味構造に持つ動詞とともに現われ，「様態＋動作」の複合語も同じ「動作」の意味を持つ。その結果，「様態＋動詞」は「公園を早歩きする，手紙をペン書きする」のように，「－する」を伴って動作述語として使われることになる。これに対して，結果述語は状態（BE）によって選択されるので，「結果述語＋動詞」の複合語は状態を表わし，「このハムは薄切りだ，黒塗りの器，魚が黒こげになった」のように「－だ」や「－の」の形で用いられる。このように，複合語が「動作」「状態」のどちらを表わすかは，付加詞の種類から予測される動詞の意味述語（ACT または BE）

が決めているのである。

　動詞の意味構造には複数の意味述語から成るものもあり，その場合には異なった付加詞が異なった意味述語に選択される。例えば「切る」のように，ある動作（ACT）がある変化（BECOME）を引き起こす（CAUSE）という使役変化を表わす動詞では，その意味構造に動作と状態の両方が含まれている。

　　(25)　［x ACT-ON y（様態）］CAUSE［BECOME［y BE（結果状態）］］

先に見た「重ね切り」に含まれる「重ねて」という付加詞は様態を表わすので，ACT と複合して「重ね切りする」という動作を表わす。これに対して，「薄切り」の付加詞「薄く」は結果状態なので，状態（BE）と複合して「薄切りだ」という状態述語を作る。このように，動詞の意味構造に動作・状態という異なったアスペクトが重層的に含まれる場合には，付加詞の種類によって複合語のアスペクトが異なるという現象が生まれるのである。

　「薄切り」のような「結果副詞＋動詞」の複合語では，(25)の意味構造内で結果を表わす「状態」が「動作」より優位になるような組み替えが起きていると考えられる（「切った（ハム）」など動詞のタ形も結果を焦点化するという指摘が，金水 1994 にある）。

　　(26)　［BECOME［y　BE　結果状態］］　BY　［x ACT-ON y］

(26)は「ある動作（ACT）によって（BY）状態変化（BECOME）が引き起こされる」という意味を表わし，(25)の意味構造と比べると結果状態が前面に出ている。英語では「薄切り」のような状態を表わす複合語はthin-sliced のように -ed による受動化が動詞の意味変化を明示しているが，日本語では受身接辞を使わずに，(25)から(26)のような意味構造の変化によって結果の焦点化がなされていることになる。つまり「薄切り」などの結果状態を含む複合語は意味構造の組み替えを通してある種の「受身化」に近い意味を得ているのである。次節ではこの「受身化」における英語との違いをもっと詳しく考えてみよう。

## 4.3　受身を含む複合語

　受身の -ed 語尾を持つ英語の動詞由来複合語では，(7)で見たように，付加詞が動詞の最も近い要素として複合される。

(27) handmade, pen-written, oven-baked

これらの複合語は，This dress is handmade. や a pen-written answer のように，動詞の（もとの）目的語にあたる名詞を叙述または修飾する形で使われる。

日本語で(27)に対応するのは，(28)のように作成動詞ないし使役変化動詞をベースとする複合語である。

(28) 手作り，ワープロ書き，オーブン焼き

これらは，(29)のように使われた場合は結果状態の意味を表わす。

(29) このドレスは手作りだ/手作りのドレス

ところが，(23a)でも見たように，「道具＋動詞」の複合語は動作を表わすこともでき，(28)の例も「〜する」という形で動詞として使われる。

(30) a. 最近はドレスを手作りする人は少ない。
b. 私は原稿をワープロ書きすることにした。

「道具＋作成・使役変化動詞」の複合語が「状態」も「動作」も表わすことができるのはなぜだろうか。(29)と(30)を比べてみると，「ドレスを手作りする」では「ドレス」が動作の対象であるのに対して，「手作りのドレス」では「ドレス」の結果状態が強調されている。つまり，「手作り」「オーブン焼き」などの複合語は，(26)の「薄切り」のケースと似た「結果を焦点化する意味構造の組み替え」によって作られると考えられる。

(31) [[x ACT-ON y 道具] CAUSE [BECOME [y BE （結果状態)]]]
→[[y BE （結果状態)] BY [x ACT-ON y 道具]]

（x が道具を使って y に働きかけることによって，y がある結果状態になる）

[例] ドレスを手作りする → このドレスは手作りだ

この意味構造の組み替えは，結果状態（BE）を前景化し，動作（ACT）を背景化する働きを持っている。ただし，結果副詞との複合である「薄切り」の場合とは違って，この組み替えは必須ではない。(31)のもとの意味構造は動作を表わす複合語（「手作り（する）」）に対応し，組み替え後の構造は状態（BE）が動作（ACT）の付加詞（道具）より上に位置するので，結果状態の意味「手作り（だ）」を持つ。このように意味構造の組み替えが「手作り」のような複合語に動作と状態の2種類の解釈を可能にしているのである。

なお、「道具＋動詞」の複合語は「洗う」など単純動作動詞でも作られるが、これらは(32)から分かるように動作のみを表わし、「手作り」とは違い、結果状態の意味は持たない。

(32) a. *手洗いのドレス (Cf. 手洗いしたドレス)
　　 b. ?モップぶきの廊下 (Cf. モップぶきした廊下)

これは単純動作動詞は意味構造に状態（BE）を持たない（[x ACT‐ON y (様態)(道具)]）ので、(31)で示したような結果状態を焦点化するための意味構造の組み替えが起こりえないためと説明できる。

このように日本語の動詞由来複合語に見られる結果の焦点化には、「結果副詞＋動詞」（薄切り）のように必須の場合と、「道具＋作成・使役変化動詞」（手作り、オーブン焼き）のように起こるか起こらないかで異なった解釈を生む場合と、「道具＋単純動作動詞」（手洗い）のようにそれを許さない場合があることが分かった。

では、英語では「結果状態の焦点化」はどのように表現されるのだろうか。「手作り」を英語に訳すと、*handmake ではなく、handmade となり、受身形 (made) が用いられる。

(33) a. handmade dress
　　 b. 手作りのドレス/*手作られのドレス

もちろん日本語では、「作られ(る)」という受身形を複合して、「*手作られ」のような形はできない。日本語の「手作り」といった複合語は意味構造における「動作の背景化」と「結果状態の焦点化」という組み替えの働きをするが、英語では（形容詞的）受身の接尾辞 -ed が同じ機能を果たしている（影山 1996）。

実際に、英語の受身の接辞 -ed は動詞由来複合語だけではなく、単純動詞からも形容詞を派生する。例えば decided, prepared などは undecided, unprepared と形容詞につく接頭辞 un- とともに現われる。つまり接辞の -ed は受身の派生と品詞の転換の両方の機能を果たしている。これに対して日本語の受身の接辞「られ」は統語的な接辞としてしか付加されないので、「嫌われ者」などごく一部の例外を除いて、語の内部に入ることはないのである。

さて英語の受身形は、道具などの付加詞だけではなく、主語と複合することもできる。

(34) a. child-constructed shelter (= constructed by a child)
　　 b. teacher-trained, moth-eaten, slave-built

英語の複合語で主語が動詞と複合できないことは先に(10)で見たが，受身化によって動作主が動詞の付加詞となる（constructed *by a child*）ために，すでに見た handmade など他の付加詞と同様に複合が許されるわけである．ところが，それに対応する日本語の複合語では道具，様態などの付加詞（窯焼き，にわか作り，ワープロ書き）は許されるのに，動作主の主語は一般に現われることができない．

　　(35) *子供作りの小屋，*職人焼きのピッツア，*母親作りのドレス

「手作りのドレス」について見たように，日本語の複合語形成にも受身化に相当する操作が関わっているとすれば，この，主語をめぐる日英語の違いは一見，不思議に思える．しかしこれは，(31)の結果の焦点化の意味構造を詳しく見れば，むしろ自然なことと言える．結果の焦点化は上位節（動作）と下位節（結果状態）の組み替えであって，受身化のように項（主語と目的語）に働く規則ではない．受身化では主語は降格して付加詞になるので，英語では主語が受身形の動詞と複合することができる（The shelter was constructed by a child. → child-constructed）．これに対して，再度(36)に示すように，意味構造における結果の焦点化では動作主（x）は動作述語とともに背景化されるだけで，付加詞にはなっていないのである．

　　(36)　[x ACT-ON y]　CAUSE [BECOME [y BE　結果状態]]
　　　　→　[[y BE　結果状態]　BY [x ACT-ON y]]

複雑述語の形成では項ではなく付加詞のみが複合されるとすれば，結果の焦点化を経た意味構造内の主語（x）は，付加詞ではないために意味構造で形成される複合語の第1要素にはなれないわけである．

これまで挙げてきた日本語の例はいずれも「和語」であるが，新聞などでは「自民党推薦のＡ氏，スピルバーグ製作の映画，アメリカ大使館主催の晩餐会」といった表現をよく目にする．この下線の部分は，それぞれ「自民党が推薦（する），アメリカ大使館が主催（する），スピルバーグが製作（した）」という意味であるから，もしこれらが複合語であるとすると，他動詞の主語（外項）が複合されていることになり，ここで見た「主語排除」の原則に違反することになる．しかしこれらの表現は「手作りの

ドレス」などと比べて目的語（上の例では「A氏，映画，晩餐会」）の結果状態に焦点があたっているというより主語と目的語の関係を表わし，それも権限に関わるものに限られる傾向が見られる（Cf.「*民主党批判の法案」）。また前項に固有名詞や複合語が自由に入ること，アクセントが複合語特有のものではないこと，などこの章で取り上げてきた複合語とは異なる性質が見られる。

　ここまでは，英語と日本語でどのような動詞由来複合語が可能であるのか，そしてその意味にはどのような特徴があるのかを見てきた。その結果，英語の動詞由来複合語は動詞が選択する要素，つまり動詞句を構成する要素の中で動詞に最も近いものが複合されるという原則に従っていて，受身形との複合においてもそれがあてはまること，主語が常に排除されることを述べた。そしてそれらは動作・状態，動作主・道具の名前として機能することも見た。一方，日本語では目的語と内項主語は動詞の選択要素として複合され，英語と同じような「名づけ」の働きをすることが分かった。さらに英語とは違って，日本語では付加詞の複合は基本述語への修飾的要素の複合，すなわち複雑述語の形成として意味構造のレベルで起こり，そのために英語の複合語とは異なって項の受け継ぎを許す，ということが明らかになった。

　ただし，日本語には項の複合によって名詞ではなく述語が形成されている次のような例も見られる（影山 1999）。

　　　(37)　a.　私鉄が運賃を{値上げ/値下げ}した。
　　　　　　b.　煮物を味見する。
　　　　　　c.　恋人が心変わりした。

これらは「値を上げる」「心が変わる」など目的語・主語が複合されているので，本来なら，動作の名づけとして名詞の形（「～を」）をとる。

　　　(38)　a.　私鉄が運賃の値上げをした。
　　　　　　b.　煮物の味見をする。
　　　　　　c.　恋人の心変わりがあった。

しかし，これらの動作名詞は述語として「味見する（他動詞）」，「心変わりする（自動詞）」などのように再分析され，その結果として新たに項を外にとることができる。その際，外側に現われる項は複合語内の名詞と別のものを指すことはできず，「全体－部分」のような関係になければなら

ない。このような現象は漢語の複合語にも見られる。

(39) a. 違反者を除名する。(＝違反者の名を除く)
　　　b. 冒頭の文を意味解釈する。(＝冒頭の文の意味を解釈する)

ただし，その条件を満たしていても，「AのBをする」という形がすべて「AをBする」という交替を許すわけではない。

(40) a. 上司のあら探しをする/*上司をあら探しする。
　　　b. ハーブの種まきをする/*ハーブを種まきする。
　　　c. 校庭の芝刈りをする/?校庭を芝刈りする。

このように，動作名詞の述語としての語彙化は，動作名詞そのものの形成と比べると限られていると言える。

## 4.4　動詞として働く複合語

　動詞を主要部とする日本語と英語の複合語は，その種類によって生産性に大きな違いが見られる。日本語では「飛び立つ，使い切る」などの複合動詞の派生が非常に生産的で，語彙の重要な部分を成しているが，英語には複合動詞は stir-fry (混ぜ炒め) など数例の造語を除いて存在しない。それに対して，付加詞や目的語の動詞への編入は，(41)のような表現を中心として英語のほうが日本語よりむしろ用例は多いと言える。

(41) a. She likes to *hand-sew* her own dresses. (手縫いする)
　　　b. They still *hand-pick* tea in some areas. (手摘みする)
　　　c. It takes time to *hand-wash* clothes. (手洗いする)
　　　d. They *charcoal-broil* steaks in this restaurant. (炭火焼き)
　　　e. I *speed-read* your book in two minutes. (*OED*) (早読み)
　　　f. pencil-mark, line-dry, home-grow, leather-bind, team-teach, spring-clean, spoon-feed, gift-wrap

　これらは付加詞表現が動詞と複合しているという点で日本語の「手作り」などと同じだということができる。ただし，英語では付加詞が動詞に直接に複合しているように見えるのに対して，日本語では動詞由来複合語に「する」をつけて動詞として用いるので，「*ドレスを手縫う」「*街で夜遊ぶ」などとは言えず，付加詞が動詞に直接編入される形の複合動詞は「手渡す」「指さす」など少数に留まっている (このような編入については，影山 1980 で詳しく述べられている)。

英語の(41)のような複合動詞は，実は付加詞と動詞が直接に複合したものではなく，(42)に示すように，対応する動詞由来複合語から -er, -ing, -ed という接辞を除いて作られたということが Jespersen をはじめ多くの英語研究者によって主張されている（島村 1990）。

(42) hand-picked → hand-pick, charcoal-broiled → charcoal-broil, spring-cleaning → spring-clean, baby-sitter → baby-sit

このようなプロセスは，接辞を付加する本来の派生とは逆なので，**逆形成**（back formation）と呼ばれる。単純語でも editor（編集者）という名詞の語尾を動作主を表わす接辞 -er と再解釈して edit（編集する）という動詞ができたり，もともとは単複同形であった peas（青豆）から pea という単数形ができた，などの逆形成の例がよく知られている。

また，(41)のような「付加詞＋動詞」だけではなく，逆形成によって作られた次のような「目的語＋動詞」の複合動詞も存在することが，辞書で確認できる。

(43) sightseeing → sightsee, flower-arrangement → flower-arrange, proofreading → proofread, air-conditioner → air-condition, brainwashing → brainwash, housekeeping → housekeep

日本語では「目的語＋動詞」の複合語においても，「花見（をする）」から「*花見る」のような複合動詞が作られることは，ほとんどない。一方で，(43)の複合動詞の中には次に示すように外部に目的語を別にとれるものがあり，その点で4.3節の最後に見た日本語の「値上げ」のような述語として働く複合語とよく似ている。

(44) a. proofread the manuscript
    (read the proof of the manuscript)
  b. air-condition the bedroom
    (condition the air of the bedroom)
  c. 料金を値上げする（料金の値上げをする）
  d. スープを味見する（スープの味見をする）

これは，目的語であっても複合して動詞の一部となると，特定の対象を指すことができなくなるため（影山 1999）で，複合語が動詞として語彙化されればされるほど，外側に目的語をとる傾向が見られる。

このように，英語では複合語から逆形成によって複雑述語を派生するのに対して，日本語では複合語にそのまま「する」を付加して動詞的に用いる。この派生方向の違いによって，英語の複合動詞と日本語の「複合語＋する」は，生産性や容認度が若干異なっている。つまり，英語の複合動詞は数は少なくないが，それほど一般的に使われないものが多い。(42)(43)で挙げた例の中には air-condition, proofread, baby-sit などのように動詞として定着しているものもあるが，pencil-mark, flower-arrange, leather-bind などあまり日常的には使われないものや，人によっては非文法的と感じるものもある。逆形成というのは本来，自然な語形成ではないので，その形と用法が定着した一部のものを除いて，不自然で特異な表現として受け取られ，完全に定着しない場合が多いのである。

それに対して，日本語の「早歩きする，ペン書きする」のような「複合語＋する」という形の複雑述語は，動作名詞に「する」を付加して動詞を作る（「勉強する，キャンプする」）という，日本語ではごく一般的な語形成によって作られる。このため英語の複合動詞のような不自然さはまったくなく，動作を表わす複雑述語であれば，何ら問題なく動詞として使われることができ，生産性も使用頻度も非常に高いのである。

## 4.5 名詞転換動詞

英語では，複合語を動詞として使うことは非常に限られているが，その穴を埋める方法として，名詞をそのままの形で動詞として用いる**転換** (conversion) が発達している。ここでは，意味の面で日本語の複合語に対応していると思われる英語の名詞転換動詞を簡単に見ておこう。

英語の名詞転換動詞は多くの用例があり，また形成される動詞も多岐にわたっている。代表的な意味グループを整理すると(45)のようになる。

(45) a.「(道具)で○○する」
bicycle, pin, spear, fork, mop, hammer, glue, bomb
［例］She pinned up the poster. （画鋲でとめた）
b.「(場所)に入れる，置く」
jail, bank, ground, center, shelve, bottle, box
［例］He banked the money under another name.
（銀行に預けた）

 c.「(対象)をつける」
  bug (the office), button (the shirt), butter, salt, carpet
  ［例］They carpeted the floor.（カーペットを敷いた）
 d.「(対象)を取り去る」
  milk (the cow), pit (olives), core, skin, scale, bone
  ［例］She skinned the onion.（タマネギの皮をむいた）
 e.「(職業など)のように振る舞う」
  boss, butcher, nurse, doctor, police, mother
  ［例］John likes to boss around in his family.
  （ボスのように振舞う）

　このように接辞をつけずに名詞を動詞に転換できるのは，英語の動詞には形態的な制約が特にないからだと考えられるが，それにしても，なぜ，これだけ多様な動詞的意味を名詞だけで表わすことができるのだろうか。これが名詞転換動詞が提供する興味深い疑問である。これらの動詞を広範囲に調べた Clark and Clark (1979) は，その名詞の表わす物体が関与する典型的場面についての一般的な知識が話し手と聞き手の間に共有されているからであるとしている。例えばモップは床をふくためのものなので，mop という動詞は「ふく」という意味を持つ。もし mop を床に置いただけならばその動作を mop the floor とは表現できないのである。名詞によっては複数の解釈が可能になり，Clark and Clark は例として milk が milk the tea（紅茶にミルクを入れる）と，milk the cow（牛からミルクをしぼる）のように，相反する意味の動詞になるケースを挙げている。この説明はある語彙の用法とそれが指し示す場面についての共通知識を基盤としているので，語用論的なアプローチと言える。

　これに対して，Hale and Keyser (1993) は名詞転換動詞の意味や用法の制限は統語論的な構造制約で説明できるとしている。しかし，Kiparsky (1997) は統語構造の制約だけでは説明できない事実が多く，語彙化と意味に関する原理が必要であると説いている。例えば場所を表わす名詞から派生した動詞でも，shelve the book（＝put the book on the shelf）とは言えても *bush some fertilizer（＝put some fertilizer on the bush）とは言えない。これは，もとの名詞が表わす物体の典型的な使われ方の違いに起因する。本を棚に置くのは棚の本来の使われ方だが，肥料をまくのは茂みの

用途ではないということである。

　さらに Kageyama（1997）ではこれらの名詞転換動詞は，動詞の意味構造の中に名詞概念を挿入することで，作られた動詞の意味だけでなく構文的な用法も説明できるとしている。例えば，意味構造の〈結果位置〉を表わす部分に BANK という意味概念を挿入することで，「銀行に預ける」という意味が得られる（単に「銀行の建物の内部に置く」のではなく，「預ける」という意味になるのは，名詞の "bank" が「金を預かる」という機能・用途をもともと持っているからである）。

　　(46)　a.　He banked all his money.（BANK に入れる）
　　　　　　　[x CAUSE [BECOME [y BE AT-IN-[BANK]]]]
　　　　　b.　She buttered her toast.（BUTTER をぬる）
　　　　　　　[x CAUSE [BECOME [y BE WITH-[BUTTER]]]]

英語の名詞転換動詞をこのように分析すると，「びん詰め，ペン書き」など日本語複合語の形成と非常によく似ていることが分かる。

　　(47)　びん詰め：
　　　　　　　[x ACT-ON y ] CAUSE [BECOME [y BE AT-IN-びん]]
　　　　　ペン書き：
　　　　　　　[x ACT WITH-ペン] CAUSE [BECOME [y BE AT-z ]]

　このように英語の名詞転換動詞と日本語の複雑述語は，表面上は動詞の有無という違いはあるものの，ともに意味構造での操作であると考えることで，両者の平行性がとらえられるのである。

## 5　まとめ

　本章で取り上げた「名詞/副詞＋動詞」型の複合語は，その働きから大きく次の2種類に分類できる。

　A. 動作・状態などの名づけ：ある動作や状態，動作主など動作と関連するモノを表わす。動詞の内項が優先して複合されるが，英語の -ing 語尾の複合語は内項主語を排除する。主要部が自動詞の場合や内項が理解されている場合には，付加詞も複合できる（例：窓ふき，酒飲み，小銭入れ，地崩れ，dish-washing, churchgoer, handmade）。このタイプは統語的な性格が強く，生産的で意味や形態も透明性が高い。

B. 複雑述語の形成：動詞に付加詞が複合（編入）して，より複雑な意味の述語を派生する。もとの動詞の項を引き継ぐことができる。日本語では「する」をつけて動詞として使われ，英語では逆形成による複合動詞および名詞転換動詞がこれにあたる（例：魚を炭火焼きする/to charcoal-broil the fish, 手紙をペン書きする/to pen the letter）。項と動詞の複合が述語として語彙化されるケースもある（例：料金を値上げする，to proofread the paper）。このタイプは語彙的な性格が強く，その造語や意味には語用論的な要因が反映されやすい。

## 6　さらに理解を深めるために

- 影山太郎ほか．1997．『単語と辞書』［第1章で形態論の扱う現象やその理論的分析を幅広く概説している。形態論研究全体への入門書。］
- Rochelle Lieber. 1983. Argument linking and compounding in English.［英語の動詞由来複合語にどのタイプの補語が現われうるかを，語構造における構成要素の素性の受け継ぎによって説明する。Roeper and Siegel(1978)の統語的分析と比較するとよい。］
- 影山太郎．1993．『文法と語形成』［第4章「N-V複合語」で日本語の複合語形成が語彙と統語の両部門に見られることを豊富な例とともに述べ，両者の共通点と相違点をその部門の違いから説明している。］
- 伊藤たかね・杉岡洋子．2002．『語の仕組みと語形成』（英語学モノグラフシリーズ16，研究社）［2章と3章に，英語と日本語の動詞由来複合語について詳細な考察と項構造や語彙概念構造を用いた分析が示されている。］
- 小林英樹．2004．『現代日本語の漢語動名詞の研究』ひつじ書房

（杉岡洋子・小林英樹）

# 第10章　複雑述語の形成

◆基本構文
(A) 1. John thought about the problem./*John thought the problem.
2. John *rethought* the problem./*John *rethought* about the problem.
(B) 1. He is kind. /He is *unkind*.
2. He tied his horse to the tree.（彼は馬を木につないだ）
3. He *untied* his horse from the tree.
（彼は，つないであった木から馬を解き放した）
(C) 1. She eats chocolate every day.
2.*She tends to *overeat* chocolate.
3. 彼女はチョコレートを食べ過ぎがちだ。
4. She tends to *overeat* (herself).
5.*彼女は自分自身を食べ過ぎがちだ。

【キーワード】複雑述語，接辞，項の受け継ぎ，複合動詞

## 1　なぜ？

1つの動詞をもとにして，より複雑な意味の複雑述語(complex predicate)を作り出すとき，日本語では複合動詞が使われるが，英語では，基本構文(A)〜(C)に例示されるように，re-, un-, over-といった接頭辞を動詞に付加する方法がとられることが多い。ところが，これらの接頭辞が付加されると，もとの動詞とは異なる構文をとる動詞が派生されることがある。例えば，think（考える）という動詞は(A1)のように自動詞であり，the problemのような名詞を直接目的語としてとることができない。とこ

ろが，re- をつけて rethink（再考する）とすると，他動詞に変化し，直接目的語をとれるようになる。re- がつくことで，もとの動詞に「再び」という新しい意味がつけ加わることは理解できるが，なぜ，構文的な性質も変わってしまうのだろうか。

また，接頭辞がもたらす意味の変更も，必ずしも簡単ではない。un- という接頭辞が形容詞につく場合には，(B1)の kind（親切な）－unkind（不親切な）のように，単純な否定を表わす。しかし，un- は tie, lock, zip, fasten のような動詞につくこともあり，その場合には，(B2)の「結ぶ，つなぐ」－「ほどく，解き放す」という意味関係を表わすことになる。同じ un- なのに，なぜこのように解釈が異なるのだろうか。

英語では un-, mis-, re-, over- のように動詞につく接頭辞が発達しているが，日本語にはそれにあたるものが実質的に存在せず，代わりに，複合動詞という形が使われる。しかし，英語の接頭辞と日本語の複合動詞は一見，似ているが，意味・用法が大幅に異なることが少なくない。代表例として(C)を見てみよう。eat に over- という接頭辞をつけた overeat は，普通，「食べすぎる」と訳される。ところが，日本語の「食べすぎる」は「チョコレートを」のような目的語を自由にとることができる(C3)のに，英語の overeat はそのような目的語をとることができない(C2)。英語の overeat は自動詞として使うのが普通であるが，場合によると，(C4)のように，主語と同じ人を指す再帰代名詞を伴うこともある。このようなことは，日本語(C5)では不可能である。このような日英語の違いは，どうしようもないものだろうか，それとも，何らかの一般的な原理に基づくのだろうか。

## 2 複雑述語とは

第 9 章では，「宝探し」や bird-watching のように名詞と動詞を組み合わせた複合語を扱ったが，これらは基本的には，全体として「名詞」である。このような「複合名詞」は英語にも日本語にも豊富にある。これに対して，「複合動詞」はどうだろう。特に，ここで扱う「複雑述語」にあたるのは，例えば「切る＋取る→切り取る」，「飛ぶ＋降りる→飛び降りる」のような表現のことである。このような〈動詞＋動詞〉型の複合動詞は，

日本語や朝鮮語，中国語などに見られるが，英語を始め，ヨーロッパ言語にはなじみがない。「切り取る」を英語で*to cut-take と言ったり，「飛び降りる」を*to jump-descend と言ったりすることはできない。このような場合，英語では to cut off, to jump down のように，動詞と小辞（particle）を組み合わせた**句動詞**（phrasal verb）を用いる。句動詞は〈動詞＋小辞〉という順序であるが，download（ダウンロードする），uphold（支持する，維持する），outpour（流出する），underlay（〜の下に敷く）のように小辞または前置詞が動詞の前につくこともある。小辞が形態的に独立した語として用いられる一方，動詞と結合することもあるというのは，古英語や，現在でもドイツ語・オランダ語に見られる現象で，このような小辞は分離可能接頭辞（separable prefix）とも呼ばれている。しかし，現代英語においては，これらの接頭辞は分離できないのが普通である。

　現代英語で，動詞につく接頭辞は，overeat（食べすぎる）の over-, outrun（〜より速く走る）の out-, misplace（置き違える）の mis-など多数ある。一方，日本語には「再（提出する）」「急（降下する）」「相（憐れむ）」など，ほんの限られた数しかなく，英語と同等の表現としては，「食べすぎる」「置き違える」のような複合動詞のほうが断然豊富である。

　これらの英語の接頭辞は，それがつく基体が表わす出来事に何らかの意味をつけ加えて，新しい概念を作るが，それに伴って，統語的な用法も変化することが多い。例えば，live だけなら「生きる」という自動詞だが，out-がついて outlive となると，(1)のように，主語や目的語の使い方が全く変わってしまう。

　　　(1) John *outlived* his son. (ジョンは息子より長生きした)
同じように，eat は I ate peanuts. のように食べ物を目的語にとるのが普通だが，over-がついて *overeat*（暴食する）となると，そのような目的語がとれなくなる。

　　　(2) *Be careful not to *overeat* peanuts.
　主語や目的語のとり方という点では，日本語の複合動詞も複雑な問題を含んでいる。日本語の複合動詞で最も多いパターンは，「押し開ける」のように〈他動詞＋他動詞〉という形であり，この場合，「ドアを押す＋ドアを開ける」→「ドアを押し開ける」という具合に，前の動詞と後ろの動詞の主語と目的語が一致する。一方，(3)の例では，「振る」は「びんを振

る」と言えるのに，後ろに「混ぜる」をつけて「振り混ぜる」となると，「*びんを振り混ぜる」とは言えなくなる。正しくは，「(びんの) 中身を振り混ぜる」であるから，この場合は，後ろの動詞（混ぜる）によって複合動詞全体の下位範疇化素性（どのような補部を何個とるかという性質）が決定されていることになる。これは，第9章で述べた「右側主要部の規則」に合致している（影山 1993）。

(3) a. びんを振る/中身を混ぜる。
　　　 b. *びんを振り混ぜる/(びんの) 中身を振り混ぜる。

これに対して，(4)の例では，「コンピュータを持つ」はよいが「*コンピュータを歩く」とは言わないから，前の動詞「持つ」の性質が複合動詞全体に及んでいる（受け継がれている）ということになる。

(4) a. コンピュータを持つ/*コンピュータを歩く。
　　　 b. コンピュータを持ち歩く。

このように，1つの動詞に接辞や別の動詞をつけて新たな動詞を作り，複雑な出来事や行為を表現するものを「複雑述語」と呼ぶ。本書の他の章の説明から分かるように，現在の研究段階では，単純形の動詞の性質がようやく解明されつつある状況であり，複雑述語の研究に本格的に取り組んだ研究はまだほとんど皆無の状態である。本章では，これまで多少なりとも分かってきたことを紹介し，将来の展望を述べる。

## 3　複雑述語を作る語形成の例

　全体的な傾向として，英語は接頭辞ないし接尾辞によって複雑述語を作り，日本語は，接辞も多少ある（特に漢語）が，動詞を2つ結合した複合語のほうを活用する。それぞれの言語の代表的な例を挙げておこう。
【英語の動詞につく接辞】
　「　」内には意味を，(　) 内には対応する日本語の接辞を，[　] 内には，結合できる動詞以外の品詞を示している。〜は基体を表わす。
　*co-*:「ともに，お互いに」(共〜・相〜) [名詞・形容詞]
　　　　coexist, coextend, cooperate, correlate, coordinate
　*counter-*:「反対に」(反〜) [名詞・形容詞・副詞]
　　　　counteract, counterattack, countercharge, counterclaim, counter-

check

*de-*:「否定，逆転」［名詞］
　　decentralize, defrost, debone, de-escalate, desegregate

*dis-*:「～と反対のことをする」（反～）［形容詞・名詞］
　　disagree, disappear, disconnect, disentangle, dislocate, disobey

*fore-*:「前もって」（予～，先～）［名詞］
　　forecast, forego, forerun, foresee, foreshow, foretell, forewarn

*inter-*:「～の間に，相互に」［形容詞・名詞］
　　interact, interchange, interconnect, interflow, intermingle, interpose

*mis-*:「誤って」「悪く」［名詞］
　　miscalculate, misdirect, mishear, misinform, misjudge, mislead

*out-*:「～より多く（長く，すぐれて）～する」［名詞］
　　outbid, outdo, outgrow, outlast, outlive, outmatch, outsell, outtalk

*over-*:「～の限度を超えて」「過度に」（過～）［形容詞・名詞・動詞の過去分詞］
　　overeat, overdo, overflow, overheat, overplay, overrun, overshoot

*pre-*:「（より）前もって」［名詞・形容詞］
　　prearrange, preconceive, precontract, preexist, preheat, pretest

*re-*:「再度，新たに～する」（再～）
　　recalculate, reenter, reimport, reopen, replay, reproduce, resend

*un-*:「～と反対のことをする」［形容詞・副詞・名詞］
　　undo, unbend, unfold, unpack, untie, unlearn, unroll, unweave, unzip

*under-*:「不十分に」「下に」［動詞の過去分詞］
　　underfeed, undercharge, undercut, underestimate, underlay, underplay

【英語の形容詞・名詞につく接辞】

「～に変える，～化する」

*en-*: enable, endear, enfeeble, enlarge, enrich, ensure/encage, encamp

-*fy*: humidify, purify, simplify, solidify, versify

-*ize*: actualize, conventionalize, familiarize, fertilize, formalize, idealize, legalize, novelize, realize, sterilize

-*en*: darken, heighten, lengthen, sharpen, shorten, widen

【日本語の〈動詞＋動詞〉型の複雑述語】

前の動詞を V1, 後ろの動詞を V2 とし, 2つの動詞の意味関係によって5種類に分類している。

①並列関係（2つの類似の行為が並行して起こることを表わす）

忌み嫌う, あわてふためく, 堪え忍ぶ, 恐れおののく, ほめたたえる

②様態（V1 は V2 が表わす行為の様態を描写する）

遊び暮らす, 尋ね歩く, 忍び寄る, すすり泣く, 降り注ぐ

③手段（V1 は V2 が表わす行為の手段を表わす）

切り倒す, 吸い取る, 勝ち取る, 泣き落とす, 言い負かす

④因果関係（V1 は V2 が表わす結果の原因を表わす）

待ちくたびれる, 歩き疲れる, 酔いつぶれる, 溺れ死ぬ

⑤補文関係（「V1 すること {が/を} V2 する」という意味関係。このタイプは, 語彙化されて意味が慣習化しているもの(a)と, 統語的な補文構造をとるもの(b)に大別される（影山 1993））

(a)見逃す, 書き落とす, 使い果たす, 降りしきる（「しきる」は元来,「度重なる」という意味）, 寝つく, 呼び習わす, 売れ残る

(b)話し終える, 食べ始める, しゃべり続ける, 勉強しすぎる, 買いそこなう, 読み直す, 書き忘れる, 出発しかける

【日本語の接辞付加による複雑述語】

-化（名詞/動名詞/形容動詞につく）

映画化, 独立法人化, 無人化/分散化, 緊迫化, 共有化/複雑化, 正常化, 活発化, 簡素化, 多様化, 高度化, 健全化

再-（動名詞につく）

再確認, 再検討, 再入国, 再出発, 再提出, 再生産, 再スタート

急-（動名詞につく）

急降下, 急上昇, 急着陸, 急展開, 急発進

相-（和語につく, ほとんど生産力がない）

相憐れむ, 相励む, 相対する

これらのほかに,「高い→高まる/高める，静かな→静まる/静める」のように和語の形容詞語幹につく「まる/める」や,「寒い→寒がる，迷惑（だ）→迷惑がる」のように感覚や心理状態を表わす形容詞・形容動詞の語幹につく「がる」,「飲む→飲みたい」のように願望を表わす「たい」,「歩く→歩かせる」のような使役の「（さ）せる」,「雨が降る→雨に降られる」のような（間接）受身の「（ら）れる」,「読む→（彼はギリシャ語が）読める」のような可能の「（ら）れる」なども複雑述語を作る接尾辞である。このうち,「まる/める」は現代では生産力はないが,「がる」以下の接尾辞は非常に生産的である。これらは，統語構造では「本を読みたい」なら [[本を読み] たい]（つまり「本を読むことを欲する」）というような複雑な構造をとっているが，表面的には「読み」と「たい」が1語にまとまって（編入 (incorporation) という）「読みたい」という複雑述語になる。これは日本語の特徴であり，英語では願望は want to ～，使役なら make，可能は can という具合に独立の動詞や助動詞で表わされる。これらの複雑述語については，本書では扱わない。

## 4 問題点と分析

　2節で説明したように，複雑述語が作られると，もとになる動詞とは異なる構文をとるようになることがしばしばある。この現象は非常に複雑であり，これまでの研究では，まだ完全な説明や分析は提出されていない。以下では，4.1節で，これまで試みられてきた統語的なアプローチの問題点を概観したあと，4.2節で意味構造からの新しい視点を提示する。さらに4.3節では，英語と日本語の違いについて簡単にふれる。

### 4.1　複雑述語の構文的性質

　語形成一般にあてはまることだが，合成されてできる複合語や派生語全体の性質は，必ずしもそれを構成する要素の性質を単純に寄せ集めただけでは説明できない部分を持っている。例えば，簡単な例として picture book（絵本）という言葉を見てみよう。これは，形の上では picture と book という2つの名詞を組み合わせた複合語であるが，意味の面では「絵」と「本」が単に合体したものではなく,「絵を主体にして，簡単に文

章で説明している本」のことであり、さらに言えば、「主に幼児を対象とした本」である。このように、合成語の意味には、それぞれの要素の意味を足し算して1＋1＝2とはならない部分が加わっている。picture bookは名詞であるが、複合動詞や派生動詞のような複雑述語では構成要素の足し算の答えはどうなるのだろう。

　一例として、「誤って〜する」という意味の mis- という接頭辞を見てみよう。

　　(5)　a.　John calculated the time of our arrival.
　　　　b.　John calculated that we would arrive at nine o'clock.
　　(6)　a.　John *miscalculated* the time of our arrival.
　　　　b.*John *miscalculated* that we would arrive at nine o'clock.

calculate（計算する、見当をつける）という動詞は(5a)のように目的語として名詞句をとることも、(5b)のように that 節をとることもできる。ところが、miscalculate となると、目的語をとるという性質に変わりはないものの、(6b)のように that 節がとれなくなる。基体(base)となる動詞の下位範疇化素性が派生語にも受け継がれることを **項の受け継ぎ**(inheritance)というが、mis- の場合は、名詞目的語は受け継ぐのに、that 節は受け継がない。つまり、接頭辞をつけることによって、動詞がとることのできる補部(complement)の種類が少なくなり、1＋1が2ではなく、かえってマイナスになってしまうわけである。

　一方、先にあげた、overeat に見られるような over- を取り上げると、この接頭辞はもとの動詞(eat)がとっていた名詞(chocolate)とは異なるタイプの名詞（oneself）を目的語にとるようになる。

　　(7)　a.　Sue eats chocolate every day.
　　　　b.*Sue often *overeats* chocolate.
　　　　c.　Sue often *overeats* (herself).

この場合、over- がもとの動詞のもつ性質を削除して、代わりに新しいタイプの補部をとる性質を産み出すということになる。

　このような語形成に伴う項の受け継ぎについて詳しく取り上げたのは、Roeper and Siegel (1978)が最初だと思われるが、動詞から動詞の派生における受け継ぎについての理論的説明については、Carlson and Roeper (1980)が詳しく論じている。この研究によれば、接頭辞が付加された動詞

がとる補部は一般に「名詞句」に限られている（つまり，that 節や to 不定詞，前置詞句は普通受け継がれない）。この性質は上で見た miscalculate だけの特異性ではなく，接頭辞を伴う派生動詞一般にあてはまるというのである（Carlson and Roeper 1980: 129-130）。

(8) a. that 節：Bob {calculated/*miscalculated} that we would arrive at nine o'clock.
b. 不変化詞：Dennis {wrote/*rewrote} the proposal up.
He {folded/*unfolded} the paper out.
c. 前置詞句：John {talked/*out-talked} about the farm program.
The arrow {pierced/*re-pierced} through the board.
d. 不定詞句：John {estimated/*underestimated} Fred to be a good player.
Bill {managed/*mismanaged} to get yet another parking ticket.
He {believes/*disbelieves} Bill to be a good tennis player.
e. 疑問節：John {asked/*re-asked} whether the senate had seen the new bill yet.
f. 補語形容詞：Bob {became/*misbecame} lame.
g. 間接目的語：Please {boil/*re-boil} our friend an egg.

Carlson and Roeper の一般化によれば，動詞から動詞を派生する接頭辞は，目的語をとらない自動詞か，名詞句の目的語を1つとる他動詞かのどちらかしか派生しない。この考え方では，派生動詞においては，原則として「項の受け継ぎ」というものは存在しない。代わりに，接辞付加は，最も典型的な，「無標」の下位範疇化素性——つまり，自動詞なら何も補部をとらず，あるいは他動詞なら目的語を1つだけとるという性質——を新たに創り出す働きをする。それはなぜかと言えば，動詞の補部は「格」という統語的な概念で規定されねばならないからで，格を与えられるのは名詞句だけだから，複雑述語の補部は名詞句に限られる，というのが彼らの説明である。この説明自体がどれほど論理的に妥当なのか分かりにくいが，いずれにせよ，Carlson and Roeper の分析の根底には，接頭辞による複雑述語の形成には，基体からの「項の受け継ぎ」はないという

考え方がある。

これに対して，動詞の接頭辞付加も含めて，述語を基体とする語形成一般に関して原則的に「項の受け継ぎ」があるとするのが，Randall (1985) である。Randall は，まず，Carlson and Roeper が取り上げた接頭辞の re- について再検討し，派生語の補部が基体のそれと全く無関係であるとする彼らの考えに疑問を呈している。それは，(9)から(12)に例示するように，基体が自動詞であれば re- 派生語も自動詞となり（意味的な制約により接辞付加が許されない場合は除く），決して自動詞から他動詞が派生されることはないからである。

(9)  a. Mary appeared.
    b. Mary *reappeared* (*the umbrella).
(10) a. Alex escaped.
    b. Alex *reescaped* (*Timothy).
(11) a. The play began.
    b. The play *rebegan* (*the audience).
(12) a. The parties met.
    b. The parties *remet* (*the restaurant).

また，Carlson and Roeper の主張に反して，名詞句以外の補部をとる動詞に re- がついても，そのまま同じ補部を受け継ぐ場合があることが指摘されている (Randall 1985: 52-57)。

(13) a. that 節

   The teacher *reconcluded* that John's paper was plagiarized.
   （先生はジョンの論文が盗作されたという結論に再び達した）
   Delia *redeclared* that her theory was the correct one.
   （デリアは彼女の理論が正しいと再び明言した）

   b. NP（名詞句）＋PP（前置詞句）

   The supervisor *resaddled* Mary with all the messy chores.
   （指導教官がメアリーにまたもや厄介な仕事を課した）
   Mary *redistinguished* herself from the crowd.
   （群衆に混じっていたメアリーが再び姿を現わした）

   c. PP（前置詞句）

John *realluded* to the scandal.
(ジョンは再びそのスキャンダルにふれた)
The teacher *rehinted* at the solution.
(先生は解答を再びほのめかした)

d. NP（名詞句）＋to 不定詞

The teacher *readvised* John to leave.
(先生はジョンに立ち去るよう再び忠告した)
John *repersuaded* Mary to stay.
(ジョンはメアリーに留まるよう再び説き伏せた)

e. to 不定詞

Mary *redecided* to marry John.
(メアリーはジョンと結婚することを再び決意した)
John *reconsented* to write the article.
(ジョンは記事を書くことに再び応じた)

ただし，次のような場合は正当な反例ではないので，注意が必要である (Randall 1985: 53)。

(14) a. John *reinserted* the key (into the other lock).
(ジョンはその鍵をもう1つの鍵に入れ直した)
b. The warden *reconfined* the prisoner (in the cell).
(監視人はその囚人を独房に監禁し直した)
c. John *resent* the parcel (to the former tenant).
(ジョンはその小包を前の住人に送り直した)

(14)については，まず，カッコ内の前置詞句が省略可能な随意的要素であることに注意したい。さらに重要なのは，先ほどの(13)のどの補部とも違って，これらの前置詞句が re- の意味作用が及ぶ領域（スコープ）に入っていないという点である。通常，re-V というと，V が表わす事象が以前にも起こったことを前提とする。例えば，Mary *redecided* to marry John. と言えば，以前に Mary decided to marry John. という出来事があったことが前提となっており，その場合，メアリーが決意したのは，前回も今回も同じ John との結婚である。今回は John と結婚しようと思ったが，以前はだれか別の人との結婚を決意していたとか，John との離婚を決意していたというのではダメである。この場合，re-（再び）は decide to marry John 全体にかかっている（つまり，これ全体が re- が修飾する意味の作用域（スコープ）に入っている）。ところが，(14)の各文に関しては，その前提となっている先行事象において，カッコ内の着点にあたる場所が異なっていてもよい。(14a)で具体的に言えば，John inserted the key into one of the locks, and *reinserted* it into the other one.（ジョンは，まずキーを1つの鍵に差し込み，次にもう1つの別の鍵に差し込み直した）と言っても，何も矛盾は起こらない。したがって，これらの随意的な前置詞句は基体から受け継がれた補部ではなく，re-V という動詞に新たにつけ加えられた表現として扱うのがよいと考えられる。

(13)に挙げた例は re- という接頭辞で，これは動詞につき，派生された re-V 全体も動詞であるが，これ以外にも，Carlson and Roeper への反証となる接辞はあるのだろうか。Randall(1985: 95)は，派生接辞を，基体の品詞や意味を変えるものと変えないものに分け，「品詞と意味の両方を変更する派生においては，基体が持つ項の無標の部分だけが受け継がれ，そうでない派生の場合は，基体の項がそのまま受け継がれる」という受け継ぎの原理を提案している。しかしながら，上述の re- 1つを取ってみても，受け継ぎに関する一般化はそう簡単ではない。(13c)では前置詞句を受け継いでいる re- だが，think につくと，前置詞句を受け継ぐことができず，直接目的語を取る他動詞になってしまう，といった例外事項がたくさん見つかるのである。

 (15) a. John thought about it. /*John thought it.
    b. John *rethought* it. /*John *rethought* about it.

別の論文において，Randall(1988)は受け継ぎの可能性について接辞を3タイプに分類している。

 (16) a. すべての項を受け継ぐ場合
     動名詞の -ing：the *flying* of the kite into the wind by experts
     動詞的受身を作る -en：The kite was *flown* into the wind by the expert.
   b. 直接目的語にあたる名詞は受け継ぐが，動作主や着点は受け継がない場合
     -er：the *flyer* of the kite/*the *flyer* of the kite by

experts /*America is a *putter* of men on the moon.

-*able*：The kite is *flyable*./*The kite is *flyable* by experts. /*The plane is not *flyable* to Paris.

形容詞的受身：an *unflown* kite/*The kite is *unflown* by experts./*The kite is *unflown* into the wind.

c. すべての受け継ぎを拒否する場合

結果名詞を作る接尾辞：the photógraph*y* (*of insects) (*with special lenses)/The cook*ing* (*of Indian food) (*in authentic ovens) was starchy.

しかしながら，この分類にも例外がある。例えば，-able は動作主や着点を受け継がないとされるのに，実際には，(17)のような例が適格であるし，(18)の -er も基体の動詞の前置詞句を保持している。

(17) a. This kite is *flyable* even by little children.
b. This rule is *applicable* to foreign students.

(18) a *believer* in God

以上見てきたように，派生語における項の受け継ぎは非常に複雑で，極論すると，受け継ぎの可能性は個々の接辞付加で異なっているということになるのかもしれない。結局，受け継ぎ現象を説明するには，どんな接辞がどんな基体と結びつくか，その組み合わせについて考えることが必要なのである(Cf. Smith 1981)。しかし，もし項の受け継ぎの可否が接辞によってばらばらで，なんの法則性もないのなら，英語を母語とする幼児はどのようにしてそれを習得するのかという問題が出てくる。

## 4.2 接辞による意味構造の変更

前節では，英語の接辞付加における受け継ぎ現象を説明するには，接辞か基体か，いずれか一方だけの属性を見るというのではなく，その組み合わせに注目する必要があることを述べたが，これはなぜだろうか。また，同じく動詞から動詞を派生する接辞でも，受け継ぎに関しては実に多様であることの理由には，何か説明が与えられるだろうか。1つの可能性として，個々の接辞で意味機能が違うこと，かつ，結合する動詞の意味構造によってもその機能が違うことが受け継ぎ現象の多様性をもたらす原因ではないかと考えられる。仮に，動詞の意味構造がその統語的性質を決定する

基盤になるとすると，接辞付加によって意味構造がどのように変わるのかを見れば，下位範疇化の変更に何らかの説明を与えることができるかもしれない。この節では，いくつかの接辞に関して，このようなアプローチが有効であることを示してみたい。

まず，分かりやすい例として un- を取り上げよう。基本的に，un- という接頭辞は(19a)のように形容詞につく場合と，(19b)のように動詞につく場合，そして数は少ないが(19c)のように名詞につく場合の3つがある。

(19) a. *un*kind, *un*lucky, *un*able, *un*aware, *un*avoidable, *un*familiar, *un*used
b. *un*fasten, *un*bind, *un*tie, *un*do, *un*close, *un*clasp, *un*wrap, *un*wind
c. *un*concern, *un*employment, *un*truth, *un*belief

(19a)と(19c)については，un- が「否定」の意味を表わすということが直感的に理解できる。例えば，*un*kind は「kind でない」であり，*un*concern は「**無関心**」である。ところが，(19b)の場合はそう簡単にはいかない。例えば，*un*fasten（ほどく）というのは，「fasten しない」というのではない。*un*freeze は「冷凍しない」ではなく「解凍する（つまり，冷凍状態でないようにする）」という意味であり，また，コンピュータ用語で *un*do と言うのは，「作業をしない」ではなく「いったん行なった作業を取り消してもとに戻す」という意味である。これらのことから，動詞につく un- は「もとの状態に戻す」という意味であると推測できる。このことは，un- が次のような名詞転換動詞（第9章を参照）につくと，「（ふた，栓，チェーンなど）をはずす/ほどく」という意味になる例が多いことからもうかがい知ることができる。

(20) *un*cap, *un*bar, *un*bolt, *un*buckle, *un*button, *un*chain, *un*cloak, *un*dress, *un*coil, *un*cork, *un*fetter, *un*gird, *un*stop, *un*mask, *un*veil, *un*zip

しかし，「もとの状態に戻す」とか「ほどく，はずす」といっただけでは，「否定」という概念が出てこない。伝統的な形態論では，un- は「否定」の意味と「逆転，もとに戻す，はずす」という意味の2つがあるとされているが，同じ形態の接頭辞なのだから，これらを「否定」という概念で統一できないだろうか。

これは，un- がついた動詞の意味構造を適切に記述することによって可能になる。分かりやすい例として，freeze（冷凍する，凍る）と unfreeze（解凍する，溶ける）で考えてみよう。第 6 章の「結果構文」で説明したように，freeze というのは「（低温のために）凍った状態に変わる／変える」ということである。

　(21)　*freeze*（他動詞）：〈行為〉→〈変化〉→〈凍った状態〉

　これに対して，unfreeze というのは「凍った状態でなくする」すなわち「凍った状態を解除して，もとの状態に戻す」というふうに言い換えることができる。この場合，「否定」の概念は，意味構造の右端にある〈凍った状態〉を否定することになる。

　(22)　*unfreeze*：〈行為〉→〈変化〉→〈「凍った状態」でない〉

(22)の意味構造は，「ある行為の結果，変化が起こって，凍った状態でなくなる」すなわち「溶ける，溶かす」という意味を正しく表わしている。この場合，もとになる freeze と派生語の unfreeze は，統語的な用法（主語と目的語のとり方）は同じであるということにも注意しておこう。

　(23)　a.　She froze the meat.
　　　　b.　She *unfroze* the meat.

すなわち，freeze から unfreeze への派生において完全な「項の受け継ぎ」が行なわれているということになるが，この理由は(22)の意味構造で説明できる。すなわち，(22)の意味構造が成り立つためには，行為をする主語と，凍っているもの（目的語）が必要で，この状況は freeze の場合(21)と全く変わっていないからである。

　同じ un- でも，今度は fasten（ひもを結ぶ）につくと，どうなるだろうか。fasten にはいろいろな使い方があるが，(24)を考えてみよう。

　(24)　a.　John fastened the rope **to** the pole.
　　　　　　（ロープを棒に結びつける）
　　　　b.　John *unfastened* the rope **from** the pole.
　　　　　　（棒からロープをほどく）

(24a)の意味構造を概略すると，次のようになる。

　(25)　〈ジョンの行為〉→〈変化〉→〈ロープが棒に結ばれた状態〉
　　　　　　↓　　　　　　　　　　　　　↓
　　　　John fastened　　　　　the rope to the pole.

第10章　複雑述語の形成

(25)は，「ジョンが何らかの行為をして，その結果，ロープが棒に結ばれた状態になる」ということである。この場合，「ロープが棒に結ばれた状態」には「ロープ」と「棒」という2つのものが関わっていて，それぞれが，直接目的語（the rope）と前置詞句（to the pole）として表現される必要がある。

これに un- をつけると，「否定」の概念はどこにつくだろうか。これまでの例では，un- が unkind のような形容詞についた場合，「否定」は〈状態〉にかかって「親切（という状態）でない」ことを意味し，freeze という動詞についた場合も，「否定」は〈凍った状態〉にかかっていた。同じように，(25)でも〈ロープが棒に結ばれた状態〉の部分を否定すると考えると，次の意味構造が仮定できる。

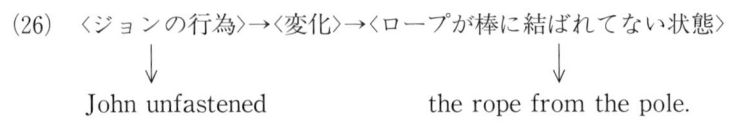

(26) 〈ジョンの行為〉→〈変化〉→〈ロープが棒に結ばれてない状態〉
    ↓          ↓
   John unfastened   the rope from the pole.

この意味構造は，(24b)の例文の意味を正しく表わしている。

重要なのは，この意味構造が単に un- の意味を正しく表わすだけでなく，目的語や前置詞句の表われ方も正しく予測するものであるということである。(26)の意味構造の右端の部分に注目すると，「棒に結ばれてない」というのは「棒から離れている」ということである。英語では，移動の結果，ある場所に存在している，もしくは，付着しているという意味を前置詞の to で表わし，逆に，そこから離れていることを from で表わす。

(27) a. She went to Kobe.
   b. She went away from Kobe.

したがって，John unfastened the rope（  ）the pole. の空欄に入るべき前置詞が to ではなく from であることは，(26)の意味構造から当然のこととして予測できる。

このように派生語が選択する前置詞を予測することは，4.1節で紹介した「項の受け継ぎ」という考え方だけでは不可能である。項の受け継ぎは，単に目的語を受け継ぐか，前置詞句を受け継ぐかという統語範疇に関する情報だけを問題にしており，特定の前置詞が何なのかということまでは説明できない。したがって，「un- は項の受け継ぎをする」というだけでは，次のような間違った文をも許してしまうのである。

(28) *John *unfastened* the rope **to** the pole.

なぜ to が from に変わるのかを説明するためには，上で見たような意味構造を考えなければならない。そして，適切な意味構造を設定できれば，項を受け継ぐか受け継がないかということまで，適切な判断が下されるわけである。現に，unfasten とは違ってなぜ unfreeze のときは用法に何の変化も起こらないかという理由も，その意味構造から説明することができるのである。これに対して，どのような基体と結合しても，自動詞かあるいは，名詞を1つだけとる他動詞しか派生しない -ize, -fy, en-, -en および「-化」の場合に起こる意味構造の変更は，以下のように新たな〈変化〉ないしは〈行為〉の部分をつけ足すという変更である。

(29) a. *simple*：〈単純である状態〉
    b. *simplify*（自動詞）：〈変化〉 → 〈単純である状態〉
    c. *simplify*（他動詞）：〈行為〉 → 〈変化〉
                                  → 〈単純である状態〉

(29b)では，状態変化を被るものだけが項として現われるが，(29c)では，さらに行為者が必要であるため，行為者を主語，状態変化を被るものを目的語として表わすことになる。こういった意味構造の変更からは，主語と目的語以外の項が新たに必要となる可能性がないので，その当然の帰結として，派生語は単純な自動詞や他動詞となるのだと説明できる。

このように，派生された動詞の意味の性質から項の受け継ぎ（用法）が説明できる，という考え方を支持する別の例として，先に取り上げた接頭辞の mis- を再検討してみよう。mis- の意味は，辞書では「誤って，具合が悪く」のように説明されていて，一見したところ行為様態のまずさを表わすように思えるが，実際は「行為の結果がまずい」ということを表現すると考えられる。例えば mislead（人を迷わせる，欺く）というのは，「誤って導く」や「導き方が誤っている」というのではなく，「導いた先が間違ったところである」という意味に解釈される。そのため，His explanation *misled* her into believing that he is unguilty. のように，誤った結果を into～ と表わすことができる。同じように，He *misread* the book.（本を読み間違った）というのは，読み方がまずいのではなく，読んだ結果，解釈した内容が間違っているということである。このことを意味構造で略述すると，(30)のようになるだろう。

(30) He *misread* the book.
　　〈彼が本を読む行為〉→〈変化〉→〈間違った結果状態〉
　　　　　　　　　　　　　　　　　　　　　↓
　　　　　　　　　　　　　　　　　文中には表現されない

ただし，この場合，目的語として現われている the book は〈読むという行為〉に関与する名詞であり，結果状態を表わしているのではない。結果状態は，先ほどの mislead ... into のように，into を用いた結果構文で表わすしかない。

このように考えると，Carlson and Roeper が問題にした名詞句目的語か that 節かという違いもうまく説明がつく。

(31) a. John {calculated/*miscalculated*} the time of our arrival.
　　　b. John {calculated/\**miscalculated*} that we would arrive at nine.

(31a)の名詞句目的語 (the time of our arrival) は，ちょうど misread the book の the book が read という行為の対象を表わすのと同じように，「計算する」という行為の対象を表わすだけで，結果状態（計算した結果が何時か）を表わすのではない。他方，(31b)で使われるような that 節は「計算行為」の対象ではなく，計算した結果として出された「結果状態」を表わす。それは，ちょうど，I believe that he is honest. というとき，that 節は主語が信じている内容そのものを指すのと同じことである。miscalculate の意味構造も，ほぼ(30)と同じものであるとすると，目的語には〈行為の対象〉である名詞句 (the time of our arrival) しか現われることができないはずである。一方，that 節は間違った計算の内容を表わす〈結果状態〉に対応するから，mis- のつく動詞には生じることができない。このため，mis- による派生では，表面的には，項の受け継ぎが部分的に成り立たないように見えるわけである。

次に，冒頭でも取り上げた over- について見てみよう。この接頭辞はさまざまな動詞を派生することができ，自動詞から他動詞を派生したり，他動詞についてももとの動詞とは異なるタイプの名詞を目的語に選ぶようになったりと，項の受け継ぎの可能性は全くばらばらのように見える。しかも，基体の動詞によって over- の意味もいろいろに解釈される。しかし，意味構造をていねいに調べていくと，ある一般化が見えてくる。

まず, (32)のように「物理的な場所を越えて」という用法がある.

(32) a. flow over the banks → The river *overflowed* the banks.
(川の水が土手を越えて流れ出た)
b. run over the the end of the runaway
→ The plane *overran* the end of the runway.
(飛行機が滑走路の端を乗り越えて走った)

上の例では, 基体は自動詞で, over という前置詞句を伴って用いられている. これにほぼ対応する意味を over-V で表わすと, もとの前置詞に続く名詞句 (the banks, the end of the runaway) が直接目的語となり, 表面上は他動詞になる. これはゲルマン語一般に見られる分離可能小辞の特徴である. この場合, 目的語になる名詞は何らかの乗り越えられる障壁に相当し, over-V はそこを越えて行くという意味を表わす.

おそらく(32)のような物理的な移動の意味が原義となって, そこから抽象的な状態の変化を表わす動詞へと意味が拡張していったと思われる.

(33) a. The engine heated (up). → The engine *overheated*.
(エンジンが過度に熱くなる)
b. simplify the explanation → *oversimplify* the explanation
(説明を過度に単純化する)

(33)の例では, もとが自動詞なら over- がついても自動詞, もとが他動詞なら over-V も他動詞で, 項はそのまま受け継がれている. 統語的な観点からは, 同じ自動詞でも(32)(33a)の2通りの項の受け継ぎ方があるというだけで話は終わってしまうだろう. しかし, 意味の観点から眺めると, なぜこれらの異なるタイプの動詞に over- がつき得るのか, また, なぜ項の受け継ぎ方が異なるのかが分かってくる. 例えば simpify（単純化する）というのは(29c)に示したように, 次のような意味構造を持つと考えられる.

(34) *simplify*: 〈行為〉→〈変化〉→〈simple な状態〉

ここで, 先に説明した unfreeze のような un- を思い出してみよう. 前述(22)では, un- の「否定」の意味は, 意味構造の中で〈結果状態〉にかかると説明した. 同じように, over- が表わす「～を越えて」という意味概念も(34)の最後の部分である〈～状態〉を修飾すると考えてみよう.

(35) *oversimplify*: 〈行為〉→〈変化〉→〈simple な状態を越えている〉

これは，overflow the bank（川の土手を乗り越えて流れる）というときの over- が基準点（障壁）を表わす the bank にかかっているのと同じことである。そうすると，oversimplify the explanation というのは「説明が simple な状態（我々が普通に考えて「単純だ」と言える状態）を越〔超〕えてしまう」ということであり，それはすなわち，「過度に単純化する，単純化しすぎる」ということを意味している。

　このように，simplify や heat のような状態変化を表わす動詞に over- がついた場合は，over- がもつ「過度に/行きすぎる」の意味は，意味構造において〈結果状態〉を表わす部分につけ加えられるということになる。この場合の over- は，〈結果状態〉を修飾するが，これはすでに基体動詞の意味に組み込まれている部分で，統語的に表現する必要のある要素をもたない。したがって，動詞がとる項の数，動詞と項の関係，項になる名詞のタイプなどには何の変化も与えないのである。

　では，次に(36)のような例を見てみよう。

　　(36)　a.　eat (chocolate)
　　　　　　　→*They *overeat* chocolate.
　　　　　　　They *overeat* (themselves) at Christmas.
　　　　b.　drink (beer)
　　　　　　　→*He tends to *overdrink* beer.
　　　　　　　He tends to *overdrink* (himself).

eat, drink は食べ物，飲み物を目的語にとることができるのに，overeat, overdrink のほうは通常自動詞として用いられる。この自動詞用法は歴史をさかのぼれば再帰目的語の省略によるものであるが，現在は再帰目的語をつけないのが普通である。日本語では「昨日，ビールを飲みすぎた」とか「チョコレートを食べすぎた」とかいった表現がごく普通に使われるが，英語の overeat, overdrink は overate, overdrank という過去形すらまれであり，さらに beer や chocolate といった具体的な名詞を目的語にとることはないと言ってよいだろう（ただし *Collins COBUILD English Dictionary* の1995年版には "people who overeat spicy foods" という例が出ている）。

　ところで，日本語の「動詞＋すぎる」は，(37)のような統語構造から派生されるものと考えられている（影山 1993: 142）。この構造は，「あるこ

とがらが行きすぎる。その行為とは，子供がケーキを食べることである」という意味を表わし，補文の中で「食べ（る）」は普通の他動詞として「ケーキを」という目的語をとっている。「子供がケーキを食べる」という節と「すぎる」を動詞とする節が深層構造ではそれぞれ独立しているから，「すぎる」の性質とは無関係に「食べすぎる」が目的語をとることができるのである。なお，表層構造では連用形の「食べ」が「すぎる」に**編入**（incorporate）されて，「食べすぎる」という1つの複合語にまとまる。

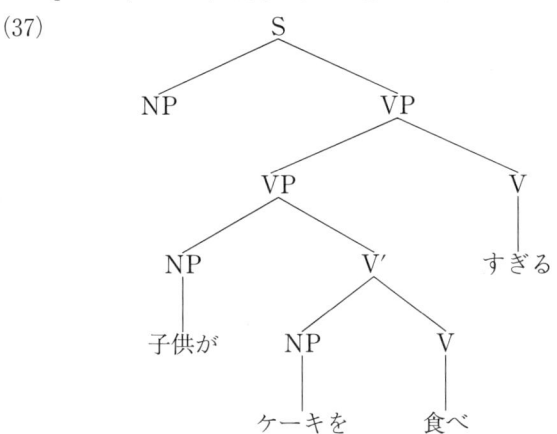

(37)
```
            S
          /   \
        NP     VP
              /   \
             VP    V
            /  \    すぎる
           NP   V'
          子供が /  \
               NP   V
              ケーキを 食べ
```

このように，日本語の「食べすぎる」という複合動詞は統語構造で派生されるために，「食べ（る）」がとる項がそのまま文全体に受け継がれるのは当然である。この構造は，「すぎる」がどのような動詞と結合しても同じであるから，受け継ぎについても常に左側の動詞の項が受け継がれることになる。他方，英語の over- の場合は，(35)のような意味構造のレベルで派生が制限されているので，overeat のようなもともと〈結果状態〉を含まない動詞から派生した例はごく限られた数しかない。

では，overeat はどのような意味構造をもっているのだろうか。日本語で「ケーキを食べすぎる」というと，食べるケーキの分量が多すぎることになるが，英語の He overeats (himself). というのは特定の食べ物の分量について表わしてはいない。先に見た over- の例はいずれも，何らかの限度，基準を越えるという意味であった。そのことと，overeat の本来の目的語が再帰代名詞であったということを考え合わせると，overeat himself というのは，「主語が自分の（胃袋の）限界を超えて食べる」という

意味ではないかと推測することができる。
　　(38)　Bill *overeats* (himself).
　　　　　〈ビルが食べる行為〉→〈変化〉→〈ビル自身の限界を超える〉
この場合、〈ビルが食べる行為〉というのは、「何を食べる」ということには言及せずに、単に食べる行為を表わす。目的語を統語的に表わすとすれば、それは意味構造の右端の結果状態に関わる「ビル自身の限界」に対応するものであり、これが himself という再帰代名詞で表わされるのである。したがって、cake のような、ビルが食べたものを具体的に表わす名詞は、統語構造上に現れる余地がないのである。

　このように、overeat, overdrink に現われる over- は、もともと「食べる/飲む」といった〈行為〉しか表わさない動詞と結合し、「その行為が主語自身の限界を超える」という結果状態を新しくつけ加える働きをしている。このようにもとの動詞の意味構造に新しく結果状態をつけ加えるという働きは、oversleep, overstay などの over- にも見られる。
　　(39)　a.　sleep (*the time) → She *overslept* the usual time of arising.
　　　　　　　（普段の起床時間を越えて長く寝た）
　　　　　　b.　stay (*one's welcome) → *overstay* one's welcome
　　　　　　　（歓迎される時間を越えて長く留まる。つまり、長居しすぎて嫌がられる）
sleep, stay そのものは自動詞であるが、over- がつくと他動詞になり、もとの自動詞とは共起できない目的語がとれるようになる。oversleep という動詞は、I overslept this morning.（今朝は寝すごした）というように自動詞で使うのが一般的で、この用法は先ほどの overeat と同じように、古くは oversleep oneself の再帰目的語を省略した形である。ところが、oversleep のもう1つの使い方として、(39a)のように「ある定められた時刻を超えて眠る」つまり「その時間を寝すごす」という用法もあり、この場合は、寝すごすという行為の基準点となる時刻が新たに目的語としてつけ加えられているのである。(39b)の overstay one's welcome はこの用法が慣習化した言い方である。いずれの場合も、over- は、もとの動詞が表わす行為が「行きすぎた基準点」を、意味構造内に新たに導入するという働きをしているのである。
　　(40)　a.　*sleep, stay*:〈行為（または状態）〉

b. *oversleep, overstay*:〈行為（または状態）〉→〈その行為が
　　　　ある基準点を超えてしまう〉

　このように考えれば，単に項が受け継がれるかどうかを問題にするのは表面的な見方であるということが分かる．自動詞が他動詞に変わるからには，それなりの意味構造の変化があり，その新しい意味構造に対応して目的語や補部が決まってくるのである．

　このアプローチをさらに進めると，次のような例で目的語に対する意味の制限が変わってしまうことも，うまく説明できると思われる．

　(41)　a. throw the ball (to first base)
　　　　　→ *overthrow* {\*the ball / first base}
　　　　b. draw money from the bank account
　　　　　→ *overdraw* {\*money / one's bank account}

throw は対象物（「ボールを」）と場所（「一塁に」）という2つの項をとるが，overthrow には，野球用語で「投げたボールが〜を越えてしまう」つまり「暴投する」という意味があり，この場合，投げられたボールが飛んでいって越える障壁（限界）が目的語(first base)として表わされ，ball そのものは表に出てこない（ただし，overthrow は「（政府を）転覆させる」という意味で使われるほうが普通ではある）．同じように，draw は「（銀行の口座からお金を）引き出す」という意味で使われ，money を目的語にとるが，overdraw となると，目的語はお金ではなく銀行口座(bank account)でなければならない．つまり，自分の口座の預金高を超えて，お金を引き出してしまうということを意味し，bank account という目的語が over-（超える）の基準点となっている．

　以上のように考えると，これらの例でも，over- によって「ボール/お金が限界を超える」という結果状態が意味構造に新しく導入され，これに関わる名詞句が目的語として表わされるようになると言える．一方，これらに相当する日本語では，「お金を引き出しすぎる」のように，あくまでお金が目的語であり，「\*口座を引き出しすぎる」とは言えない．

　(42)　a. overthrow first base:
　　　　　〈ボールを投げる行為〉→〈変化〉→〈投げたボールが限界
　　　　(first base)を越えてしまう〉
　　　　b. overdraw one's bank account:

〈お金を引き出す行為〉→〈変化〉→〈引き出したお金が限
　　　界（one's bank account）を超えてしまう〉

　伝統的な形態論では，over- は「動詞・名詞・形容詞について『過度な』という意味を表わす」という程度の説明で終わっていた。しかしそれだけでは，「何が過度なのか」という疑問が出てくる。日本語で「ケーキを食べすぎる」というのはケーキの分量が過度であることを述べるのに，英語の overeat はそうではないということを説明するためには，意味構造を詳しく調べていく必要がある。そうすれば，接頭辞の over- が，jump over the fence のような前置詞の over と意味的には決して無関係ではなく，むしろ，「～を越える」というもとの意味が接辞にも保持されていることが明らかになる。さらに，適切な意味構造を発見することによって，項の受け継ぎという統語的な性質に対しても，理にかなった説明を与える道がひらけてくる。前節で述べたように，英語における項の受け継ぎは非常に複雑であり，現在の研究段階では，そのすべてが意味構造からのアプローチによって解明できるかどうかは分からない。しかし，意味構造の変更と統語特性の変更が連動しているという考え方は，幼児の母語習得の容易さ（learnability）から見ても妥当なものだと思われる。

## 4.3　英語接辞の意味機能と日本語動詞複合における意味合成

　前節で見たように，動詞に接辞を付加したときに構文的な用法が受け継がれるかどうかは，個々の接辞によっても，また，もとの動詞によってもさまざまである。さらに，各接辞がもとの動詞の意味にどのような作用を及ぼすかという問題についても，簡単に一般化はできない。先に(13)(14)でふれた re- という接頭辞を再び取り上げてみよう。この接頭辞は，(13)の例ですでに説明したように，もとの動詞が表わす行為と同じ行為が再び行なわれることを表わすのが一般的であるが，次の例では必ずしも「同じ行為」が再び起こったとは言えない。

　　(43)　a.　The satellite *reentered* the earth's atmosphere at 3: 47.
　　　　　　　（その人工衛星は3時47分に再び大気圏に入った）
　　　　b.　China imported Japanese fans and *re-exported* them to Europe.（中国は日本の扇を輸入し，それをヨーロッパに

再輸出した。）
(43a)の人工衛星は以前に大気圏に突入したわけではない。大気圏に突入する（つまり地球に帰還する）のは，おそらく初めてである。したがって，この re- は，「以前に人工衛星が大気圏内にあった」という状態が再び発生することを述べているだけである。同じように，(43b)は，中国が以前に扇をヨーロッパに輸出して，今回また輸出した，という内容ではない。先に扇を export したのは日本であるから，1回目の輸出と2回目の輸出では動作主が異なっている。このような解釈の違いは，re- が意味構造の中のどの部分を修飾するかによって生じる。

(44) a. *enter*: 〈(衛星の) 移動〉 → 〈**(衛星が) 大気圏内に存在する状態**〉
b. *export*: 〈(扇を) 輸出する行為〉 → 〈変化〉 → 〈**(扇が) 国外に存在する状態**〉

enter と export の意味構造を概略(44)のように仮定してみよう。これに re- がついた場合，「再び」という意味は，(44a)(44b)の太字の部分（つまり最終的な結果状態の部分）だけにかかるとすれば，うまく説明がつく。このような分析は，enter や export という単語の形を見るのではなく，その意味構造を精密に想定することで初めて可能になる。実際のところ，re- の作用域（修飾範囲）の決定はなかなか複雑で，統語的な条件も関与しているようである（Wechsler 1989）が，上の例だけでも本章の考え方の方向は理解できるものと思われる。

over- という接頭辞も，見かけは複雑である。上掲(32)のように移動を意味する動詞に over- がつくと，主語が目的語で表わされる位置を越えてしまったことを表わし，(33)のような状態変化動詞につくと，その結果状態が度を越すことを意味する。そして，(39)のように，本来は〈行為〉しか含まない自動詞（sleep, eat など）が over- を伴って他動詞になると，その行為が目的語で表わされる基準を超えてしまったことを意味する。しかしこのような意味の多様性は，over- 自体の多義性によるのではない。over- 自体の意味は1つであり，動詞の意味構造内の結果状態を表わす部分に「過度に/行きすぎる」の意味を付加するだけである。基体の動詞がどのようなタイプの意味構造を持つかによって，見かけ上，多様な意味が生じるのである。

これに対して，-ize, -fy, en-, -en および「-化」の場合には，動詞から動詞を派生する接辞と少し事情が違っている。これらは，状態を表わす形容詞ないし名詞から状態変化を表わす動詞を派生し，意味構造は前掲(29)のような変化を受けている。

(29)　a.　*simple*：〈単純である状態〉
　　　b.　*simplify*（自動詞）：〈変化〉→〈単純である状態〉
　　　c.　*simplify*（他動詞）：〈行為〉→〈変化〉
　　　　　　　　　　　　　　　　　　　　→〈単純である状態〉

つまり，これらの品詞を変える接辞は，mis- や over- のようにそれ自体が何らかの特有の意味をもっていて，それが基体の意味構造のどこかに付加されるというのではなく，行為連鎖を表わす意味構造の型（スキーマ）に従って新たな事象をつけ加え，意味構造を拡張しているのである。

以上のように，一口に意味の変更をもたらす接辞といっても，その機能は実に多様であり，意味構造においてどのような作用をするかをとらえなければ，それぞれの意味を厳密に記述することができない。また，このような観点で観察すれば，個々の派生語の意味からは多様に見える接辞の解釈も，ある一定の意味構造上の働きに還元できるのである。

最後に日本語の〈動詞＋動詞〉の複合語において，どのように複雑述語の意味構造が作られるかについてごく簡単に述べておこう。複合動詞の場合は接辞のついた派生語と違って，2つの動詞それぞれが独立した動詞概念をもっており，それが新たに1つの動詞概念として合成されている。そこでまず，言うまでもないことだが，合成された結果が1つの出来事として「名づけ」られるに十分な関連性を認め得るものでなくてはならないという制限がある。これは，複合名詞について前章で述べたことと全く同じである。「ベルを鳴らしたらそれが壊れた」という状況があっても，それを「*ベルを鳴らし壊す」という1つの出来事として表現することはできない。「鳴らす」と「壊す」という2つの動詞は因果関係でつながっていて，3節に挙げた5種類の「複合動詞の意味関係」には「因果関係」あるいは「行為の様態」が含まれているが，意味関係さえ合えば手あたりしだいに複合動詞ができるわけではない。上述の「名づけ」の必要性が1つの条件であり，また，合成して得られる意味構造の型がどのようなものかも条件になる。つまり，1つ1つの動詞は〈行為〉→〈変化〉→〈結果状

態〉という意味構造にそっているが，複合されてできた複合動詞もまた，全体として1つの動詞であるから，この行為連鎖の基本的な流れに従うものでなければならない。「切り倒す」を例に取ると，「倒す」だけでは不明な〈行為〉の部分を「切る」が明確にし，全体として，〈切るという行為〉→〈変化〉→〈木が倒れるという結果状態〉という行為様態の意味構造を創り出している。同じように，「死ぬ」だけでは原因が明らかでないが，その前に「溺れる」を補足して，「溺れ死ぬ」とすることにより，因果関係の連鎖が作られる。

〈動詞＋動詞〉型の複合動詞は数も種類も非常に多く，あらゆる動詞が行為連鎖の意味構造で処理できるかどうかは不明である。また，日本語では，これらの語彙的複合動詞に対して，統語構造で作られる「統語的複合動詞」も存在する。日本語の場合は，そういった派生部門の違いも考慮に入れて検討していくことが必要である（詳しくは，影山 1993，影山・由本 1997，由本 1996，松本 1998などを参照）。

## 5 まとめ

1つの動詞に接辞が付加されたり複合が起こったりして複雑述語が形成される際，構文的用法の変更だけでなく，意味の変更にも注意をはらう必要がある。従来の研究では，統語的特性の受け継ぎは十分に説明されなかったが，本章では，語形成に伴う意味構造の変更に注目することで新たな解決法が見出せることを示唆した。

この考え方の重要な点は，結合する基体の意味によって表面上は多様に見える接辞の意味機能も，その接辞が意味構造内で実際にどのような作用をしているかを調べてみると，1つの基本的な意味の性質に還元できるということである。これは，un- のように動詞以外の品詞に付加され得る接辞にもあてはまり，この点からも語形成研究に新たな道をひらくものとなる。また，形容詞から動詞を派生する接辞や日本語の複合動詞についての観察からは，新たな述語概念を作る場合に，行為連鎖に沿う一定の意味合成の型があることが分かった。日英両言語に共通に，また，接辞付加・複合といった語のレベルと結果構文のような文レベルとの両方に，このような複雑述語概念のモデルになる一定の型が存在することは，人間言語の認

知的基盤を知る上で非常に興味深い。

## 6 さらに理解を深めるために

- Greg Carlson and Thomas Roeper. 1980. Morphology and subcategorization. ［英語の接辞付加に伴う下位範疇化の変更について理論的研究の出発点となる論文で，英語の資料も豊富。］
- 影山太郎・由本陽子．1997.『語形成と概念構造』［第2章で，英語の接辞付加による意味構造の変更と下位範疇化の関係の問題や日本語の複合動詞の意味や構造について論じている。］
- Yoko Yumoto. 1997. Verbal prefixation on the level of semantic structure. ［英語の接辞付加における受け継ぎの問題を意味構造に注目することで解き明かす。本章の内容を専門的に示している。］
- 由本陽子．2005.『複合動詞・派生動詞の意味と統語 —— モジュール形態論から見た日英語の動詞形成』ひつじ書房．［本章で述べた内容について，より詳しい記述と分析を概念意味論の枠組みで示している。また，語形成のモジュール性という観点から，日本語の統語的複合動詞と語彙的複合動詞，英語の派生動詞を比較している。］

（由本陽子）

# 参 照 文 献

(各文献の末尾に[ ]で示した数字は，本書で関連する章の番号を指す。)

BLS = *Proceedings of the ... Annual Meeting of the Berkeley Linguistics Society*. Berkeley: Berkeley Linguistic Society.
CLS = *Papers from the ... Regional Meeting of the Chicago Linguistic Society*. Chicago: Chicago Linguistic Society.
NELS = *Proceedings of the ... Annual Meeting of the North Eastern Linguistic Society*. Amherst: GLSA, University of Massachusetts.
WCCFL = *The Proceedings of the ... West Coast Conference on Formal Linguistics*. Stanford: Stanford Linguistics Association.


阿部泰明．1991.「『この本はよく売れる』中間構文に関する一考察」『言語理論と日本語教育の相互活性化』76-89．津田日本語教育センター．[ 7 ]
Ackema, Peter and Maaike Schoorlemmer. 1994. The middle construction and syntax-semantics interface. *Lingua* 93: 59-90. [ 7 ]
Ackema, Peter and Maaike Schoorlemmer. 1995. Middles and nonmovement. *Linguistic Inquiry* 26: 173-197. [ 7 ]
Akatsuka McCawley, Noriko. 1976. On experiencer causatives. In *Syntax and semantics 6: The grammar of causative constructions*, ed. Masayoshi Shibatani, 181-203. New York: Academic Press. [ 3 ]
Akatsuka, Noriko. 1979. Why *tough*-movement is impossible with *possible*. *CLS* 15: 1-8. [ 8 ]
Amritavalli, R. 1980. Expressing cross-categorial selectional correspondences: An alternative to the X'-syntax approach. *Linguistic Analysis* 6: 306-343. [ 3 ]
Anderson, Stephen. 1971. On the role of deep structure in semantic interpretation. *Foundations of Language* 7: 387-396. [ 4 ]
Anderson, Stephen. 1988. Objects (direct and not-so-direct) in English and elsewhere. In *On language: Rhetrica, phonologica, syntactica*, ed. Caroline Duncan-Rose and Theo Vennemann, 287-314. London: Routledge. [ 5 ]
Aoun, Joseph and Audrey Li. 1989. Scope and constituency. *Linguistic Inquiry* 20: 141-172. [ 5 ]

Aske, Jon. 1989. Path predicates in English and Spanish: A closer look. *BLS* 15: 1-14. [ 2 ]

Baker, Mark. 1988. *Incorporation: A theory of grammatical function changing*. Chicago: University of Chicago Press. [ 5 ]

Baker, Mark. 1997. Thematic roles and syntactic structure. In *Elements of grammar: Handbook in generative grammar*, ed. Liliane Haegeman, 73-137. Dordrecht: Kluwer. [ 5 ]

Bando, Michiko. 1998. *Semantic structures of psychological predicates: With special reference to Japanese psychological verbs*. Ph.D. dissertation, Osaka University. [ 3 ]

Barss, Andrew and Howard Lasnik. 1986. A note on anaphora and double objects. *Linguistic Inquiry* 17: 347-354. [ 5 ]

Belletti, Adriana and Luigi Rizzi. 1988. Psych-verbs and $\theta$-theory. *Natural Language & Linguistic Theory* 6: 291-352. [ 3 ]

Bennett, David C. 1975. *Spatial and temporal uses of English prepositions*. London: Longman. [ 2 ]

Berman, Arlene. 1974. *Adjectives and adjective complement constructions in English*. Ph.D. dissertation, Harvard University. [ 8 ]

Bolinger, Dwight. 1971. *The phrasal verb in English*. Cambridge, Mass.: Harvard University Press. [ 6 ]

Bouchard, Denis. 1995. *The semantics of syntax: A minimalist approach to grammar*. Chicago: University of Chicago Press. [ 1,2,3 ]

Brekke, Magnar. 1988. The experiencer constraint. *Linguistic Inquiry* 19: 169-180. [ 3 ]

Brittain, Richard. 1971. Indirect observations about indirect objects. *Working Papers in Linguistics* 10: 72-84. Ohio State University. [ 5 ]

Brousseau, Anne-Marie and Elizabeth Ritter. 1991. A non-unified analysis of agentive verbs. *WCCFL* 10: 53-64. [ 1 ]

Campbell, Richard and Jack Martin. 1989. Sensation predicates and the syntax of stativity. *WCCFL* 9: 44-55. [ 3 ]

Carlson, Greg. 1977. *Reference to kinds in English*. Ph.D. dissertation, University of Massachusetts, Amherst. [ 7 ]

Carlson, Greg and Thomas Roeper. 1980. Morphology and subcategorization: Case and the unmarked complex verb. In *Lexical grammar*, ed. Teun Hoekstra, Harry van der Hust, and Michael Moortgat, 123-164. Dordrecht: Foris. [10]

Carrier, Jill and Janet Randall. 1992. The argument structure and syntactic structure of resultatives. *Linguistic Inquiry* 23: 173-234. [ 6 ]

Carrier, Jill and Janet Randall. 1993. Lexical mapping. In *Knowledge and language vol. 2: Lexical and conceptual structure*, ed. Eric Reuland and Werner Abraham, 119-142. Dordrecht: Kluwer. [ 6 ]

Chomsky, Noam. 1977. On *wh*-movement. In *Formal syntax*, ed. Peter Culicover, Thomas Wasow, and Adrian Akmajian, 71-132. New York: Academic Press. [ 8 ]

Clark, Eve and Herbert Clark. 1979. When nouns surface as verbs. *Language* 55: 767-811. [ 9 ]

Clark, Robin. 1990. *Thematic theory in syntax and interpretation*. London: Routledge. [ 8 ]

Croft, William. 1991. *Syntactic categories and grammatical relations*. Chicago: University of Chicago Press. [ 2 ]

Croft, William. 1993. Case marking and the semantics of mental verbs. In *Semantics and the lexicon*, ed. James Pustejovsky, 55-72. Dordrecht: Kluwer. [ 3 ]

Culicover, Peter and Kenneth Wexler. 1980. *Formal principles of language acquisition*. Cambridge, Mass.: MIT Press. [ 5 ]

Czepluch, Hartmut. 1982. Case theory and the dative construction. *The Linguistic Review* 2: 1-38. [ 5 ]

Davidse, Kristin. 1992. Transitivity/ergativity: The Janus-headed grammar of actions and events. In *Advances in systemic linguistics,* ed. Martin Davies and Louise Ravelli, 105-135. London: Pinter Publishers. [ 1 ]

Davidse, Kristin and Sara Geyskens. 1998. *Have you walked the dog yet?*: The ergative causativization of intransitives. *WORD* 49: 154-180. [ 1 ]

Den Dikken, Marcel. 1995. *Particles: On the syntax of verb-particle, triadic, and causative constructions*. New York: Oxford University Press. [ 5 ]

Diesing, Molly. 1992. *Indefinites*. Cambridge, Mass.: MIT Press. [ 7 ]

Dixon, R.M.W. 1991. *A new approach to English grammar, on semantic principles*. Oxford: Oxford University Press. [ 1 ]

Dowty, David R. 1979a. *Word meaning and Montague grammar*. Dordrecht: Kluwer. [ 1,2,6 ]

Dowty, David R. 1979b. Dative "movement" and Thomason's extensions of Montague grammar. In *Linguistics, philosophy and Montague grammar*, ed. Steven Davis and Marianne Mithun, 153-222. Austin: University of Texas Press. [ 5 ]

Dowty, David R. 1991. Thematic proto-roles and argument selection. *Language* 67: 547-619. [ 2 ]

Dryer, Matthew. 1987. On primary objects, secondary objects and antidatives. *Language* 62: 808-845. [ 5 ]

Emonds, Joseph. 1972. Evidence that indirect object movement is a

structure-preserving rule. *Foundations of Language* 8: 546-561. [ 5 ]
Fagan, Sarah. 1988. The English middle. *Linguistic Inquiry* 19: 181-203. [ 7 ]
Fagan, Sarah. 1992. *The syntax and semantics of middle constructions*. Cambridge: Cambridge University Press. [ 7 ]
Fellbaum, Christiane. 1985. Adverbs in agentless actives and passives. *CLS* 21: 21-31. [ 7 ]
Fellbaum, Christiane. 1986. *On the middle construction in English*. Indiana University Linguistics Club. [ 7 ]
Fellbaum, Christiane. 1989. On the "reflexive middle" in English. *CLS* 25: 123-132. [ 7 ]
Fiengo, Robert. 1980. *Surface structure*. Cambridge, Mass.: Harvard University Press. [ 7 ]
Fillmore, Charles. 1965. *Indirect object constructions in English and the ordering of transformations*. The Hague: Mouton. [ 5 ]
Fillmore, Charles. 1968. The case for case. In *Universals in linguistic theory*, ed. Emmon Bach and Robert Harms, 1-88. New York: Holt, Rinehart & Winston. [ 1,4 ]
Fillmore, Charles. 1997. *Lectures on deixis*. Stanford: CSLI Publications. [ 2 ]
Fraser, Bruce. 1971. A note on the *spray paint* cases. *Linguistic Inquiry* 2: 603-607. [ 4 ]
Fujita, Koji. 1996. Double objects, causatives, and derivational economy. *Linguistic Inquiry* 27: 146-173. [ 3 ]
Fukui, Naoki, Shigeru Miyagawa and Carol Tenny. 1985. Verb classes in English and Japanese: A case study in the interaction of syntax, morphology and semantics. *Lexicon Project Working Papers 3*. Center for Cognitive Science, MIT. [ 4 ]
Goldberg, Adele. 1989. A unified account of the semantics of the English ditransitives. *BLS* 15: 79-90. [ 5 ]
Goldberg, Adele. 1991a. A semantic account of resultatives. *Linguistic Analysis* 21: 66-96. [ 6 ]
Goldberg, Adele. 1991b. It can't go down the chimney up: Paths and the English resultative. *BLS* 17: 36-78. [ 6 ]
Goldberg, Adele. 1992. The inherent semantics of argument structure: The case of the English ditransitive construction. *Cognitive Linguistics* 3: 37-74. [ 5 ]
Goldberg, Adele. 1995. *Constructions: A construction grammar approach to argument structure*. Chicago: University of Chicago Press. [ 2,6 ]
Goldsmith, John. 1980. Meaning and mechanism in grammar. *Harvard*

*Studies in Syntax and Semantics* III: 423-449. [ 5 ]
Green, Georgia. 1973. A syntactic syncretism in English and French. In *Issues in linguistics: Papers in honor of Henry and René Kahane,* ed. Braj Kachru *et al.*, 257-278. Urbana: University of Illinois Press. [ 6 ]
Green, Georgia. 1974. *Semantics and syntactic regularity.* Bloomington: Indiana University Press. [ 5 ]
Greenspon, Michael. 1996. *A closer look at the middle construction.* Ph.D. dissertation, Yale University. [ 7 ]
Grimshaw, Jane. 1990. *Argument structure.* Cambridge, Mass.: MIT Press. [ 3 ]
Gropen, Jess, Steven Pinker, Michelle Hollander, Richard Goldberg and Ronald Wilson. 1989. The learnability and acquisition of the English dative alternation. *Language* 65: 203-257. [ 5 ]
Gruber, Jeffrey. 1976. *Lexical structures in syntax and semantics.* Amsterdam: North-Holland. [ 2,5,6 ]
Guerssel, Mohamed, Ken Hale, Mary Laughren, Beth Levin and Josie W. Eagle. 1985. A cross-linguistic study of transitivity alternations. *Papers from the parasession on causatives and agentivity, CLS 21, Part 2*: 48-63. [ 1 ]
Hale, Ken and Samuel J. Keyser. 1987. A view from the middle. *Lexicon Project Working Papers 10*: 1-64. Center for Cognitive Science, MIT. [ 7 ]
Hale, Ken and Samuel J. Keyser. 1993. On argument structure and the lexical expression of syntactic relations. In *The view from Building 20*, ed. Ken Hale and Samuel Keyser, 53-109. Cambridge, Mass.: MIT Press. [ 4,9 ]
Hatori, Yuriko. 1997. On the lexical conceptual structure of psych-verbs. In *Verb semantics and syntactic structure*, ed. Taro Kageyama, 15-44. Tokyo: Kurosio Publishers. [ 3 ]
Hinds, John. 1986. *Situation vs. person focus.* くろしお出版. [ 1，3 ]
Hook, Peter. 1983. The English abstrument and the rocking case relations. *CLS* 19: 183-194. [ 4 ]
Hudson, Richard. 1992. So-called "double objects" and grammatical relations. *Language* 68: 251-276. [ 5 ]
Ikegami, Yoshihiko. 1969. *The semological structure of the English verbs of motion.* Tokyo: Sanseido. [ 2 ]
池上嘉彦. 1981.『「する」と「なる」の言語学』大修館書店. [ 1,2,3 ]
Ikeya, Akira, ed. 1996. *Tough constructions in English and Japanese.* Tokyo: Kurosio Publishers. [ 8 ]

今泉志奈子. 1997.「英語における副詞としての再帰代名詞」*Kansai Linguistic Society* 17: 100-110.［7］

Inoue, Kazuko. 1978. *Tough* sentences in Japanese. In *Problems in Japanese syntax and semantics,* ed. John Hinds and Irwin Howard, 122-154. Tokyo: Kaitakusha.［8］

井上和子. 1976.『変形文法と日本語（上・下）』大修館書店.［1,8］

Iwata, Seizi. 1998. *A lexical network approach to verbal semantics.* Tokyo: Kaitakusha.［2］

Iwata, Seizi. 1999. On the status of an implicit argument in middles. *Journal of Linguistics* 35: 527-553.［7］

Jackendoff, Ray. 1983. *Semantics and cognition.* Cambridge, Mass.: MIT Press.［2］

Jackendoff, Ray. 1990a. *Semantic structures.* Cambridge, Mass.: MIT Press.［1,2,3,4,6,9］

Jackendoff, Ray. 1990b. On Larson's treatment of the double object construction. *Linguistic Inquiry* 21: 427-456.［5］

Jackendoff, Ray. 1991. Parts and boundaries. *Cognition* 41: 9-45. (Reprinted in *Lexical and conceptual semantics,* ed. Beth Levin and Steven Pinker, 9-45. Cambridge, Mass.: Blackwell, 1992.)［2］

Jackendoff, Ray. 1996. The proper treatment of measuring out, telicity, and perhaps even quantification in English. *Natural Language & Linguistic Theory* 14: 305-354.［2］

Jackendoff, Ray. 1997. Twistin' the night away. *Language* 73: 534-559.［6］

Jackendoff, Ray and Peter Culicover. 1971. A reconsideration of dative movements. *Foundations of Language* 7: 397-412.［5］

Jeffries, Lesley and Penny Willis. 1984. A return to the spray paint issue. *Jounral of Pragmatics* 8: 715-729.［4］

Jespersen, Otto. 1927. *A Modern English grammar on historical principles,* Part III. Copenhagen: Enjar Munskgaad/London: George Allen & Unwin.［1,5,7］

Jones, Charles F. 1991. *Purpose clauses: Syntax, thematics, and semantics of English purpose constructions.* Dordrecht: Kluwer.［8］

影山太郎. 1980.『日英比較 語彙の構造』松柏社.［2,9］

Kageyama, Taro. 1980. The role of thematic relations in the *spray paint* hypallage. *Papers in Japanese Linguistics* 7: 35-64.［4］

影山太郎. 1993.『文法と語形成』ひつじ書房.［6,9,10］

影山太郎. 1996.『動詞意味論――言語と認知の接点』くろしお出版.［1,3,6,7,9］

Kageyama, Taro. 1997. Denominal verbs and relative salience in lexical

conceptual structure. In *Verb semantics and syntactic structure*, ed. Taro Kageyama, 45-96. Tokyo: Kurosio Publishers.［9］
影山太郎．1998．「日本語と英語」玉村文郎（編）『新しい日本語研究を学ぶ人のために』58-83．世界思想社．［7］
影山太郎．1999．『形態論と意味』くろしお出版．［6,9,10］
影山太郎．2000．「自他交替の意味的メカニズム」丸田忠雄・須賀一好（編）『日英語の自他の交替』33-70．ひつじ書房．［1］
影山太郎．2001．「非対格構造の他動詞──意味と統語のインターフェイス」伊藤たかね（編）『レキシコンと統語の接点（「シリーズ言語科学」第1巻）』東京大学出版会．［1］
影山太郎・由本陽子．1997．『語形成と概念構造』研究社出版．［2,6,10］
影山太郎ほか．1997．『岩波講座言語の科学3：単語と辞書』岩波書店．［9］
川野靖子．1997．「位置変化動詞と状態変化動詞の接点──いわゆる「壁塗り代換」を中心に」『筑波日本語研究』2: 28-40．［4］
Kemmer, Susanne. 1993. *The middle voice*. Amsterdam: John Benjamins.［7］
Keyser, Samuel and Thomas Roeper. 1984. On the middle and ergative constructions in English. *Linguistic Inquiry* 15: 381-416.［1,7］
金水　敏．1994．「連帯修飾の『～タ』について」田窪行則（編）『日本語の名詞修飾表現』29-65．くろしお出版．［9］
Kiparsky, Paul. 1997. Remarks on denominal verbs. In *Complex predicates*, ed. Alex Alsina, Joan Bresnan and Peter Sells, 473-499. Stanford: CSLI Publications.［9］
Kitagawa, Yoshihisa. 1994. Shells, yolks, and scrambled e.g.s. *NELS* 24: 221-239.［5］
北原博雄．1998．「移動動詞と共起するニ格句とマデ格句──数量表現との共起関係に基づいた語彙意味論的考察」『国語学』195: 15-29．［2］
Klaiman, Miriam H. 1991. *Grammatical voice*. Cambridge: Cambridge University Press.［7］
小林英樹．1999．「語彙概念構造レベルでの複合」『日本語科学』5: 7-25．国立国語研究所．［9］
熊谷滋子．1994．「中間構文における動作主のゆくえ」『静岡大学人文学部人文論集』44(2): 85-101．［7］
国広哲弥．1985．「認知と言語表現」『言語研究』88: 1-19．［2］
国広哲弥．1996．「日本語の再帰中間態」『言語学林1995-1996』417-423．三省堂．［7］
Kuroda, Shige-Yuki. 1987. Movement of noun phrases in Japanese. In *Issues in Japanese linguistics,* ed. Takashi Imai and Mamoru Saito, 229-271. Dordrecht: Foris.［8］

Lakoff, George. 1970. *Irregularity in syntax*. New York: Holt, Rinehart & Winston. [ 1 , 3 ]

Lakoff, George. 1977. Linguistic gestalts. *CLS* 13: 236-287. [ 7 ]

Langacker, Ronald W. 1987. *Foundations of cognitive grammar, vol. 1: Theoretical prerequisites*. Stanford: Stanford University Press. [ 2 ]

Langacker, Ronald W. 1990. *Concept, image, and symbol*. Berlin: Mouton de Gruyter. [ 2 ]

Langacker, Ronald W. 1991. *Foundations of cognitive grammar, vol. 2: Descriptive application*. Stanford: Stanford University Press. [ 1 ]

Langacker, Ronald W. 1995. Raising and transparency. *Language* 71: 1-62. [ 8 ]

Larson, Richard. 1988. On the double object construction. *Linguistic Inquiry* 19: 335-391. [ 5 ]

Larson, Richard. 1990. Double objects revisited: Reply to Jackendoff. *Linguistic Inquiry* 21: 589-632. [ 5 ]

Lasnik, Howard and Robert Fiengo. 1974. Complement object deletion. *Linguistic Inquiry* 5: 535-571. [ 8 ]

Leech, Geoffrey N. 1969. *Towards a semantic description of English*. London: Longman. [ 2 ]

Levin, Beth. 1993. *English verb classes and alternations*. Chicago: University of Chicago Press. [ 1,2,3,4,5,6,7 ]

Levin, Beth and Tova R. Rapoport. 1988. Lexical subordination. *CLS* 24: 275-289. [ 2,6,7 ]

Levin, Beth and Malka Rappaport. 1986. The formation of adjectival passives. *Linguistic Inquiry* 17: 623-61. [ 4 ]

Levin, Beth and Malka Rappaport Hovav. 1991. Wiping the slate clean: A lexical semantic exploration. *Cognition* 41: 123-151. (Reprinted in *Lexical and conceptual semantics*, ed. Beth Levin and Steven Pinker, 123-151. Cambridge, Mass.: Blackwell, 1992.) [ 2,4 ]

Levin, Beth and Malka Rappaport Hovav. 1992. The lexical semantics of verbs of motion: The perspective from unaccusativity. In *Thematic structure: Its role in grammar*, ed. Iggy M. Roca, 247-269. Dordrecht: Foris. [ 2 ]

Levin, Beth and Malka Rappaport Hovav. 1994. A preliminary analysis of causative verbs in English. *Lingua* 92: 35-77. [ 1 ]

Levin, Beth and Malka Rappaport Hovav. 1995. *Unaccusativity: At the syntax−lexical semantics interface*. Cambridge, Mass.: MIT Press. [ 1, 2,6]

Lieber, Rochelle. 1983. Argument linking and compounding in English.

*Linguistic Inquiry* 14: 251-286. [9]
Liefrink, Frans. 1973. *Semantico-syntax*. London: Longman. [1]
Lyons, John. 1977. *Semantics,* 2 vols. Cambridge: Cambridge University Press. [1,6]
Maruta, Tadao. 1997. The syntax and semantics of *spray/paint* verbs. In *Verb semantics and syntactic structure,* ed. Taro Kageyama, 97-114. Tokyo: Kurosio Publishers. [4]
丸田忠雄．1998．『使役動詞のアナトミー』松柏社．[1,3]
Massam, Diane. 1992. Null objects and non-thematic subjects. *Journal of Linguistics* 28: 115-137. [7]
Matsumoto, Masumi and Koji Fujita. 1995. The English middle as an individual-level predicate. *Studies in English Literature* 72: 95-111. [7]
Matsumoto, Yo. 1996a. How abstract is subjective motion? A comparison of coverage path expressions and access path expressions. In *Conceptual structure, discourse, and language,* ed. Adele E. Goldberg, 359-373. Stanford: CSLI Publications. [2]
Matsumoto, Yo. 1996b. *Complex predicates in Japanese*. くろしお出版．[2,10]
松本　曜．1997．「空間移動の言語表現とその拡張」田中茂範・松本　曜『空間と移動の表現』125-230．研究社出版．[2]
松本　曜．1998．「日本語の語彙的複合動詞における動詞の組合せ」『言語研究』114: 37-83．[10]
松瀬育子．1996．「中間構文：主観性表示の枠組み」『神戸英米論叢』10: 43-61．神戸英米学会．[7]
Miki, Nozomi. 1996. A semantic approach to *tough* constructions in light of Carlsonian ontology. 『神戸英米論叢』10: 207-234．神戸英米学会．[8]
Miller, George A. and Philip N. Johnson-Laird. 1976. *Language and perception*. Cambridge, Mass.: Harvard University Press. [2]
宮島達夫．1984．「日本語とヨーロッパ語の移動動詞」『金田一春彦博士古稀記念論文集2』三省堂．（宮島達夫『語彙論研究』43-72．（むぎ書房，1994）に再録．）[2]
三宅知宏．1996a．「日本語の受益構文について」『国語学』186: 1-14．[5]
三宅知宏．1996b．「日本語の移動動詞の対格標示について」『言語研究』110: 143-168．[2]
Muehleisen, Victoria and Mutsumi Imai. 1997. Transitivity and the incorporation of ground information in Japanese path verbs. In *Lexical and syntactical constructions and the construction of meaning,* ed. Marjolijn Verspoor, Kee Dong Lee and Eve Sweetser, 329-346. Amsterdam: John Benjamins. [2]
Nakajima, Heizo and Yukio Otsu. eds. 1993. *Argument structure: Its syntax*

*and acquisition*. Tokyo: Kaitakusha. [3]

Nakamura, Tsuguro. 1997. Actions in motion: How languages express manner of motion. In *Studies in English linguistics: A festschrift for Akira Ota on the occasion of his eightieth birthday*, ed. Masatomo Ukaji, Toshio Nakao, Masaru Kajita and Shuji Chiba, 723-738. Tokyo: Taishukan. [2]

中右　実．1991.「中間態と自発態」『日本語学』10: 2, 52-64. [7]

中右　実．1994.『認知意味論の原理』大修館書店. [3]

中右　実．1998.「空間と存在の構図」中右　実・西村義樹『構文と事象構造』1-106. 研究社出版. [2]

並木崇康．1985.『語形成』大修館書店. [9,10]

Nanni, Deborah L. 1978. *The easy class of adjectives in English*. Ph.D. dissertation, University of Massachusetts, Amherst. [8]

Nanni, Deborah L. 1980. On the surface syntax of constructions with *easy*-type adjectives. *Language* 56: 568-581. [8]

Napoli, Donna. 1992. The double-object construction, domain asymmetries and linear precedence. *Linguistics* 30: 837-71. [5]

西尾寅弥．1988.『現代語彙の研究』明治書院. [1]

O'Grady, William D. 1980. The derived intransitive construction in English. *Lingua* 52: 57-72. [1,7]

Oehrle, Richard. 1976. *The grammatical status of the English dative alternation*. Ph.D. dissertation, MIT. [5]

奥津敬一郎．1967.「自動詞化・他動詞化および両極化転形――自・他動詞の対応」『国語学』70: 46-65.（須賀・早津（編）に再録）[1]

奥津敬一郎．1981.「移動変化動詞文――いわゆる spray paint hypallage について」『国語学』127: 21-33. [4]

大江三郎．1975.『日英語の比較研究――主観性をめぐって』南雲堂. [2]

Perlmutter, David and Paul Postal. 1984. The 1-advancement exclusiveness law. In *Studies in relational grammar* 2, ed. David Perlmutter and Carol Rosen, 81-125. Chicago: University of Chicago Press. [8]

Pesetsky, David. 1987. Binding problems with experiencer verbs. *Linguistic Inquiry* 18: 126-140. [3]

Pesetsky, David. 1995. *Zero syntax: Experiencers and cascades*. Cambridge, Mass.: MIT Press. [3,5]

Pinker, Steven. 1989. *Learnability and cognition: The acquisition of argument structure*. Cambridge, Mass.: MIT Press. [1,2,4,5]

Postal, Paul M. 1971. *Cross-over phenomena*. New York: Holt, Rinehart and Winston. [3]

Quirk, Randolph, Sidney Greenbaum, Geoffrey Leech and Jan Svartvik.

1985. *A comprehensive grammar of the English language.* London: Longman. [ 5 ]

Randall, Janet H. 1983. A lexical approach to causatives. *Journal of Linguistic Research* 2(3): 77-105. [ 6 ]

Randall, Janet H. 1985. *Morphological structure and language acquisition.* New York: Garland. [10]

Randall, Janet H. 1988. Inheritance. In *Syntax and semantics 21: Thematic relations,* ed. Wendy Wilkins, 129 - 146. New York: Academic Press. [10]

Rapoport, Tova. 1993. Verbs in depictives and resultatives. In *Semantics and the lexicon,* ed. James Pustejovsky, 163-184. Dordrecht: Kluwer. [ 6 ]

Rappaport, Malka and Beth Levin. 1985. A case study in lexical analysis: The locative alternation. Ms. Center for Cognitive Science, MIT. [ 4 ]

Rappaport Hovav, Malka and Beth Levin. 1998. Building verb meanings. In *The projection of arguments: Lexical and compositional factors,* ed. Miriam Butt and Wilhelm Geuder, 97-134. Stanford: CSLI. [ 2,6 ]

Rappaport Hovav, Malka and Beth Levin. 1999. Two types of compositionally derived events. Ms. Northwestern University. [ 6 ]

Roberts, Ian. 1989. Compound psych-adjectives and the ergative hypothesis. *NELS* 19: 358-374. [ 3 ]

Roeper, Thomas and Muffy Siegel. 1978. A lexical transformation for verbal compounds. *Linguistic Inquiry* 9: 199-260. [ 9,10 ]

Rosen, Sara T. 1996. Events and verb classification. *Linguistics* 34: 191-223. [ 1 ]

Rozwadowska, Bozena. 1988. Thematic restrictions on derived nominals. In *Syntax and semantics 21: Thematic relations,* ed. Wendy Wilkins, 147-165. New York: Academic Press. [ 3 ]

Salkoff, Morris. 1983. Bees are swarming in the garden: A syncronic study of productivity. *Language* 59: 288-346. [ 4 ]

Schlesinger, Izchak. 1995. *Cognitive space and linguistic case.* Cambridge: Cambridge University Press. [ 1,7 ]

Selkirk, Elisabeth. 1982. *The syntax of words.* Cambridge, Mass.: MIT Press. [ 9 ]

Shibatani, Masayoshi. 1985. Passives and related constructions. *Language* 64: 821-848. [ 7 ]

Shibatani, Masayoshi. 1994. Benefactive constructions: A Japanese-Korean perspective. *Japanese/Korean linguistics 4,* ed. Noriko Akatsuka, 39-74. Stanford: Stanford Linguistics Association. [ 5 ]

Shibatani, Masayoshi. 1996. Applicatives and benefactives: A cognitive account. In *Grammatical constructions,* ed. Masayoshi Shibatani and Sandra Thompson, 157-194. New York: Oxford University Press. [5]
島村礼子. 1990.『英語の語形成とその生産性』リーベル出版. [9]
Siewierska, Anna. 1984. *The passive: A comparative linguistic analysis.* London: Croom Helm. [1]
Simpson, Jane. 1983. Resultatives. In *Papers in lexical-functional grammar,* ed. Lori Levin *et al.*, 143-157. Indiana University Linguistics Club. [6]
Smith, Carlota S. 1978. Jespersen's 'move and change' class and causative verbs in English. In *Linguistic and literary studies in honor of Archibald A. Hill, vol. 2,* ed. M. A. Jazayery *et al.*, 101-109. The Hague: Mouton. [1,7]
Smith, Carlota S. 1981. Comments on Roeper 1981. In *The logical problem of language acquisition,* ed. C.L. Baker and John J. McCarthy, 151-164. Cambridge, Mass: MIT Press. [10]
Stroik, Thomas. 1995. On middle formation: A reply to Zribi-Hertz. *Linguistic Inquiry* 26: 165-171. [7]
須賀一好・早津恵美子(編)1995.『動詞の自他』ひつじ書房. [1]
Sugioka, Yoko. 1997. Projection of arguments and adjuncts in compounds.『平成8年度COE形成基礎研究費研究成果報告(1)』185-220. 神田外語大学. [9]
杉岡洋子. 1998.「動詞の意味構造と付加詞表現の投射」『平成9年度COE形成基礎研究費研究成果報告(2)』341-363. 神田外語大学. [9]
Sugioka, Yoko. 2002. Incorporation vs. modification in Japanese deverbal compounds. *Japanese/Korean linguistics 10.* Stanford: CSLI.
Takezawa, Koichi. 1987. *A configurational approach to case-marking in Japanese.* Ph.D. dissertation, University of Washington. [8]
Takezawa, Koichi. 1993. Secondary predication and locative/goal phrases. In *Japanese syntax in comparative grammar,* ed. Nobuko Hasegawa, 45-77. Tokyo: Kurosio Publishers. [2]
竹沢幸一. 2000.「空間表現の統語論――項と述部の対立に基づくアプローチ」青木三郎・竹沢幸一(編)『空間表現と文法』163-214. くろしお出版. [2]
Talmy, Leonard. 1985. Lexicalization patterns: Semantic structure in lexical forms. In *Language typology and syntactic description Vol. III: Grammatical categories and the lexicon,* ed. Timothy Shopen, 57-149. Cambridge: Cambridge University Press. (Revised under the same title in Talmy 2000b, 21-146.) [2]
Talmy, Leonard. 1991. Path to realization: A typology of event conflation.

*BLS* 17: 480-519. (Revised as Talmy 2000c.) [2]

Talmy, Leonard. 1996. Fictive motion in language and "ception". In *Language and space,* ed. Paul Bloom, Mary A. Peterson, Lynn Nadel and Merrill F. Garrett, 211-276. Cambridge, Mass.: MIT Press. (Revised under the same title in Talmy 2000a, 99-175.) [2]

Talmy, Leonard. 2000a. *Toward a cognitive semantics, vol. I: Concept structuring systems.* Cambridge, Mass.: MIT Press. [2]

Talmy, Leonard. 2000b. *Toward a cognitive semantics, vol. II: Typology and process in concept structuring.* Cambridge, Mass.: MIT Press. [2]

Talmy, Leonard. 2000c. A typology of event integration. In Talmy 2000b, 213-288.（邦訳：高尾享幸（訳）「イベント統合の類型論」坂原茂（編）『認知言語学の発展』347-451. ひつじ書房, 2000.）[2]

谷脇康子. 2000.「非対格自動詞の自他交替」『英米文学』44(1): 105-118. 関西学院大学英米文学会. [1]

Tenny, Carol. 1987. *Grammaticalizing aspect and affectedness.* Ph.D. dissertation, MIT. [5]

Tenny, Carol. 1995a. How motion verbs are special. *Pragmatics & Cognition* 3: 31-75. [2]

Tenny, Carol. 1995b. Modularity in thematic versus aspectual licensing: Paths and moved objects in motion verbs. *Canadian Journal of Linguistics* 40: 201-234. [2]

寺村秀夫. 1982.『日本語のシンタクスと意味 I 』くろしお出版. [1,2,7]

Tremblay, Mireille. 1990 An argument sharing approach to ditransitive constructions. *WCCFL* 9: 549-563. [5]

Tsujimura, Natsuko. 1991. On the semantic properties of unaccusativity. *Journal of Japanese Linguistics* 13: 91-116. [2]

Ueno, Seiji. 1994. Conceptual structures and the semantics of spatial expressions in Japanese. M.A. thesis, Osaka University. [2]

Ueno, Seiji. 1995. Locative/goal phrases in Japanese and conceptual structure. *Kansai Linguistic Society* 15: 122-132. [2]

上野誠司. 1995. Verbs of motion and path expressions. 日本英語学会第13回大会ワークショップ『動詞の意味構造と構文の交替現象について』（口頭発表, 於東京学芸大学）[2]

上野誠司. 2000.「日本語のマデ句と移動動詞の意味分析」『日本認知科学会第17回大会発表論文集』220-221. [2]

Van Oosten, Jeanne. 1977. Subjects and agenthood in English. *CLS* 13: 459-471. [7,8]

Van Oosten, Jeanne. 1986. *The nature of subjects, topics and agents: A cognitive explanation.* Indiana University Linguistics Club. [7]

Van Valin, Jr., Robert. 1990. Semantic parameters of split intransitivity. *Language* 66: 221-260. [1,2]

Van Voorst, Jan G. 1992. The aspectual semantics of psychological verbs. *Linguistics and Philosophy* 15: 65-92. [3]

Vendler, Zeno. 1967. *Linguistics in philosophy*. Ithaca, New York: Cornell University Press. [3]

Verspoor, Cornelia M. 1997. *Contextually-dependent lexical semantics*. Ph.D. dissertation, University of Edinburgh. [2,6]

Washio, Ryuichi. 1997. Resultatives, compositionality and language variation. *Journal of East Asian Linguistics* 6: 1-49. [6]

Wasow, Thomas. 1977. Transformations and the lexicon. In *Formal syntax*, ed. Peter Culicover, Thomas Wasow and Adrian Akmajian, 327-360. New York: Academic Press. [3]

Wechsler, Stephen. 1989. Accomplishments and the prefic re-. *NELS* 19: 419-434. [10]

Whitney, Rosemarie. 1982. Syntactic unity of wh-movement and complex NP shift. *Linguistic Analysis* 10: 299-319. [5]

Whitney, Rosemarie. 1983. The place of dative movement in a generative theory. *Linguistic Analysis* 12: 315-322. [5]

Williams, Edwin. 1980. Predication. *Linguistic Inquiry* 11: 203-238. [5]

山中信彦. 1984.「場所主語文型・場所目的語文型と意味的要因」『国語学』139: 43-53. [4]

Yoneyama, Mitsuaki. 1986. Motion verbs in conceptual semantics. *Bulletin of Faculty of Humanities, Seikei University* 22: 1-15. [2]

吉川千鶴子. 1995.『日英比較 動詞の文法』くろしお出版. [1]

吉村公宏. 1995.『認知意味論の方法――経験と動機の言語学』人文書院. [7]

由本陽子. 1996.「語形成と語彙概念構造――日本語の『動詞＋動詞』の複合語形成について」『言語と文化の諸相』105-118. 英宝社. [10]

Yumoto, Yoko. 1997. Verbal prefixation on the level of semantic structure. In *Verb semantics and syntactic structure*, ed. Taro Kageyama, 177-204. Tokyo: Kurosio Publishers. [10]

由本陽子. 1997.「複合動詞を作る『～直す』の意味と構造――英語の接頭辞 re- との相違を参考に」『言語と文化の対話』177-191. 英宝社. [10]

由本陽子. 2000.「V⁰を補部とする統語的複合動詞について」『藤井治彦先生退官記念論文集』895-908. 英宝社. [10]

Zubizarreta, Maria L. 1987. *Levels of representation in the lexicon and syntax*. Dordrecht: Foris. [1]

Zubizarreta, Maria L. 1992. The lexical encoding of scope relations among arguments. In *Syntax and semantics 26: Syntax and the lexicon,* ed. Tom Stowell and Eric Wehrli, 211-258. New York: Academic Press. [ 3 ]

Zwicky, Arnold. 1986. The unaccented pronoun constraint in English. *Working Papers in Linguistics* 32: 92-99. Ohio State University. [ 5 ]

## 【辞書・コーパス】

*Collins COBUILD English Dictionary.* 1995. HarperCollins Publishers.
*Collins COBUILD English Grammar.* 1990. HarperCollins Publishers.
*Oxford English Dictionary,* 2nd. ed. on CD-ROM. Oxford University Press.
*The Grand Japanese-English Dictionary*. 2000. 三省堂.
市川繁治郎(編)1995.『新編　英和活用大辞典』研究社出版.
*Bank of English,* Collins COBUILD Direct Online Service.
*The Brown Corpus and the Lancaster-Oslo-Bergen Corpus* on the ICAME CD-ROM. 1991. Norwegian Computing Centre for the Humanities.

# 索　引

## 【事項】

### あ　行

位置変化　17
移動　50f.,60
移動動詞　41,46ff.
　有方向――　47
移動様態動詞　37,47,52,58,60ff.,64
受け継ぎ　268,281,295f.
　項の――　252,254f.,262,276ff.,280,286f.
受身　70,142,145ff.,260,275,280
　――形　12,101,222f.,243,248,260,262
　――文　15,17,22f.,31,128,142ff.,185ff.,210,231
　形容詞的――　72ff.,80,83,85ff.,92,122f.,260

### か　行

外項　162f.,255,261
可能　209
可能性　195f.
可能態　209
壁塗り交替　101ff.
完結アスペクト　37
完結性　60,65
完結的　56,61f.,64
　非――　60f.,64
感情の対象　71,81ff.,90
関心事　81
完了性　56
擬似中間構文　206
起点　44f.,67

逆形成　264f.,268
句動詞　271
経験者　70ff.,76f.,79,81,162,213,224ff.,235f.
軽動詞構文　136f.
経路　43f.,46,49ff.,55,59,64ff.
　中間――　46
結果構文　14,16,83,155,179,283,286,295
結果述語　116,155,157,159ff.,165f.,168ff.,174ff.,180,201f.,257
結果二次述語　149,156
結果名詞　119ff.
原因　49ff.,70,72,74ff.,81ff.,95,136,162
項　42f.,64,252,254f.,262,268,288,291
行為連鎖　36,111,169f.,174f.,179f.,294f.
構文文法　67,181
後方照応　75f.,93f.,97
個体レベル　96,197
コントロール構文　215f.,228,233

### さ　行

再帰代名詞　75,89,155,163,168,170,205,270,289f.
再帰中間構文　204
再帰目的語　288
作成　138f.
　――動詞　202f.,205,238,259
使役
　――移動構文　178f.,181

――化　20,38
――交替　14ff.,18,33f.,39,124,
　　161,218
　外的――　23f.
　語彙的――　15
　統語的――　14,36
　内的――　23f.
自己制御性　220ff.,228,235ff.
事態レベル　96,197
自他交替　13ff.,35,125f.,205f.
自発　209
　――性　26ff.,38
　――態　209
受益者　146,150
主語繰り上げ構文　215f.,233
授受動詞　32
受動化　258
受動文　203
状態性　82
状態変化　17
所有　133,135ff.,137,139,144f.,
　　146,153
　――関係　132,135f.
心理形容詞　80,84,87f.,90f.
心理動詞　70,226
心理名詞　87f.,92
スル型　31,77ff.
責任性　192ff.,199,202,204
漸増的変化対象　57
全体的影響　57
全体的解釈　106ff.,113
全体的な影響　118
前置詞残留　219,237
総称　231
　――性　195,198f.
　――的　192,205,207,213,250
束縛理論　93f.

### た　行

第一姉妹の原則　247,249
脱使役化　31ff.,38
達成　61,63f.
着点　37f.,43ff.,62ff.,67,144,150,
　　152,168,280

中間構文　16,23,185ff.,228,231,238
出来事名詞　119f.
転移　144f.,153
転換　246,265f.
動作主　19,22ff.,27f.,30f.,35,72,74
　　ff.,77ff.,86,94f.,103,136,162,
　　172,184ff.,189ff.,194f.,198f.,
　　202,204ff.,213,219,224f.,228,
　　235f.,245f.,253f.,256,261f.,267,
　　280f.,293
同族目的語構文　16
動能構文　160

### な　行

内項　58,152,159,162ff.,255,267
中身指向動詞　110
ナル型　31,77ff.
難易構文　190,213ff.
二重目的語構文　91,94,128ff.
能格自動詞　27,185
能格動詞　15,19,22ff.,26,28ff.,33,
　　37f.,52,161f.,191,218
能格文　185f.,190,196ff.,210

### は　行

場所格交替　101
反使役化　29f.,32f.,35,38f.
反他動化　24,31,39
非対格　94,175
　――性　67
　――動詞　17,20,26ff.,32ff.,58,
　　115,221,237,255
被動性　192f.
非能格動詞　17,27ff.,32f.,36,38,53,
　　58,115,162f.,168ff.,174f.,178,
　　221,237,255
描写二次述語　149
付加詞　42f.,58,64,224,247f.,251ff.,
　　260,263f.,267f.
複合語　55,167,176,233,243ff.,294
　動詞由来――　245ff.,254,256ff.,
　　260,262ff.,268
複合動詞　40,63,117f.,173f.,179f.,
　　263,270ff.,295

索引　313

複雑述語　254f.,265,267,270ff.
部分的解釈　57,106ff.,113
方向　45
補助動詞　145

### ま　行

右側主要部の規則　244
名詞化　73f.,92,250
メトニミー　104

### や　行

有界　44f.,47
　非――　44ff.,60f.
有界的　61f.,65,67
容器指向動詞　110
様態　47,49ff.,55,59f.,110,250,253,255,257f.,261
与格交替　128ff.
与格構文　128

## 【語彙】

開ける　271
空ける　112
あげる　139,145f.
上げる　262
預かる　32
預ける　32,251
与える　143
あふれる　103f.
洗う　260
歩く　53,57f.,60ff.,65,234,237,253,257,272
植える　31,38
売る　139
売れる　232
植わる　22,31,38
送る　128,139,144f.
教える　32,139
おす　34
押す　12,180,271
恐れる　71
教わる　32
踊る　51,53,65,163,237
驚く　70,79,83,86f.,94f.
泳ぐ　53,57,61ff.,65,255
折れる　208
かかる　31
書く　257,259,267
かける　31
片づける　101,104,116
乾かす　161
変わる　262

切る　256ff.
切れる　209
砕く　161
悔む　71
凍らせる　161
凍る　166
こげる　257
こする　165f.
困る　73
転がる　59,62
転ぶ　237
怖がる　71,83
壊す　12
壊れる　12,156,163
敷く　118
信じる　234
すぎる　270,288f.,291f.
滑る　62
住む　237
染まる　124
染める　164f.
建てる　145
頼む　251
食べる　289
縮まる　18f.
縮む　18f.
縮める　18f.
散らかす　120,125
散らかる　125
着く　179f.
尽くす　117

作る　251,255,259,261
積む　112
詰める　107,117f.,267
つるす　34
提供する　143f.
出る　59
解く　234
とける　255
なくす　236
投げる　144
悩む　83
鳴り響く　115
にじむ　124
塗り直す　123
塗る　102,108,120f.,163
飲む　164
はえる　22
運ぶ　207
走る　53,60,62ff.,65
働く　164
はる　116f.
張る　120
開く　208,210
ふく　260
葺く　114,120
振る　271
干す　34,118,174
曲がる　208
混ぜる　272
満足する　83
磨く　156,159,164f.
満たす　114f.
見つかる　12,128,145
燃やす　235f.
もらう　145f.
焼く　13,259,261
やける　255
焼ける　13,209,257
破る　13,27,30
破れる　13,27,30
ゆでる　253
寄せる　207
読む　234
喜ぶ　70f.,73,87,94

忘れる　235,236
割る　164
割れる　208

-ed　258
-ize　20f.,274,285,294
admire　71
allow　130,140
amuse　74f.,83,85f.,92
anger　80,82
annoy　72f.,75f.
appear　25f.,175,278
arrive　20,46f.,168,179f.
ascend　41,46,51
ask　129,277
assemble　202
bake　132,138,259
bark　168f.,173f.
beat　200f.
believe　277
bleed　166
blush　155
bore　72f.
borrow　129
bother　82
break　12f.,15,19f.,22,26ff.,156,
　　159,161,165,170,190f.,199,200,
　　206
——　out　28
bribe　188,197,231
bring　134
build　30,138,202,238,261
burn　13,55,155,161,166,206
burp　24,37
buy　186,193f.,252
buzz　114
calculate　276f.,286
carry　134
choose　130,141
clean　200,204f.,218,233,263f.
clear　28,101,103,114,125
climb　56,58
come　41,46

索引　315

—— by  219
construct  202
cook  137f.,187,250
cost  129,135
cram  121ff.
cry  40,160,168f.,174,177
cut  174,176,191f.,204,206
dance  53,67,115f.,160,163,168f.
decide  279
descend  41,46f.,50,51,66
destroy  30
donate  140
drain  109,174
draw  291
drink  164,169f.,288
drive  58,157,177,191,203
dry  218f.,221,263
eat  157,187,193f.,252,261,270f.,
   276,288f.,293
embarrass  73
empty  112
enter  46f.,50f.,292f.
envy  129
excite  72,91
export  292f.
fall  13,34f.,43,46f.,222,256
fasten  283ff.
fear  70f.
feed  150,263
fill  101,110f.
find  15,128,143
fix  137f.
float  47,50,52
fly  47,52,56,58,280f.
fold  191,203f.,277
forget  219f.,236
forgive  135
freeze  26,161,166f.,170,282f.,285
frighten  188
give  91,94,127ff.,132,136f.,140ff.,
   147ff.,151,250
go  41,46,66
grow  263
hammer  177f.,265

hand  249f.
handle  185,195,198,203
heat  287f.
hit  33f.,200
insert  279f.
interest  83,87ff.
jump  37,43,47,52,67,221
kick  33f.,171,173,175,188,222f.
kill  188f.,206f.
knife  176
knock  200
lack  220
laugh  36,168,178
learn  252
leave  46f.,236
like  70f.,76,80,220
live  223,229,271
load  102,108,111ff.,118,121f.
load (n.)  119
loan  150
lose  236
love  224
mail  132f.
make  14,30,36,94,137f.,202,238,
   250,259f.
march  36f.,41,52
melt  159
mis-  276,285f.,294
murder  189,203
occur  20,25f.,35,175
open  25,29,137f.,185f.,190,205f.,
   210
over-  276,286ff.,293f.
pack  102
pack (n.)  119
paint  100,102,163,205f.
peel  27,266
photograph  192,198
pierce  41,56,277
pile  121
pile (n.)  119
play  36,160,186,194,221
please  70ff.,76,80,84f.,215,224,
   226f.,229,232f.

polish  30,156,164f.,190
pound  160,167,171,185,200
pour  109f.,111,116,132,185
prefer  220,224
promise  135,140
pull  134
purr  54
push  12,33f.,130,134,171,173f.,180
put  30,110,132,149,249f.
rain  227f.
re-  278ff.,292f.
reach  168,199f.,202
read  65,186,192f.,203,206,228,263f.,285f.
regret  71
roll  40,47,50,52f.,58ff.,62,187
rumble  54
run  40,43ff.,47,52,60,62ff.,115,155,167ff.,172,287
satisfy  73,83,87ff.
say  141
scare  78,85
seduce  191
sell  184,186,188,193f.,198,205,223,232
send  135,147,167f.,279
shake  164,171,174f.,178
shoot  160,176
show  151
simplify  285,287f.,294
sing  137f.,150,169f.
sink  218f.,221
sit  13,221,264
sleep  13f.,16,36,173,290,293
slice  189f.,193
slid  53

slide  47,50,52,58f.,62
smear  100,102,106f.,121ff.,125
sneez  178f.
solve  205
spray  108,113,125
stay  43,290
study  224
surprise  70f.,73f.,79,84,85f.
swarm  102,107
swarm (n.)  119
swim  47,52,56,58,61f.
take  129,134,135,195
talk  24,36,160,163,168f.,170,172f.,214,219,221,229,238,277
teach  136,263
tell  140f.,148
think  269,280
throw  133f.,291
thump  54
train  261
translate  196,206
turn on/off  197
un-  282ff.,295
understand  220
walk  37,40,47,52,55f.,58,60ff.,219,221
waltz  51,53,58
want  220
wash  185,199f.,206,210,263f.
wax  196
wiggle  53
wipe  103f.,125,175,178f.,201
work  24,28f.,37,160,164,221
worry  81,88f.,93f.
write  30,138,150,205f.,259
yellow  25,35

索引  317

◆編者・執筆者紹介
[編者]
影山太郎(かげやま・たろう)
同志社大学文化情報学研究科教授．主な著書：『日英比較　語彙の構造』(松柏社：市河賞)，『文法と語形成』(ひつじ書房：金田一京助博士記念賞)，『動詞意味論』(くろしお出版)，『語形成と概念構造』(共著, 研究社出版)，『形態論と意味』(くろしお出版)，『単語と辞書』(共著, 岩波書店)

[執筆者]
影山太郎(かげやま・たろう)　　同志社大学文化情報学研究科
上野誠司(うえの・せいじ)　　　長崎総合科学大学共通教育部門
板東美智子(ばんどう・みちこ)　滋賀大学教育学部
松村宏美(まつむら・ひろみ)
岸本秀樹(きしもと・ひでき)　　神戸大学人文学研究科
松瀬育子(まつせ・いくこ)　　　ネワール言語文化研究所
今泉志奈子(いまいずみ・しなこ)　愛媛大学法文学部
三木　望(みき・のぞみ)　　　　駒澤大学総合教育研究部
杉岡洋子(すぎおか・ようこ)　　慶應義塾大学経済学部
小林英樹(こばやし・ひでき)　　群馬大学教育学部
由本陽子(ゆもと・ようこ)　　　大阪大学言語文化研究科

日英対照　動詞の意味と構文
© Taro Kageyama, 2001　　　　　　NDC 801／ix, 317p／21cm

初版第1刷―――2001年3月1日
第8刷―――2018年9月1日

編者―――――影山太郎
発行者―――――鈴木一行
発行所―――――株式会社大修館書店
　　　　〒113-8541　東京都文京区湯島2-1-1
　　　　電話　03-3868-2651 販売部／03-3868-2292 編集部
　　　　振替　00190-7-40504
　　　　[出版情報] https://www.taishukan.co.jp

装丁者―――――杉原瑞枝
印刷所―――――藤原印刷
製本所―――――難波製本

ISBN978-4-469-24459-5 Printed in Japan

Ⓡ本書のコピー，スキャン，デジタル化等の無断複製は著作権法上での例外を除き禁じられています．本書を代行業者等の第三者に依頼してスキャンやデジタル化することは，たとえ個人や家庭内の利用であっても著作権法上認められておりません．